완전개정판
저는
차트분석이
처음인데요

저는 차트분석이 처음인데요 완전개정판

초판 1쇄 발행 2012년 8월 20일
개정판 1쇄 발행 2018년 1월 22일
개정2판 1쇄 발행 2020년 11월 30일
개정3판 1쇄 발행 2026년 2월 27일

지은이 강병욱

펴낸이 조기흠
총괄 이수동 / **책임편집** 박의성 / **기획편집** 최진, 유지윤, 이지은
마케팅 박태규, 임은희, 김예인, 김선영 / **제작** 박성우, 김정우
외주기획 박준영 / **디자인** 박정현 / **교정교열** 정은아

펴낸곳 한빛비즈(주) / **주소** 서울시 서대문구 연희로2길 76, 5층
전화 02-325-5506 / **팩스** 02-326-1566
등록 2008년 1월 14일 제 25100-2017-000062호

ISBN 979-11-5784-859-1 (13320)

이 책에 대한 의견이나 오탈자 및 잘못된 내용은 출판사 홈페이지나 아래 이메일로 알려주십시오.
파본은 구매처에서 교환하실 수 있습니다. 책값은 뒤표지에 표시되어 있습니다.

⌂ hanbitbiz.com ✉ hanbitbiz@hanbit.co.kr 🅕 facebook.com/hanbitbiz
🅝 blog.naver.com/hanbit_biz ▶ youtube.com/한빛비즈 ⓞ instagram.com/hanbitbiz

지금 하지 않으면 할 수 없는 일이 있습니다.
책으로 펴내고 싶은 아이디어나 원고를 메일(hanbitbiz@hanbit.co.kr)로 보내주세요.
한빛비즈는 여러분의 소중한 경험과 지식을 기다리고 있습니다.

한빛비즈
Hanbit Biz, Inc.

주가지수 1만 포인트 시대의 차트분석

글로벌 유동성과 기업가치의 괴리

2008년 글로벌 금융위기와 2020년 코로나 팬데믹을 지나면서 미국 연방준비제도를 비롯한 세계 각국의 중앙은행들은 시중에 막대한 유동성을 공급했습니다. 그 목적은 경제위기 속에서 경기 하강을 막기 위한 조치라고 설명하고 있습니다.

미국만 보더라도 2007년에 비해 2022년까지 약 15년 동안 본원통화가 무려 9배 이상 증가했습니다. 이렇게 풀린 자금은 금 가격, 코인 가격, 주가 등 금융시장의 주요 가격 변수를 끌어올렸고, 회수되지 못한 유동성은 실물시장과 금융시장을 넘나들며 가격 변동성을 키우는 원인이 되고 있습니다.

"주가는 기업가치를 반영한다"는 오랜 투자 격언은 폭발적인 유동성 앞에서 어느 순간 흐릿해졌습니다. 지금의 시장에서는 어디까지가 실제 가치이고, 어디까지가 유동성으로 부풀려진 거품인지 명확히 구분하기 어려울 정도입니다.

우리는 그동안 기업가치를 등대 삼아 주가의 방향을 해석해왔지만, 최근 시장에서는 그 등대의 빛이 약해지는 경험을 수없이 했습니다. 주가는

4

가치보다 유동성의 흐름을 따라 움직이며 예측을 더욱 어렵게 만들고 있습니다.

이 때문에 오늘날의 시장을 제대로 읽기 위해서는 기업가치를 분석하는 기본적 분석만으로는 부족하며, 주가의 움직임 자체를 해석하는 기술적 분석의 중요성이 더욱 커지고 있습니다.

그래도 차트입니다

주식투자를 하는 사람이 가장 궁금한 것은 결국 언제 사고 언제 팔아야 하는가, 즉 '타이밍'입니다. 기업분석, 포트폴리오 분석, 차트분석 등 다양한 투자 분석 기법이 존재하지만, 이 중 매매 시점을 직접적으로 포착할 수 있는 유일한 도구가 바로 차트분석입니다. 그리고 차트분석은 기업의 내재가치를 추정하는 기본적 분석보다 훨씬 오래된 역사를 가진 분석 기법이기도 합니다.

주식시장에는 "기껏해야 차트, 그래도 차트"라는 말이 있습니다. 이는 주가가 무작위로 움직인다고 생각하면서도, 그 속에서 규칙성을 찾아 매매에 적용하려는 시도가 어찌 보면 무모한 것일 수 있다는 뜻입니다. 실제로 학계에서는 차트분석이 학문적 기초가 부족하다는 이유로 폄하되기도 합니다.

그러나 주식투자를 하는 누구라도 차트를 보지 않고서는 현재 주가가 어떤 위치에 있는지 알 수 없습니다. 차트는 버려서는 안 될, 그리고 그 누구도 외면할 수 없는 핵심 도구입니다.

차트는 모든 투자자가 함께 바라보는 공통의 자료입니다. 그렇기에 차트분석을 잘하기 위해서는 누구보다 더 철저하게 과거 데이터를 연구해야 합니다. 과거의 주가 패턴, 거래량 패턴, 그리고 특정 패턴 이후의 움직임까지 다각적으로 분석해야 하며, 무엇보다 차트분석은 자의적 해석이 개입될 여지가 큰 만큼 가능한 한 객관적 관점을 유지하려는 노력이 필수적입니다.

차트분석은 의미 있는 역사적 통계입니다

차트분석은 통계입니다. 통계란, 흩어져 있는 무의미해 보이는 자료들을 모아 의미를 도출하는 작업입니다. 차트 역시 매일 쌓이는 주가와 거래량 데이터를 모아 만든 것이며, 이를 바탕으로 매수·매도 타이밍을 파악하는 과정은 곧 통계적 분석과 다르지 않습니다.

미국 경영학자 아론 레벤스타인은 "통계는 비키니와 같다. 보여주는 것은 암시적이지만 숨기는 것은 너무나 중요하다"고 말했습니다. 차트가 보여주는 것은 주가와 거래량의 표면적인 움직임이지만, 그 안에는 그보다 훨씬 중요한 정보가 숨어 있습니다. 이 숨겨진 1%의 의미를 읽어낼 수 있느냐가 차트분석의 성패를 결정합니다.

또한 차트분석이 성공으로 이어지지 못하는 이유 중 하나는 오류 가능성 자체보다 차트가 내는 매매 신호에 지나치게 의존해 불필요하게 잦은 매매로 이어지기 때문입니다. 매매가 잦아지면 거래 비용이 많아지고, 이는 결국 투자 성과를 갉아먹습니다.

따라서 차트분석을 활용할 때는 매매 신호를 해석하되, 과도한 매매를 절제하는 지혜가 필요합니다.

차트는 든든한 방향타입니다

차트분석이 처음인 독자들을 위해 이번 완전개정판은 HTS와 MTS가 제공하는 다양한 정보를 업데이트해 보다 의미 있고 유용하게 활용할 수 있도록 구성했습니다. 또한 더 정밀한 분석을 위한 챗GPT 프롬프트를 엄선해 추가함으로써, 차트 분석이 어려웠던 독자들도 다양한 사례와 이론을 쉽게 익혀 실전에 바로 활용할 수 있도록 했습니다. 아울러 기술적 지표의 계산 원리와 그 의미, 그리고 어떤 매매 신호를 제공하는지를 구체적인 예시로 쉽게 설명해 차트에 대한 이해도를 높이고자 했습니다.

2025년 이후 우리 주식시장은 부동산 비중이 80%를 넘던 가계 자산 구조에서 벗어나, 점차 주식 비중이 확대되는 흐름 속에 놓여 있습니다. 이러한 변화가 우리 시장을 역사상 가장 길고 강한 상승장으로 이끌어 1만 포인트 시대를 열어주길 바라는 마음도 큽니다. 그러나 앞으로 시장이 어디로, 얼마나, 어떤 속도로 움직일지는 누구도 확신할 수 없습니다. 주가는 원래 그렇기 때문입니다.

이때 우리에게 방향타 역할을 해줄 수 있는 것은 과거 시장의 기록인 차트입니다. 새로운 상승추세가 형성될 때, 그 안에서 어떻게 매매해야 할지 판단하는 기준 역시 차트에서 찾을 수 있습니다.

독자 여러분이 차트분석의 기본을 익히고 실전에서 활용하는 데 이 책이 든든한 도움이 되고, 또한 자산을 지키고 성공적인 투자 여정을 만들어가는 탄탄한 디딤돌이 되었으면 합니다. 모든 투자자가 성공 투자를 통해 더 행복해지는 그날까지, 저는 여러분 곁에서 건전하고 믿음직한 친구로 남겠습니다.

경영학박사 강병욱

차트분석, 어떻게 공부할까요?

전문가들의 설명을 들어도 알겠는 건 빨간색과 파란색뿐이라면?
1장에서 **차트분석이란 무엇인지**부터 공부하세요!

지금 시장에서 매수세와 매도세 중 어느 쪽이 더 강한지 알고 싶다면?
2장에서 **일봉차트의 원리**를 먼저 파악하세요!

주가가 올라도 떨어져도 언제 사고팔아야 할지 몰라 불안하다면?
3장에서 **시장 추세 분석 방법**을 확인하세요!

주가가 여기서 더 올라갈지 또는 더 내려갈지 궁금하다면?
4장에서 **시장 패턴 분석 방법**을 확인하세요!

주가에 속고 거래량에 울었다면?
5장에서 믿음직한 **보조지표**를 얻어가세요!

주식시장의 큰 흐름이 궁금하다면?
6장에서 **기술적 분석이론**의 큰그림을 그려보세요!

시장의 매수 주체가 궁금하고 자동으로 매매할 주식을 고르고 싶다면
7장 수급분석과 종목 발굴 기법을 공부해보세요!

1. 누구라도 차트 전문가가 될 수 있다! 이토록 쉬운 차트분석 입문

주식 매매에서 가장 어려운 과제는 바로 언제 사고 언제 팔아야 하는지를 판단하는 일입니다. 매도만 하면 주가가 오르고, 매수만 하면 떨어지는 경험을 누구나 한 번쯤 해보았을 것입니다. 전문가들조차 매매 시점을 결정할 때 가장 중요한 도구로 삼는 것이 바로 차트분석입니다. 이 책은 독자가 차트를 통해 안정적으로 매매 타이밍을 포착하고, 스스로 투자 판단을 내릴 수 있도록 돕는 차트분석 입문서입니다.

2. 주가가 걸어온 길을 통해, 앞으로의 방향을 예측하라!

차트분석은 매일 기록되는 주가와 거래량의 흐름을 통해 현재 주가가 어디에 있는지를 파악하는 분석 방법입니다. 주가는 자신이 지나온 흔적을 기반으로 미래의 방향성을 만들어갑니다. 따라서 차트분석을 통해 과거의 움직임을 정확하게 이해하면, 앞으로 주가가 어느 쪽으로 향할지에 대한 통찰을 얻을 수 있습니다. 이러한 예측 가능성은 투자에서 가장 큰 흥미를 느끼게 하는 지점이기도 합니다.

3. HTS와 MTS 차트에는 과거·현재·미래가 모두 담겨 있다!

이 책은 증권사 HTS와 MTS를 활용하여 실제 매매 시점을 포착하는 방법을 구체적으로 알려드립니다. HTS와 MTS는 단순한 주문 도구가 아니라, 다양한 형태의 차트와 보조지표를 직관적으로 제공하는 분석 플랫폼입니다. 이 책은 이러한 차트를 통해 과거의 데이터, 현재 주가의 위치, 그리고 미래 흐름의 가능성을 읽어내는 법을 보여주며, 실전에서 활용 가능한 차트분석 능력을 기를 수 있도록 안내합니다.

4. 주가 패턴을 이해하면, 실전 매매가 달라진다!

주가는 경제 환경과 기업 실적을 기반으로 움직이지만, 개인 투자자가 모든 경제지표와 기업자료를 꼼꼼히 분석하기란 쉽지 않습니다. 차트분석은 복잡한 정보를 단일 기준인 차트로 단순화해 여러 종목을 빠르게 비교하고 매매 타이밍을 찾아낼 수 있게 해줍니다. 이 책을 통해 독자는 주가 움직임의 패턴을 입체적으로 이해하고, 실전 매매에 직접 도움이 되는 분석 역량을 기를 수 있습니다.

5. 인공지능과 함께 진화하는 새로운 차트분석!

인공지능의 등장으로 차트분석은 한층 정교하고 입체적인 도구가 되었습니다. AI는 방대한 차트 데이터를 기반으로 추세 변화와 패턴의 유사성을 빠르게 찾아내고, 개인투자자가 놓치기 쉬운 신호를 자연어로 설명해 이해를 돕습니다. 또한 복잡한 보조지표의 의미를 쉽게 해석해주며 매매 타이밍을 판단하는 데 실질적인 지원을 제공합니다. 이 책은 기본적인 차트 이해를 넘어, AI를 활용해 더 정확하고 효율적인 분석을 할 수 있는 길을 제시합니다.

목차

1장

차트분석, 어렵지 않아요!

2장

매매 시점을 포착하는 봉차트 완전정복

3장

주가 추세를 이용한 매매 전략

4장

시장 패턴을 이용한 매매 전략

5장

매매 시점을 결정하는 보조지표 완전정복

주식 차트 독해력 테스트

이 테스트는 독자의 현재 차트 해석 수준을 진단해
이후 학습 방향을 잡기 위한 목적입니다.

다음 10개의 질문에 답해보세요. 종목 추천이나 단기 매매 기법을 묻는 문제가 아닙니다. 차트를 '어떤 순서와 기준으로 읽고 있는지'를 점검하는 질문들입니다.

Q1. 차트를 처음 볼 때 가장 먼저 확인해야 할 것은?

A. 오늘 급등했는지 여부

B. 유명 유튜버가 언급했는지

C. 현재 추세(상승·하락·횡보)

D. 보조지표 신호

Q2. 상승추세의 가장 기본적인 정의는?

A. 주가가 계속 오르는 상태

B. 고점과 저점이 점점 높아지는 구조

C. 거래량이 많은 상태

D. 뉴스가 긍정적인 상태

Q3. 추세가 무너질 가능성을 가장 먼저 의심해야 할 신호는?

A. 거래량이 줄어든다.

B. 음봉이 하루 나온다.

C. 중요한 지지선이 이탈된다.

D. RSI*가 70을 넘는다.

*RSI:상대강도지수, 특정 기간 주가의 상승 하락 폭을 비교(→ 248쪽)

Q4. 차트에서 '지지선'의 역할에 대한 설명으로 가장 적절한 것은?

A. 무조건 반등하는 가격

B. 과거 거래가 많이 이루어진 가격 구간

C. 주가를 강제로 떠받치는 선

D. 단기 매매자만 보는 선

Q5. 거래량을 해석할 때 가장 중요한 관점은?

A. 거래량이 많으면 무조건 좋다.

B. 거래량은 가격과 함께 봐야 한다.

C. 거래량은 후행지표라 의미 없다.

D. 전일 대비 증가 여부만 본다.

Q6. 횡보 구간에서 가장 위험한 행동은?

A. 방향성이 나올 때까지 기다린다.

B. 거래량 변화를 관찰한다.

C. 위아래 변동에 즉각 반응해 잦은 매매를 한다.

D. 지지·저항 구간을 표시해본다.

Q7. 보조지표를 사용할 때 올바른 태도는?

A. 신호가 나오면 바로 매수·매도한다.

B. 차트보다 지표를 더 신뢰한다.

C. 추세와 가격 구조를 먼저 확인한 뒤 참고한다.

D. 여러 지표를 동시에 쓰면 정확도가 올라간다.

Q8. '과열구간'에 대한 이해로 가장 적절한 것은?

A. 무조건 하락이 시작되는 구간

B. 매수하면 안 되는 구간

C. 변동성이 커지고 리스크 관리가 중요한 구간

D. 단타로만 접근해야 하는 구간

Q9. 차트분석의 가장 현실적인 목적은?

A. 정확한 고점과 저점 맞히기

B. 단기 급등주 찾기

C. 매매 확률과 손실 위험을 관리하기

D. 남들보다 빨리 들어가기

Q10. 차트분석 후 매매 기록을 남기는 가장 중요한 이유는?

A. 수익 인증을 하기 위해

B. 차트 공부한 흔적을 남기기 위해

C. 내 판단 기준과 실수를 점검하기 위해

D. 다음 매매를 더 빨리 하기 위해

차트 독해력 결과 진단표

정답 개수	독자 수준	현재 상태	추천 학습 방향
1~3개	차트 기초 미형성	차트를 '그림'이나 '신호'로 인식	봉·추세 개념부터 다시 정독
4~6개	차트 초보 단계	구조는 알지만 매매 연결이 약함	지지·저항·거래량 부분 반복
7~9개	실전 감각 형성	판단 기준이 생기기 시작	보조지표 활용 + 매매 일지
10개	차트 독해 마스터	확률·리스크 중심 사고 정착	복기·프레임 고도화 단계

정답

Q1: C   Q2: B   Q3: C   Q4: B   Q5: B   Q6: C   Q7: C   Q8: C   Q9: C   Q10: C

1장

차트분석, 어렵지 않아요!

종목 선택 vs 매매 시점 포착

주식투자는 크게 2가지 결정으로 나누어 생각할 수 있습니다. "어떤 종목을 살 것인가?" 그리고 그 종목을 "언제 사고 언제 팔 것인가?" 하지만 이 2가지를 동시에 해결하기는 쉽지 않습니다.

먼저 종목을 선택하려면 결국 기업의 기초 체력을 면밀히 살펴야 합니다. 매출이 꾸준히 발생하는지, 이익을 안정적으로 내고 있는지 등을 확인해야 부실기업을 고르는 실수를 피할 수 있기 때문입니다. 이러한 과정을 기본적 분석이라고 합니다.

기본적 분석의 목적은 기업의 본질가치를 파악하고, 그 가치 대비 주가가 저평가된 종목을 찾아내는 데 있습니다. 그래서 종목 선택은 주로 기본적 분석을 통해 이뤄집니다. 하지만 기본적 분석만으로는 알 수 없는 중요한 요소가 2가지 있습니다. 첫째는 '시장의 심리 상태', 둘째는 '매매 타이밍'입니다.

기본적 분석이 해결하지 못하는 이 지점을 보완해주는 것이 바로 기술적 분석, 즉 "차트분석"입니다. 차트분석의 목적은 시장이 과열국면인지 침체국면인지와 같은 시장 심리 흐름을 읽는 것, 그리고 더 본질적으로 언제 매수하고 언제 매도해야 하는지 매매 타이밍을 판단하는 것입니다.

그래서 차트분석 없이 주식투자를 하는 것은 마치 CT나 MRI 촬영 없이 수술하는 것과 비슷합니다. 위험을 줄이려면 반드시 차트를 함께 확인해야 합니다.

결국 기본적 분석과 기술적 분석은 서로 대립하는 개념이 아니라, 서로를 보완하는 도구입니다. 기본적 분석으로 저평가된 종목을 고르고, 기술적 분석으로 그 종목을 언제 사야 하고 언제 팔아야 하는지 결정한다면 보다 효율적이고 체계적인 투자를 할 수 있습니다.

기본적 분석과 기술적 분석
주가의 움직임은 예측할 수 있나요?

주가는 예측할 수 있을까요?

사람들은 흔히 "주가는 예측 불가능하다"라고 말합니다. 하지만 인류가 과거의 기록을 통해 미래를 읽어왔듯, 주식시장에도 미래를 가늠해볼 수 있는 단서들이 존재합니다. 우리가 역사를 공부하는 이유가 과거의 경험을 통해 미래를 대비하기 위한 것이라면, 주식시장에서도 과거의 기록을 면밀히 관찰하는 일은 충분한 의미가 있습니다.

주식시장의 기록이란 '주가'와 '거래량'입니다. 이 2가지는 시간이 흐르면서 일정한 패턴과 흔적을 남기고, 이를 바탕으로 미래의 움직임을 추정하려는 접근이 바로 기술적 분석, 그리고 그 안에 포함되는 차트분석입니다. 다시 말해, 기술적 분석은 '주가는 어느 정도 패턴을 갖고 움직인다'는 가정 위에서 출발합니다.

우리가 주식에서 기대할 수 있는 수익은 크게 '배당수익'과 '매매차익' 2가지입니다. 기술적 분석은 이 중 매매차익(저가 매수, 고가 매도)을 실현하는 데 초점을 둡니다. 주식을 언제 사서 언제 팔아야 하는지, 즉 타이밍을 판단하는 데 기술적 분석이 가장 강점을 보입니다.

결국 주식투자의 성패는 가격이 상승하기 전에 사서, 상승이 멈추거나 하락하기 전에 파는 그 미묘한 순간을 얼마나 정확히 포착하느냐에 달려 있습니다. 그래서 기술적 분석은 '미래의 주가 움직임은 어느 정도 예측 가능하다'는 전제 위에 서 있습니다.

하지만 반대의 견해도 존재합니다. 대표적인 것이 랜덤워크이론^{Random Walk Theory}입니다. 이 이론은 "주가는 예측할 수 없다"고 주장하며, 전문투자자조차 시장을 이길 수 없다고 설명합니다. 그래서 이 관점에서는 분산투자가 가장 중요하며, 이는 현재까지도 학계에서 널리 인정받는 주류 이론입니다.

그럼에도 많은 투자자가 기술적 분석과 기본적 분석을 활용하는 이유는 아주 간단합니다. 완벽한 예측은 불가능하지만, 어느 정도의 가능성이라도 통계적 규칙 속에서 찾아낼 수 있기 때문입니다.

기술적 분석과 기본적 분석, 무엇이 어떻게 다를까?

기술적 분석과 기본적 분석은 모두 미래 주가를 예측한다는 공통점을 가지고 있지만, 접근 방식은 완전히 다릅니다.

기본적 분석은 기업의 가치를 계산해 저평가된 주식을 찾는 과정입니다. 재무제표, 산업 구조, 경기 흐름, 성장성 등을 분석해 기업의 본질가치를 추정하고, 현재 주가와 비교합니다. 만약 본질가치보다 시장가격이 낮다면 매수하고, 반대로 시장가격이 과대평가되었다면 매수하지 않거나 매도합니다. 기본적 분석은 "무엇을 살 것인가?", 즉 '종목 선정'에 방점을 둡니다.

반면 기술적 분석의 목적은 "언제 살 것인가?", 즉 '매매 시점'에 있습니다. 기업가치뿐만 아니라 모든 정보가 이미 가격에 반영되어 있다고 보고, 시장의 수요와 공급 관계가 만들어내는 가격의 흐름을 추적합니다. 차트 속 반복되는 패턴을 찾아내고 미래의 움직임을 추정하면서 매수·매도 타이밍을 잡는 것이 핵심입니다. 따라서 기술적 분석은 가격은 시장 참여자의 모든 심리를 반영한 결과이므로, 그 흐름을 읽으면 매매 타이밍을 포착할 수 있다는 사고에서 출발합니다.

기본적 분석 핵심 구조 한눈에 이해하기

단계	분석 내용	목적
경제분석	경기 사이클, 금리, 통화정책, 해외 변수 등	시장의 대세 파악
산업분석	성장 산업, 규제 환경, 산업 구조 등	유망 산업 선정
기업분석	재무제표, 경영진, 수익 구조 등	저평가 기업 발굴

왜 차트분석을 해야 할까요?

02

기술적 분석의 목적은 명확합니다. 바로 과거의 주가 흐름 속에서 규칙성을 찾아내어 매매 타이밍을 포착하는 것입니다. 그래서 기술적 분석은 과거의 움직임이 미래에도 일정한 패턴으로 반복될 수 있다는 전제 아래 진행됩니다. 일봉의 패턴, 추세선, 이동평균선 같은 각종 보조지표를 활용해 과거의 움직임을 정리하고, 이를 미래 예측에 연결하는 것이지요. 기술적 분석이 성립하기 위해서는 4가지 필수 가정이 있습니다.

1. 주가는 수요와 공급에 의해 결정된다

주가는 매수하는 힘과 매도하는 힘의 균형점에서 만들어진다고 봅니다. 기업 뉴스나 경제지표 같은 요인들이 작용하더라도 결국 시장 참여자들의 행동이 가격을 결정합니다.

2. 주가는 일정한 추세를 가진다

사소한 단기 변동은 있더라도 큰 흐름에서는 일정한 추세를 유지하려는 성향이 있습니다. 한번 상승세에 들어선 주식은 일정 기간 상승을 지속하고, 하락세에서 벗어나지 못하는 종목은 계속 침체되는 경우가 많습니다.

3. 추세 전환은 수요·공급 변화에서 발생한다

상승추세가 하락추세로 바뀌는 것은 매도 세력이 강해졌기 때문이고, 반대로 하락추세가 상승추세로 바뀌는 것은 매수 세력이 힘을 얻었기 때문입니다. 즉, 추세는 시장 참여자의 심리 변화에서 비롯됩니다.

4. 수요·공급의 변화는 차트에 모두 반영되며 패턴은 반복된다

정치·경제적 변수 등 주가에 영향을 주는 이유가 무엇이든, 그 결과는 모두 가격 움직임에 나타납니다. 기술적 분석은 바로 이 점에 주목하며, 과거의 패턴·추세·거래량의 상관성을 분석하여 미래를 짐작합니다.

한 걸음 더

기술적 분석은 단독으로 쓰지 말고 기본적 분석과 결합하세요
차트는 시장 심리와 타이밍을 보여주지만, 기업가치까지 보장하지는 않습니다. 종목 선정은 기본적 분석으로 하고, 타이밍은 기술적 분석으로 결정하는 것이 가장 안정적인 방식입니다.

기술적 분석은 왜 유용할까요?

기술적 분석은 투자자들에게 다음과 같은 유용성이 있습니다.

1. 시장 심리를 읽을 수 있다

기본적 분석은 기업가치에 대한 판단을 제공하지만, 지금 시장이 탐욕 상태인지 공포 상태인지는 알려주지 않습니다. 반면 기술적 분석은 거래량, 캔들 모양, 급등락 패턴 등을 통해 시장 참여자들의 심리를 읽을 수 있습니다. 과열 또는 침체국면을 파악하는 데 매우 효율적입니다.

2. 매매 타이밍을 알려준다

좋은 기업을 찾는 것만으로는 수익을 낼 수 없습니다. 언제 사서 언제 파는가가 훨씬 중요합니다. 기술적 분석은 매수·매도 시점을 보다 명확하게 보여줍니다. 그래서 실전 투자에서는 기본적 분석과 함께 반드시 고려해야 합니다.

3. 여러 종목을 동시에 분석할 수 있다

기본적 분석은 기업마다 많은 자료와 시간이 필요합니다. 반면 기술적 분석은 하나의 기준(차트)으로 여러 종목을 빠르게 비교할 수 있어 효율적입니다. 시간·비용 면에서 큰 장점이 있습니다.

한걸음 더

차트 지표는 최소한만 사용하세요
초보일수록 보조지표를 많이 쓰는 경향이 있습니다. 하지만 지표가 많아질수록 판단은 더 어려워집니다. 이동평균선+거래량+추세선, 이 3가지만 있어도 충분합니다.

이러한 기술적 분석의 유용성에도 불구하고 기술적 분석은 시장에서 홀대받고 있습니다. 왜 그럴까요? 이유는 다음과 같습니다.

1. 과거 패턴이 미래에 그대로 반복된다고 단정할 수 없다

비슷한 차트가 보인다고 해서 그 결과가 반드시 같게 나오지는 않습니다. 변수는 늘 존재하기 때문입니다.

2. 같은 차트를 보고도 해석이 달라질 수 있다

차트 해석에는 정답이 없습니다. 상향 돌파로 볼 수도 있고, 저항 실패로 해석할 수도 있습니다. 분석자의 경험과 성향에 따라 판단이 크게 달라질 수 있습니다.

다음의 똑같은 차트를 봐도 앞으로의 주가가 지난번의 고점 수준을 넘어갈 것이라고 예측하는 사람이 있는 반면, 지난번의 고점 수준을 넘지 못할 것이라고 예측하는 사람도 있을 수 있다는 것입니다. 이렇게 기술적 분석은 같은 모습을 보고도 다른 해석이 가능합니다.

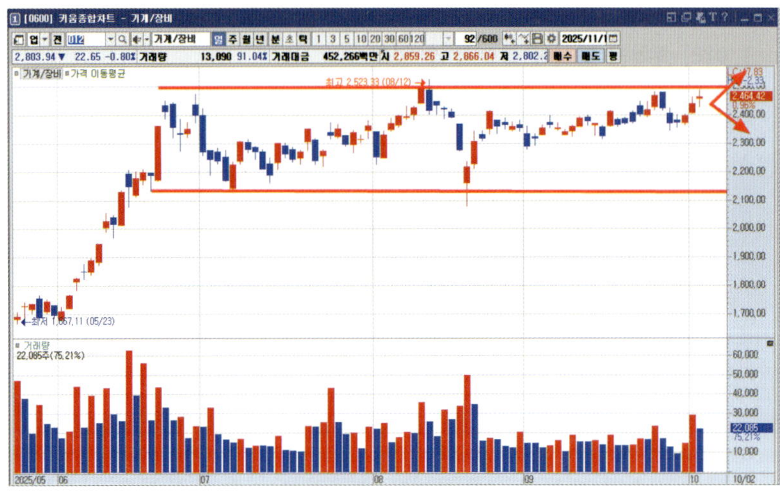

3. 추세 기준이 사람마다 다르다

단기·중기·장기를 구분하는 기준이 일치하지 않기 때문에 같은 흐름이라도 분석자마다 다른 결론을 내릴 수 있습니다.

4. 이론적 검증이 어렵다

학문적으로는 랜덤워크이론이 더 지지를 받습니다. 그래서 기술적 분석을 예측의 도구로 인정하지 않는 전문가들도 여전히 많습니다.

그럼에도 많은 투자자가 기술적 분석을 계속 활용하는 이유는 명확합니다. 실전 투자에서 의사결정에 도움이 되고, 다양한 기법이 충분히 연구하고 사용할 가치가 있기 때문입니다.

차트, 어떤 방법으로 분석할까요?

차트를 해석하는 방식은 다양해 보이지만, 크게 나누면 추세분석, 패턴분석, 기술적 지표분석 3가지로 정리할 수 있습니다. 각 방법은 접근 방식은 다르지만 모두 주가의 움직임 속에 일정한 단서가 있다는 가정에서 출발합니다.

주가는 추세를 보이며 움직입니다

추세분석은 주가가 일정 기간 일정한 흐름(추세)을 유지하는 성질에 주목하는 분석 기법입니다. 언뜻 보면 주가는 무작위로 오르내리는 것 같지만, 그래프로 그려보면 상승·하락·횡보 중 1가지 흐름을 따르는 경우가 많습니다. 이때 이러한 움직임을 선으로 연결한 것을 추세선이라고 합니다.

추세선은 한번 형성되면 일정 기간 지속되는 성향이 있습니다. 물론 시장은 언제나 동일한 방향으로 움직이지 않기 때문에 상승추세가 하락추세로 전환되거나 횡보로 바뀌는 등 새로운 추세가 등장하는 과정도 나타납니다.

또한 추세선을 활용하면 자연스럽게 지지선과 저항선을 그릴 수 있습니다. 지지선은 주가가 쉽게 아래로 떨어지지 않는 지점, 저항선은 주가가 쉽게 뚫고 올라가지 못하는 지점을 의미합니다. 이 둘은 매수·매도의 핵심 기준이 되기 때문에 실전 투자에서 활용도가 매우 높습니다. 결국 추세분석은 추세선·지지선·저항선의 관계를 파악하여 매매 시점을 포착하려는 기법이라고 할 수 있습니다.

추세의 변화에는 패턴이 있습니다

패턴분석은 주가가 추세 변화를 겪을 때 나타나는 여러 형태의 움직임을 사전에 분류해놓고, 실제 차트에서 이와 비슷한 형태가 나타났을 때 앞으로의 주가 흐름을 예측하려는 방법입니다. 이 기법은 기술적 분석의 중요한 가정, 즉 과거의 주가 패턴은 미래에도 반복된다는 명제를 기반으로 합니다.

추세분석이 주가 흐름을 동적 관찰(흐름 및 방향성)에 집중한다면, 패턴분석은 차트 속에 형성된 형태를 정적 관찰(모양·구조) 중심으로 해석합니다. 그래서 패턴분석의 목표는 추세가 전환되는 지점, 또는 추세가 이어지는 지점을 정확히 포착하는 것입니다. 패턴은 크게 2가지로 나눌 수 있습니다.

1. 반전형 패턴

현재 추세가 끝나고 새로운 추세가 시작되는 형태
예) 헤드앤숄더, 이중바닥, 이중천장 등

현재 추세가 쉬어가는 국면에서 이후 같은 방향으로 이어지는 형태
예) 삼각수렴, 깃발형 패턴 등

물론 시장이 과거 패턴과 다르게 움직이는 경우도 있기 때문에 패턴이
나타났다고 해서 항상 그 결과가 그대로 이어진다고 단정할 수는 없습니
다. 그래서 패턴분석은 확률적 해석이며, 다른 분석과 함께 보완하여 사
용하는 것이 일반적입니다.

기술적 지표가 그래프를 돕습니다

기술적 분석의 기본은 주가와 거래량입니다. 하지만 이 2가지 정보만
으로는 시장의 상태를 명확하게 판단하기 어려울 때가 많습니다. 그래서
이를 보완하기 위해 다양한 기술적 지표가 만들어졌고, 이를 활용하는 방
식이 바로 기술적 지표분석(보조지표분석)입니다.

기술적 지표는 주가의 흐름과 거래량의 변화를 수학적으로 계산하여
시장 참여자들의 수급 상태가 과열인지, 침체인지를 판단하는 데 도움
을 줍니다. 예를 들어 RSI는 과매수·과매도 수준을 보여주고, MACD는
추세의 강도와 방향을 알려주며, 이동평균선은 추세의 중심축을 보여주
는 대표적 지표입니다.(RSI, 상대강도지수는 현재 가격의 과열 상태를 본다면,
MACD는 추세의 방향과 힘을 확인하는 데 특화된 지표입니다. → 5장)

기술적 지표분석의 핵심은 단일 지표에 의존하지 않는 것입니다. 여러
지표를 함께 보며 판단할 때 분석의 신뢰도가 훨씬 높아집니다. 종합하자
면, 기술적 지표분석은 현재의 시장 상태를 객관적으로 수치화해 매수·매
도 시점을 판단하는 보조 도구라고 할 수 있습니다.

다양한 차트로
기술적 분석을 시도하세요

04

기술적 분석의 기초는 주가와 거래량을 시각적으로 표현한 차트입니다. 우리가 HTS에 접속해 차트 → 업종종합차트 메뉴에 들어가면 가장 먼저 보게 되는 형태가 바로 봉차트(캔들차트)입니다. 투자자들이 가장 널리 사용하는 기본 차트이기도 하지요.

HTS에서는 봉차트 외에도 여러 종류의 차트를 제공하고 있으며, 이를 적절히 활용하면 시장을 훨씬 입체적으로 이해할 수 있습니다. 차트 화면의 왼쪽 메뉴에서 **[차트형태]** 버튼을 클릭하면 주요 차트들의 목록을 확인할 수 있으며, 하나씩 눌러보면 형태와 특징을 쉽게 비교할 수 있습니다. 이제부터 HTS에서 제공하는 기본적인 차트 유형과 그 의미를 차례로 살펴보겠습니다.

봉차트 Candle Chart ▶ 봉차트는 일본식 차트라고도 하며, 시가·고가·저가·종가 4가지 가격 데이터를 하나의 봉으로 표현합니다. 봉의 몸통은 시가와 종가를, 위 꼬리와 아래 꼬리는 고가와 저가를 나타내며, 시가 대비 종가가 상승하면 적색, 하락하면 청색으로 표현하는 방식이 일반적입니다.

봉차트의 장점은 하루 동안의 가격 움직임을 구조적으로 확인할 수 있다는 점입니다. 그래서 매수·매도세의 균형, 시장의 변동성, 추세의 강도 등을 가장 직관적으로 파악할 수 있는 차트입니다.

바차트 Bar Chart ▶ 바차트는 미국식 차트라고 하며, 시가·고가·저가·종가를 선 Bar 하나로 표현합니다. 시가는 왼쪽의 작은 표시, 종가는 오른쪽 표시로 나타내고 고가와 저가는 바의 위·아래 수직선으로 표현됩니다.

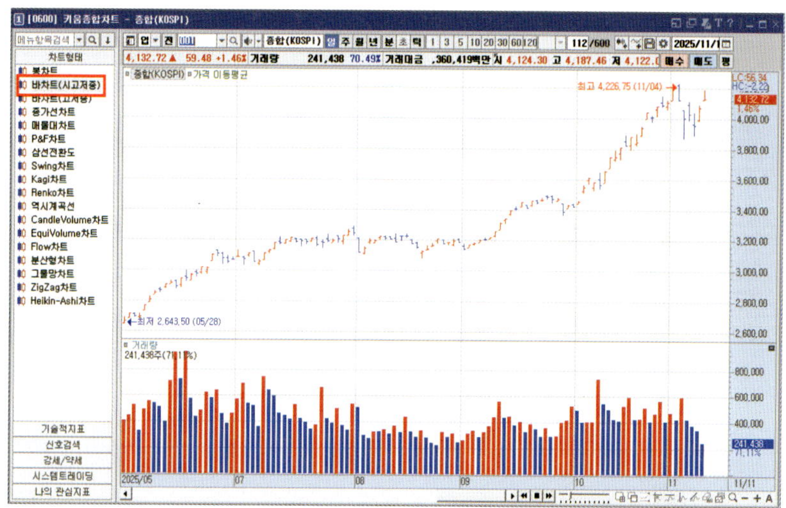

바차트는 봉차트에 비해 몸통 영역이 없어 같은 화면에 더 많은 기간을 표시할 수 있는 장점이 있습니다. 일부 전문가는 바차트를 통해 지지·저항·추세대를 더 명확하게 확인할 수 있다고 평가하기도 합니다.

종가선차트 Line Chart ▸ 종가선차트는 이름 그대로 종가만을 연결한 선형 차트입니다. 시가·고가·저가 등 변동 폭을 보기는 어렵지만, 장기적인 추세를 확인하기에는 매우 효율적입니다. 그래서 포트폴리오 흐름을 큰 틀에서 판단하고 싶을 때 자주 사용됩니다.

매물대차트 Volume Profile Chart ▶ 매물대차트는 가격대별 거래량을 수평 막대 형태로 나타낸 차트입니다. 어떤 가격 구간에서 거래가 집중되었는지 보여주기 때문에 지지·저항을 파악하는 데 매우 유용합니다.

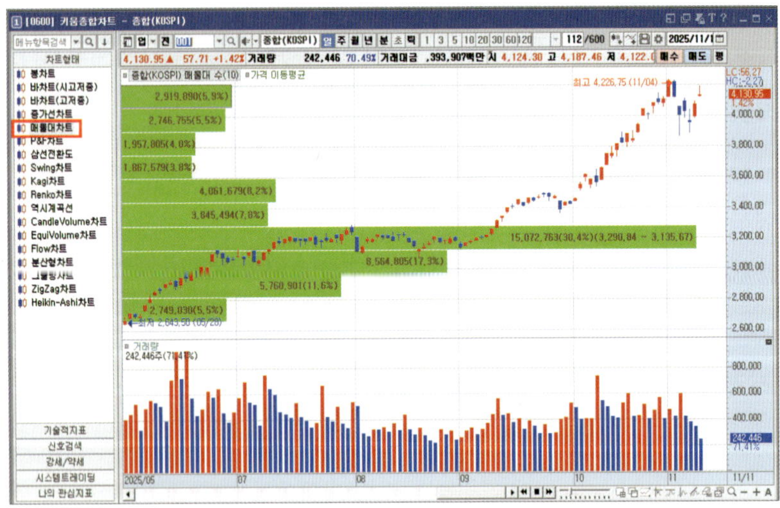

차트 위쪽의 '매물대 수(10)' 영역을 클릭하면 매물대 개수를 조절할 수 있는 설정 창이 뜨며, 시장 상황에 따라 적절한 구간으로 조정하면서 분석하면 됩니다.

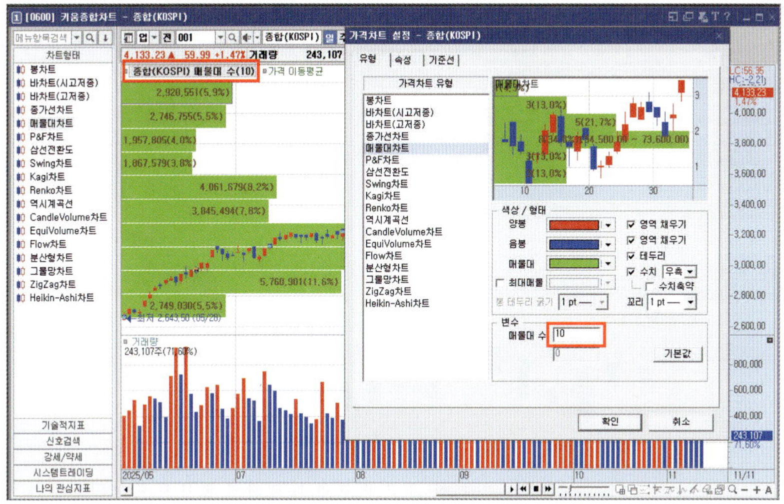

매물대가 두껍다는 것은 그 가격에서 거래가 많이 이뤄졌다는 의미입니다. 두꺼운 매물대는 강한 지지선 혹은 저항선 역할을 합니다. 현재 주가가 두꺼운 매물대 위에 있으면 지지 가능성이 높고, 아래면 저항에 막힐 확률이 높습니다. 실전에서는 '주가와 가장 가까운 큰 매물대'를 중심으로 대응하는 것이 안정적입니다.

P&F차트 Point & Figure Chart ▶ P&F차트는 시간의 개념을 최소화하고 순수한 가격 움직임만을 기록하는 차트입니다. 가격이 기준 폭 이상 상승하면 적색 ×, 하락하면 청색 ○로 표시하며, 기준 폭을 넘지 않는 움직임은 무시합니다.

이 차트는 '칸 전환'과 '칸 크기'라는 변수를 조절하여 원하는 민감도 수준으로 설정할 수 있으며, 특히 추세분석과 돌파 신호 확인에 강점이 있습니다.

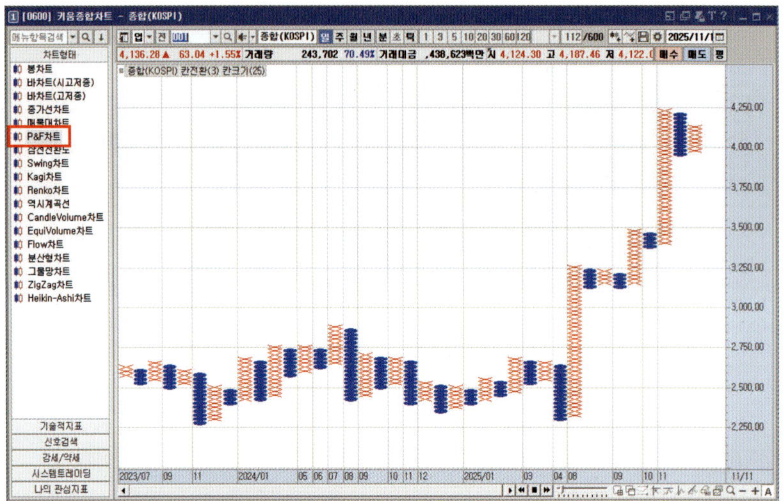

삼선전환도 Three Line Break Chart ▶ 삼선전환도는 P&F차트와 유사하게 가격 움직임만을 중심으로 분석하는 차트입니다. 주가가 설정된 변동 폭 이상으로 움직일 때 색이 바뀌며, 상승 시에는 적색, 하락 시에는 청색으로 표시됩니다.

다만 전환 신호가 조금 늦게 발생하는 특성이 있어, 매수·매도 대응 시에는 지나치게 늦어지지 않도록 주의해야 합니다.

스윙차트Swing Chart ▶ 스윙차트는 가격 등락만을 직선 형태로 표시하여 시장 흐름을 더 단순하게 바라보는 차트입니다. P&F차트와 구조는 비슷하지만 기호 대신 직선을 사용해 시장의 큰 흐름을 보기에 좋은 차트이며, 단기 잡음을 제거해 추세를 명확하게 보여주는 장점이 있습니다.

카기차트 Kagi Chart ▶ 카기차트는 불규칙한 가격 변동을 압축해 표현하며, 주추세를 파악하는 데 매우 효과적입니다. 카기 선의 굵기와 전환 양상은 직전 고점을 돌파하면 카기 선이 굵어지며 강세 전환, 직전 저점을 이탈하면 카기 선이 가늘어지며 약세 전환이라는 의미를 가집니다. 일별 또는 주별 종가로 구성할 때 신뢰도가 높아지는 경향이 있으며, 카기 선이 음선에서 양선으로 전환될 때 매수 신호로 해석하는 것이 일반적입니다.

렌코차트 Renko Chart ▶ 렌코차트는 일정한 가격 변동 폭을 기준으로 벽돌(렌코는 벽돌을 뜻하는 일본어 '렌가'에서 유래를 찾을 수 있습니다) 모양을 적색·청색으로 쌓아 올리는 형태입니다. 선일 종가보나 기준 폭 이상 오르면 적색 벽돌, 기준 폭 이상 내리면 청색 벽돌이 생성됩니다. 렌코차트는 잡음 제거 효과가 뛰어나 추세 판단에 매우 유용합니다. 새로운 벽돌이 등장할 때가 추세 전환 신호로 활용됩니다.

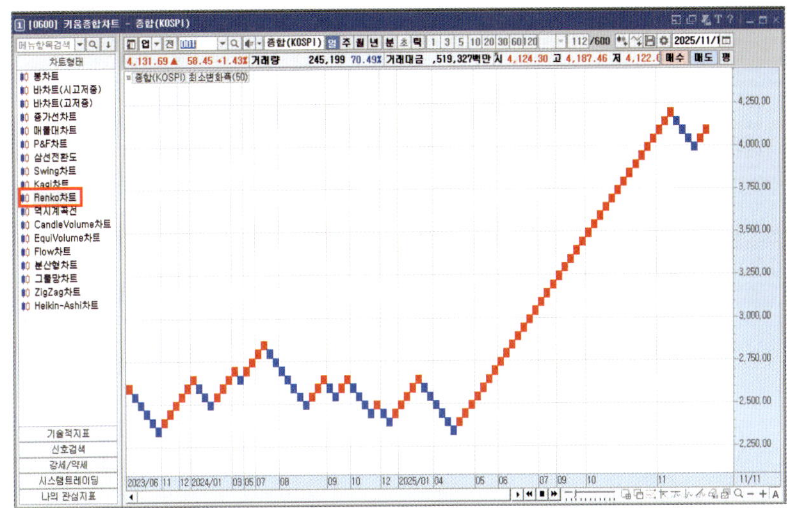

1. 시간 개념을 최소화하고 가격 변화 자체를 중심으로 분석한다.

2. 단기 변동성(데이터 노이즈)을 제거해 추세의 본질을 파악하기 좋다.

3. 초보자에게도 시각적으로 명확하여 매매 타이밍 잡기 편하다.

4. 특히 렌코·카기차트는 추세 중심 매매를 할 때 매우 유용하다.

이큐볼륨차트 EquiVolume Chart ▶ 이큐볼륨차트는 봉차트에 거래량 정보를 결합한 형태입니다. 거래량이 많을수록 봉의 좌우 폭이 넓게 표시되며, 이를 통해 해당 기간의 수요와 공급의 강도를 직관적으로 파악할 수 있습니다.

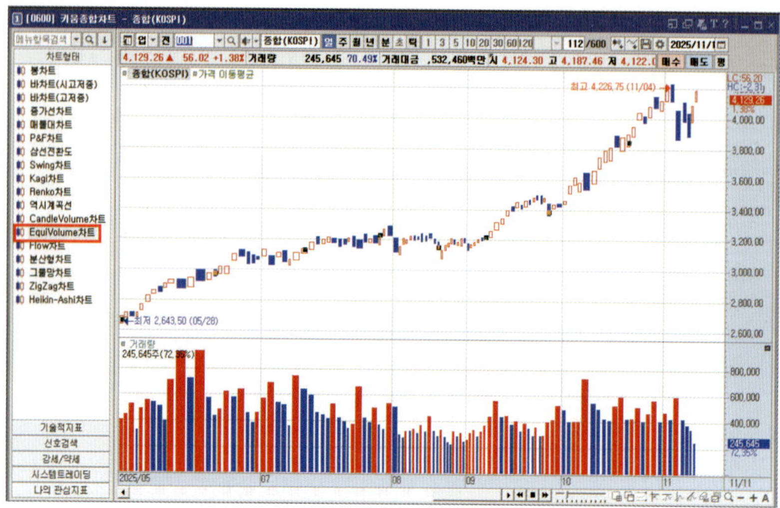

이큐볼륨의 패턴 해석은 다음과 같습니다.

- **짧고 넓은 박스형(뚱보형)** → 고점에서는 강한 매도세, 저점에서는 강한 매수세 신호

- **길고 좁은 박스형(키다리형)** → 추세가 크게 흔들리지 않고 이어질 가능성 높음

- **정사각형 형태** → 고점에서 나타나면 매도 압력, 바닥에서 나타나면 상승 가능성

그물망차트 MESH Chart ▶ 그물망차트는 여러 이동평균선을 일정 간격으로 배열해 지지와 저항, 변곡점을 관찰하는 차트입니다. 이동평균선들이 밀집했다가 벌어지는 확장 구간은 새로운 추세가 시작될 때 자주 나타납니다. 그래서 추세 초기 신호를 포착하는 데 유용한 차트입니다.

[HTS에서 차트 환경 설정하기]

HTS에서 차트를 이용하기 위해서는 자신에게 가장 적절한 환경으로 설정하는 작업이 필요합니다. 초보자도 쉽게 설정할 수 있는 방법을 하나씩 살펴보기로 하겠습니다.

먼저 차트를 불러오면 다음 페이지의 화면 ❶번 톱니바퀴 모양의 버튼을 누르면 [차트환경설정] 창이 팝업으로 뜹니다. 이 창에서 자신이 가장 편하게 볼 수 있는 환경으로 설정하면 됩니다. 차트의 여백이나 봉 간격, 가격 정보 표시 요소들, 그리고 화면에 표시하고 싶은 요소들을 선택하세요. 차트를 이용하면서 환경을 수시로 조정하며 자신에게 맞는 차트를 만드는 것이 중요합니다.

다음은 자신이 보고 싶은 차트의 유형을 고르는 방법입니다. **[가격차트 설정]** 팝업창에서 봉차트를 더블클릭하면 다음과 같이 차트가 나타납니다. 각 차트 이름을 클릭해보면 오른쪽 화면에 해당 차트의 모양이 나타납니다. 이런 식으로 자신에게 맞는 차트 유형을 고르면 됩니다.

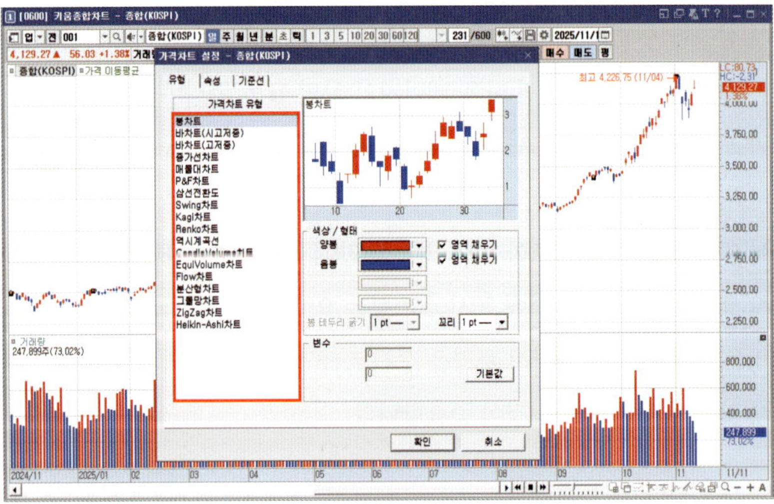

또한 이 가격차트 설정 팝업창에서 **[속성]**이라는 탭을 클릭하면 다음과 같은 화면을 얻을 수 있습니다. 여기에서 'Log 적용'과 '거꾸로 보기'를 선택할 수 있습니다.

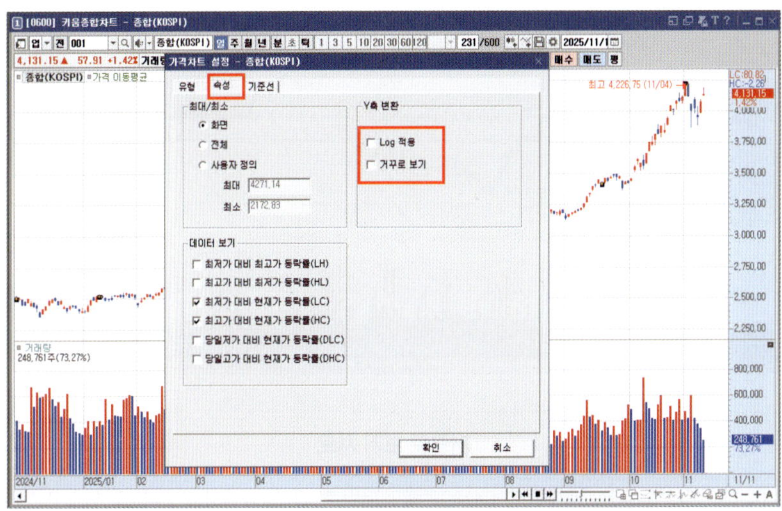

Log를 적용한다는 것은 절대적인 가격대의 움직임보다는 비율을 보겠다는 뜻입니다. 즉, 1만 원에서 1,000원이 올라가면 10%의 상승률입니다. 그런데 2만 원에서 같은 가격 폭인 1,000원이 올라가면 상승률로는 5%밖에 안 되는 것이죠. 이런 비율을 통해서 차트를 그리려고 하는 것이 바로 Log 적용입니다. 그리고 거꾸로 보기는 말 그대로 차트를 거꾸로 보는 것입니다. 가끔 차트를 뒤집어 보면 주가가 얼마나 올랐는지 또는 얼마나 내렸는지를 새롭게 돌아볼 수 있습니다.

일반 차트

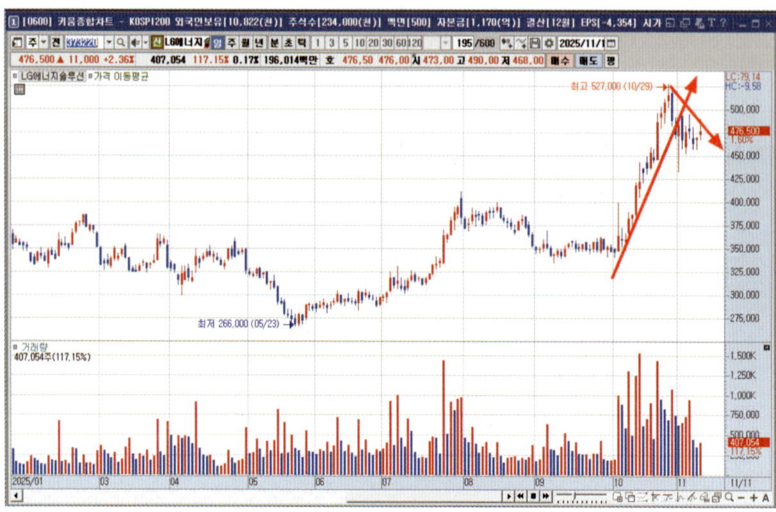

거꾸로 보기 차트

두 차트에서 위쪽은 제대로 된 차트이고 아래쪽은 거꾸로 본 차트입니다. 현재의 시장을 바르게 한 번, 그리고 거꾸로 한 번 본다면 주가의 위치를 보다 잘 이해할 수 있습니다. 예를 들어 위쪽 차트에서 보면 원래 차트의 모습은 주가가 하락한 이후 반등을 보이는 모습입니다. 그런데 반등이 제대로 성공할지 판단이 서지 않는다면 아래쪽 그림과 같이 거꾸로 보기 차트를 그려봅니다. 이때 거꾸로 그려본 차트에서 주가가 추가로 하락할 것처럼 판단된다면 제대로 된 차트에서는 주가가 상승할 것이라고 판단할 수 있습니다. 그래서 제대로 된 차트에서 주가의 방향이 애매하게 느껴질 때는 차트를 거꾸로 보는 것도 하나의 방법이 됩니다.

기술적 분석은 언제 시작되었을까요?

기술적 분석은 일본과 미국에서 그 유래를 찾아볼 수 있습니다.

먼저 일본의 기술적 분석의 역사를 알아봅시다. 주식시장 기록 가운데 가장 중요한 것은 과거의 주가나 거래량의 흐름과 관련된 기록들입니다. 주식시장에서 가격의 움직임을 기록하는 것이 차트인데, 차트로 큰 성공을 거둔 사람이 바로 일본에서 '거래의 신'으로 불리는 혼마 무네히사本間宗久입니다. 그는 오사카 도지마곡물거래소에서 신출귀몰한 거래로 거대한 부를 축적하여 혼마 가문을 에도시대의 최대 갑부 가문으로 만든 장본인으로, 일본인들에게 '상인의 하늘'로 칭송받는 전설적인 인물입니다. 현재에도 사용되고 있는 봉차트를 고안한 인물로도 알려져 있습니다.

혼마는 과거의 가격으로 미래의 가격을 예측하는 방법을 터득하였다고 합니다. 도쿠가와시대에는 쌀이 부의 기반이며 지배를 위한 수단으로 통용되었습니다. 또한 왕조를 유지하기 위해 오사카를 중심으로 쌀 거래가 빈번히 이루어지면서 쌀시장에서 본격적인 가격 결정 기능이 생겼을 뿐 아니라 시장의 구조가 형성되기 시작하였습니다. 시장의 발전과 더불어 미래 쌀가격의 움직임을 예측하는 분석 도구로 고안된 것이 바로 봉차트입니다. 특히 1700년대 혼마는 쌀가격의 흐름을 차트화하여 쌀의 수요와 공급을 이용한 매매를 본격화함으로써 거대한 부를 축적했습니다. 이후 봉차트는 상인들에 의해 계속 발전되어 일본식 봉차트의 기초가 되었다고 합니다.

일본에서 쌀 거래를 통해 기술적 분석이 발전했다면 미국에서는 근대적인 방법으로 기술적 분석을 발전시켰습니다. 미국식 기술적 분석의 시초는 1880년대에 소개된 다우이론입니다. 다우이론의 원형은 다우존스 설립자인 찰스 다우가 1880년대 <월스트리트저널>에 소개한 일련의 연재물에서 찾을 수 있습니다. 다우이론의 초기에는 찰스 다우가 경기 동향 예측을 위해 증권시장의 평균지수를 분석하였습니다. 이러한 배경은 결국 개별 주식의 가격 역시 주식시장 전체의 동향에 따라 결정된다는 가정과 함께 시장 전체의 동향을 파악하면 개별 주식의 움직임을 예측할 수 있다고 가정하는 데서부터 시작되었습니다. 또한 다우이론은 하나의 지수 속에서 그 추세를 파악하려고 만들어진 이론이 아니라 2개의 지수를 서로 비교함으로써 분석 가능한 추세 확인과 추세 이탈 현상에 의해 시장이 어떻게 변하는지 예측하는 기법으로도 많이 사용되었습니다.

현재 대부분의 기술적 분석이론은 추세 추종적으로 주요 추세를 인식하는 데 역점을 둔다는 측면에서 오늘날에도 다우이론의 중요성은 간과할 수 없습니다. 1920년대에 다우의 이론적 배경에서 엘리어트R. N. Elliott가 소개한 엘리어트 파동이론이 소개되었으며, 1930년대에는 윌리엄 간William D. Gann에 의해 주식시장의 예측을 위한 독특한 기하각도이론Geometric Angles Theory이 등장했습니다. 그리고 에드워드 듀이Edward R. Dewey를 중심으로 1930년대에서 1940년대에 걸쳐 순환이론Cycle Theory이 시장에 소개되면서 본격적으로 차트분석 기법이 알려졌습니다.

앞에서 주식시장의 분석 방법은 크게 기본적 분석과 기술적 분석, 2가지가 있다는 것을 알아보았습니다. 중요한 사실은 기본적 분석보다 기술적 분석이 선행되었다는 것입니다. 미국의 초기 주식시장은 기업 공시제도가 제대로 확립되지 않았습니다. 당시의 모든 금융시장이 마찬가지였겠지만 전화나 통신시설이 전반적으로 미약하여 기업의 정보가 제대로 전달되지 않거나 시장에 늦게 반영되는 일이 허다했죠. 결국 트레이더들은 가격의 시가, 고가, 저가, 종가, 거래량 등의 정보만으로 매매할 수밖에 없는 상황이었습니다. 초기에 이러한 가격 정보만으로 차트를 만들기 시작한 것이 바로 추세분석과 차트분석의 초석이 되었습니다.

AI, 주식투자자들의 새로운 도구

주식 차트를 분석한다는 것은 단순히 봉 하나, 선 하나를 읽는 일이 아닙니다. 시장의 흐름을 파악하고, 그 뒤에 숨어 있는 투자 심리를 해석하는 과정인데요. 과거에는 차트분석이 오랜 경험과 반복 연습이 필요한 영역이었다면, 이제는 챗GPT 같은 AI가 이 과정을 보다 쉽게 도와주는 시대가 되었습니다. 특히 최근 모델들은 데이터를 구조화해 이해하고, 패턴을 설명하며, 투자 관점에서 유의미한 질문을 스스로 도출하는 능력이 뛰어나서 차트분석의 보조 두뇌 역할을 톡톡히 해낼 수 있습니다.

챗GPT로 차트를 분석하면 무엇이 유용할까요?

① 복잡한 차트를 언어로 바꿔준다

많은 초보 투자자가 차트를 보면서 가장 어려워하는 점은 눈앞에 보이는 패턴을 해석하는 것입니다. 챗GPT는 차트 이미지나 가격 데이터를 읽어낸 뒤, 이를 "현재 추세는 상승/하락이며, 이 지점은 지지구간으로 보입니다"처럼 자연어로 설명해주기 때문에 이해가 훨씬 쉬워집니다. 즉, 그림이 문장이 되는 효과입니다.

② 다양한 관점에서 비교·분석이 가능하다

사람은 대체로 1~2가지 패턴이나 전략에 의존해 차트를 해석하지만, AI는 여러 분석 프레임을 동시에 고려합니다. 예를 들어 챗GPT는 다음과 같은 비교 분석을 한 번에 해낼 수 있습니다.

- 추세선 관점 → 상승추세 유지 가능성
- 이동평균선 관점 → 20일선 지지 여부
- 거래량 관점 → 수급 변화 탐지
- 캔들 패턴 관점 → 특정 패턴의 신뢰도

이는 초보 투자자가 분석의 사각지대를 줄이고, 좀 더 균형 잡힌 시각을 갖도록 도와줍니다.

③ 보조지표 설명을 쉽게 해준다

MACD, RSI, 볼린저 밴드… 이름만 들어도 어렵게 느껴지지만, 챗GPT는 "왜 이 지표가 중요한지", "어떤 상황에서 신호 신뢰도가 높은지", "현재 차트가 어떤 의미를 갖는지"를 대중적이고 쉬운 언어로 정리해줍니다. 그저 숫자를 나열하는 것이 아니라, 투자 행동으로 이어지는 실질적 의미까지 해석해준다는 점이 매우 유용합니다.

④ 투자자가 놓칠 수 있는 핵심을 짚어준다

예를 들어 차트만 보면 단순한 조정처럼 보이지만 거래량이 꺾여 추세 전환이 의심되는 시점이라면, 챗GPT는 이를 빠르게 감지해 설명합니다. 이는 실전 투자에서 경고등 역할을 하며, 초보자에게는 특히 큰 도움이 됩니다.

그렇다면 어떻게 활용하면 좋을까요?

① 차트 이미지 업로드 후 해석 요청

가장 간단한 방법은 차트 이미지를 첨부하고 "이 차트를 기술적으로 분석해줘"라고 요청하는 것입니다. 그러면 다음과 같은 분석이 자동으로 제공됩니다.

- 현재 추세
- 주요 지지·저항 구간
- 거래량 변화
- 패턴 예상
- 위험 요인 및 관찰 포인트

여기에 "단기/중기/장기 관점으로 나눠서 설명해줘"라고 요청하면 훨씬 더 세분화된 해석을 받을 수 있습니다.

② 데이터 기반 분석 요청하기

OHLC(시가, 고가, 저가, 종가) 데이터가 있다면 그대로 붙여 넣고 분석을 요청할 수도 있습니다. 이 경우 AI는 특정 시점의 패턴 변화나 이동평균선의 배열 등을 계산해 해석해줍니다.

③ 전략별로 해석을 요청하기

예를 들어 다음과 같은 방식입니다.

"스윙 관점에서 이 차트를 봤을 때 유의미한 매수 타이밍은?"

"단기 데이트레이딩 관점에서 이 흐름을 어떻게 봐야 할까?"

"20일선 관점으로만 분석해줘."

전략을 명확히 제시하면, 챗GPT의 분석도 더욱 구체적이고 실전적이 됩니다.

차트분석에 활용할 수 있는 간단하지만 유의미한 프롬프트

다음은 실제 투자자들이 자주 활용하는 성능이 좋은 요청 방식들입니다. 그대로 활용해도 좋고, 자신의 스타일에 맞게 변형해도 좋습니다.

구분	프롬프트 예시
기본 차트분석 요청	• 이 차트를 기술적으로 분석해줘. • 추세, 지지·저항, 거래량 변화, 주요 패턴, 위험 요인을 중심으로 정리해줘.
단기/중기/장기 관점 나누기	• 이 차트를 단기·중기·장기 관점으로 나눠 분석해줘. • 각 관점에서 어떤 매매 전략을 고려할 수 있을지도 설명해줘.
보조지표 관점 분석	• MACD, RSI, 볼린저 밴드 관점에서 이 차트가 어떤 의미를 갖는지 초보자도 이해할 수 있도록 쉽게 설명해줘.
결과를 요약형으로 정리 요청	• 이 차트의 핵심 포인트를 5가지로 요약해줘. • 투자자가 의사결정을 내릴 때 특히 주의해야 할 부분도 함께 알려줘.

특정 전략 중심 분석	• 스윙 매매 관점에서 이 차트를 해석해줘. • 가능한 시나리오 3가지와 그 이유를 설명해줘.
리스크 점검 요청	• 이 차트에서 추세가 무너질 수 있는 위험 신호가 있다면 • 구체적으로 어떤 지점인지 설명해줘.

어떻게 활용하면 가장 좋을까요?

챗GPT는 전문가의 판단을 대체하는 도구가 아닙니다. 다만, 복잡한 정보를 쉽게 풀어주고, 놓치기 쉬운 요소를 정리해주며, 다양한 관점을 빠르게 제공해주는 학습 파트너로는 매우 유용합니다. 특히 다음과 같은 사람에게 큰 도움이 됩니다.

- 차트 공부를 이제 막 시작한 투자자

- 반복적으로 패턴을 검토해야 하는 중급 투자자

- 기록과 분석을 체계화하고 싶은 투자자

- 다양한 분석 프레임을 한 번에 점검하고 싶은 투자자

결국 챗GPT는 차트를 '혼자 바라보는' 시간을 차트를 '함께 토론하는' 시간으로 바꿔주는 역할을 하게 됩니다. 이 과정을 반복하다 보면 투자자 스스로의 분석 능력도 자연스럽게 성장하게 됩니다.

2장

매매 시점을 포착하는 봉차트 완전정복

주식시장에서 가격을 기록하는 법

주식시장은 매일매일 거래가 이뤄지며, 그때마다 형성된 가격을 꼼꼼히 기록해야 이후에 시장 상황을 정확히 파악할 수 있습니다. 그렇다면 주식시장에서 어떤 가격이 의미가 있을까요?

먼저 가장 필요도가 낮은 가격은 전일 종가입니다. 전일 종가는 어제 거래가 마무리된 가격일 뿐, 오늘 매매에 직접적인 도움을 주지 못합니다. 왜냐하면 장이 끝난 이후부터 다음 날 시장이 열리기까지 밤사이 수많은 뉴스와 정보가 쏟아져 나오면서 시장 환경이 완전히 달라질 수 있기 때문입니다. 전일 종가는 단지 오늘의 상·하한가 제한 폭을 설정하는 기준 정도의 의미만 가집니다.

반면 시가(오늘 장이 시작한 가격), 종가(오늘 장이 끝난 가격), 그리고 하루 중의 최고가와 최저가는 실질적으로 매우 중요한 가격입니다. 국가에 따라 기록 방식은 조금씩 다른데, 미국은 과거에 시가를 제외한 종가·고가·저가만 기록하는 방식을 사용하기도 했습니다. 최근에는 시가까지 포함해 4가지 가격을 모두 기록하는 방식을 주로 사용합니다.

　우리나라는 일본의 영향을 받아 시가·고가·저가·종가_{OHLC}를 모두 기록하는 일본식 체계를 따르고 있습니다. 그러나 이 4가지 가격을 단순히 숫자로 나열하면 시장의 흐름을 한눈에 파악하기 어렵습니다. 이를 해결하기 위해 등장한 것이 바로 캔들차트입니다. 캔들차트는 시가·고가·저가·종가를 하나의 캔들(봉)에 담아 하루 동안의 가격 움직임을 매우 직관적으로 표현합니다.

　캔들차트를 공부할 때는 일본식 차트뿐 아니라 미국식 차트의 개념도 알고 있으면 좋습니다. 물론 시간이 부족하다면 일본식 캔들차트를 중심으로 학습해도 충분합니다. 그러나 주가의 움직임을 정확히 이해하려면 캔들차트에 대한 깊은 이해가 필수적입니다. 가장 기본적이지만, 동시에 가장 중요한 캔들의 의미와 구조를 이제부터 차근차근 살펴보겠습니다.

시장의 흐름을 읽는 봉차트

봉차트의 구조를 자세히 살펴볼까요? 흔히 쓰는 봉차트는 일본식 봉입니다. 일본식 봉은 양선과 음선으로 구분되는데, 양선과 음선의 원칙은 아침에 시작한 시가에 비해서 종가가 올랐느냐 떨어졌느냐에 따라 다르게 그린다는 것입니다. 즉, 시가에 비해 종가가 오르면 적색의 양선이, 반대로 시가에 비해 종가가 내리면 청색의 음선이 나타납니다. 먼저 양선의 형태부터 살펴보겠습니다.

양선으로 매수세를 파악하세요

양선은 시가보다 종가가 높게 끝났을 경우 그림과 같이 몸통이 그려집니다. 봉에서 고가는 하루 중에 가장 높은 가격을 말하고, 저가는 하루 중에 가장 낮은 가격을 말합니다. 그런데 많은 사람이 양선은 가격이 올랐을 때 그려진다고 오해하고 있습니다. 주가의 상승 또는 하락을 기준으로 하는 게 아니고 아침에 시작

한 가격보다 올랐다면 당일 중 주가가 떨어졌더라도 양선이 그려집니다. 그러므로 양선은 하루 중에 매도세보다 매수세가 활발했다는 것을 의미합니다. 이때 몸통의 길이가 길수록 매수세의 강도가 강하다는 뜻이죠.

또한 아래위에 형성되는 꼬리는 하루 중 주가의 등락과 관련된 것입니다. 먼저 위 꼬리는 하루 중 고가에 도달하긴 했지만 이내 대기매도세가 나타나 고가를 유지하지 못했다는 의미입니다. 따라서 위 꼬리의 길이는 장중 대기매도세의 크기를 보여줍니다. 아래 꼬리는 하루 중 저가에 도달하긴 했지만 이내 대기매수세가 나타나 저가에서 반등한 것을 보여줍니다. 따라서 아래 꼬리의 길이는 장중 대기매수세의 크기를 보여줍니다.

이렇듯 양선은 매수세가 활발하게 움직이고 있다는 증거입니다. 만약 계속해서 양선이 발생한다면 시장의 매수 세력이 왕성하게 활동하고 있다고 보면 됩니다.

음선으로 매도세를 파악하세요

다음은 음선입니다. 음선은 시가보다 종가가 낮게 끝났을 경우 그림에서 보는 바와 같이 몸통이 그려집니다. 여기서도 오해가 하나 있습니다. 양선과 마찬가지로 가격이 떨어진 경우에 음선이 그려진다고 생각하는 것입니다. 이것 역시 아닙니다.

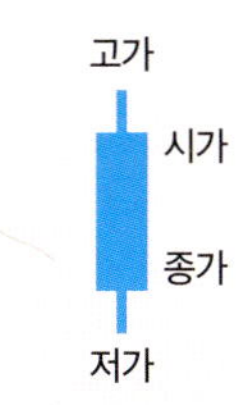

주가가 아침에 시작한 가격보다 떨어졌다면 당일 중 주가가 올랐더라도 음선이 그려집니다. 양선과는 반대로 음선의 의미는 하루 중에 매수세보다는 매도세가 활발했다는 것입니다. 이때 몸통의 길이가 길면 길수록 매도세의 강도가 강하다는 것을 의미합니다.

음선의 경우도 아래위 꼬리는 양선과 같이 해석하면 됩니다. 양선과 마찬가지로 계속해서 음선이 발생한다면 시장의 매도 세력이 왕성하게 활동하고 있다는 증거가 될 것입니다.

봉차트는 모양이 양초처럼 생겼다고 해서 캔들차트라고도 부릅니다. 우리는 흔히 일본식 차트를 많이 보기 때문에 그래프상에서 양선과 음선만을 보는 경우가 많지만 봉차트도 여러 형태로 변천하면서 오늘에 이르게 되었습니다. 그 변천 과정을 살펴보면 다음과 같습니다.

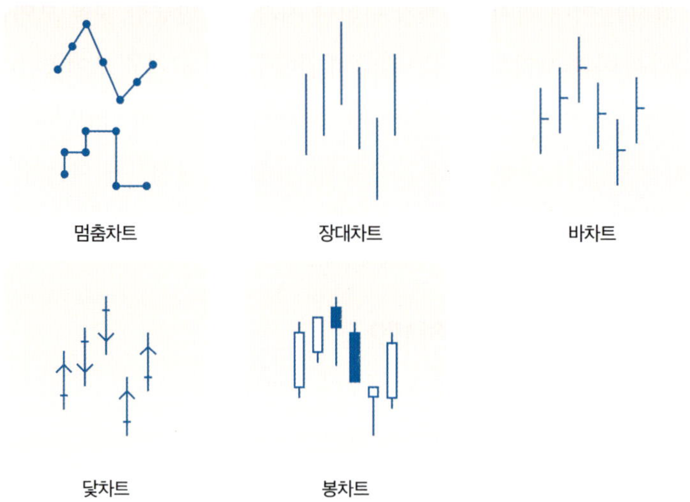

멈춤차트 | 점차트, 선차트, 별차트라고 부르기도 합니다. 차트의 초기 형태로 볼 수 있습니다. 멈춤차트는 오직 종가만을 연결해서 그린 것으로 종가를 대각선 혹은 수평으로 연결한 차트입니다.

장대차트 | 장대와 비슷한 모양이며, 장중 고가와 저가를 연결해 그립니다. 장대차트는 주가의 이동 방향과 장중 주가 변동을 함께 표현하고 있습니다.

바차트 | 멈춤차트와 장대차트의 결합형으로 볼 수 있습니다. 장대차트의 고가와 저가, 멈춤차트의 종가를 모두 결합하여 만든 차트입니다. 바차트는 주가 움직임의 추세

변화를 보는 데 유익합니다.

닻차트 ｜ 닻 모양을 하고 있으며 장중 고가와 저가뿐만 아니라 시가와 종가를 모두 포함하고 있는 차트입니다. 종가가 시가보다 높을 경우에는 화살 선이 위로 향하고, 종가가 시가보다 낮을 경우에는 화살 선이 아래로 향합니다.

봉차트 ｜ 닻차트에서 발전된 단계로 볼 수 있으며 현재 주로 사용하고 있는 차트입니다. 장중 시가, 종가, 고가, 저가를 모두 포함하는 차트로 양선과 음선으로 구분됩니다.

[HTS에서 조건검색하기]

봉차트로 시장의 매수/매도의 힘과 상승반전 또는 하락반전 신호, 그리고 상승지속형과 하락지속형의 움직임을 알기 위해서는 기술적 조건검색을 하면 됩니다. 조건검색은 HTS에서 주식 툴바 가운데 **[조건검색]** 메뉴를 클릭하여 다음과 같은 창에서 확인할 수 있습니다.

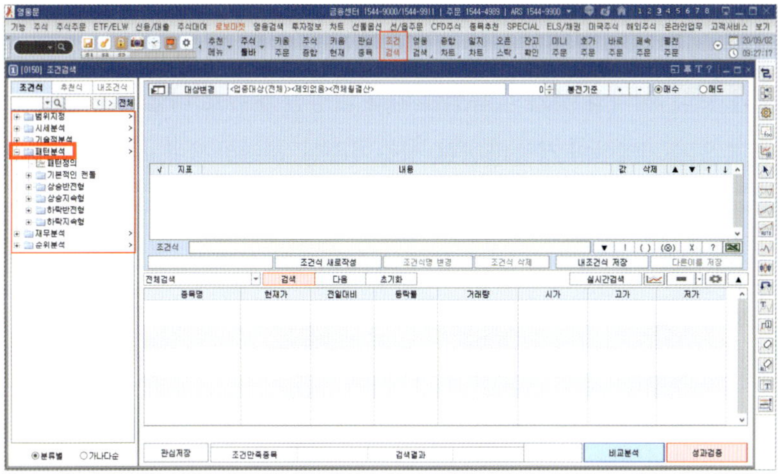

그리고 화면 왼쪽의 메뉴바에서 **[패턴분석]**을 클릭하면 기본적인 봉, 상승반전형, 상승지속형, 하락반전형, 하락지속형 등의 차트를 볼 수 있습니다.

봉차트의 패턴과 의미

봉차트의 패턴과 의미
기본적인 봉부터 알고 시작하세요

다양한 봉차트의 의미를 알아봅시다

봉이 만들어지는 원리는 앞서 살펴봤습니다. 그렇다면 이제 좀 더 구체적으로 기본적인 봉의 종류와 그 의미를 살펴보겠습니다. 봉은 몸통의 길이와 모양, 시가와 종가의 특성에 따라 다양한 종류로 나뉩니다. 기본적인 봉을 숙지해야만 상승반전형, 상승지속형, 하락반전형, 하락지속형의 각 패턴의 의미를 더욱 깊이 있게 이해할 수 있습니다.

롱바디양봉 ▶ 롱바디Long body양봉은 장대양봉이라고도 합니다. 장중 시가와 종가의 등락 폭이 큰 경우에 나타납니다. 즉, 몸통이 전날 봉의 몸통보다 매우 길다는 것을 의미합니다. 일반적으로 상승장에서 롱바디양봉은 상승지속형으로 작용하나, 이 패턴의 형태만으로 매매에 임하기보다는 향후 주가를 관찰하며 매매에 임하는 것이 바람직합니다.

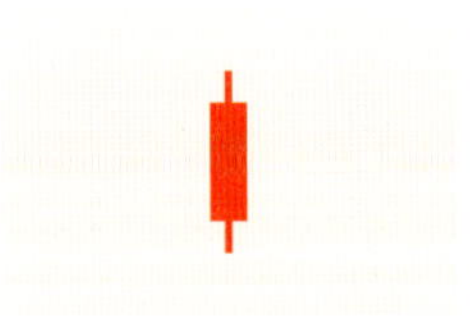

롱바디음봉 ▶ 일반적으로 하락장에서 롱바디음
봉은 하락지속형으로 작용합니다. 그러나 이 패
턴의 형태만으로 매매에 임하기보다는 향후 주
가를 관찰해야 합니다.

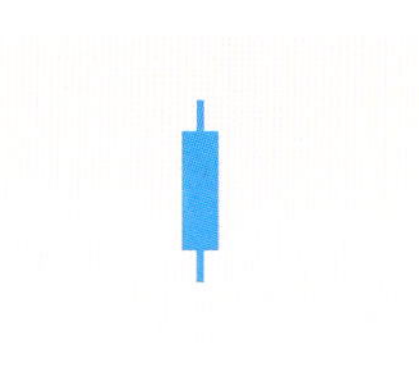

숏바디양봉 ▶ 숏바디Short body양봉이란 장중 시
가와 종가의 등락 폭, 즉 몸통이 전날 봉의 몸통
보다 작은 것을 말합니다. 이 형태만으로는 매
매를 판단하기 힘듭니다. 다만 전날 긴 양봉이
발생한 다음 상승 갭을 만들면서 숏바디양봉이 생겼다면 장세 전환이 임
박했다는 신호 정도로만 인식할 수 있으며, 앞으로 장세 전환 패턴이 완
성된 다음 매매에 임하는 것이 바람직합니다.

숏바디음봉 ▶ 숏바디음봉이란 장중 시가와 종
가의 등락 폭, 즉 몸통이 전날 봉의 몸통보다 작
은 것을 말합니다. 역시 이 형태만으로는 매매
를 판단하기 힘듭니다. 다만 전날 긴 음봉이 발
생한 다음 하락 갭을 만들면서 숏바디음봉이 생겼다면 장세 전환이 임박
했다는 신호 정도로만 인식할 수 있으며, 앞으로 장세 전환 패턴이 완성
된 다음 매매에 임하는 것이 바람직합니다.

도지 ▶ 도지Doji형은 몸통이 매우 작고 시가와
종가가 일치하는 봉으로서 그림자의 아래위 꼬
리 길이는 매우 다양합니다. 시가와 종가가 일

치해야 완벽한 십자형이지만 최소 거래 단위 정도의 시가와 종가 차이라면 십자형으로 인정합니다. 십자형 자체는 추세 변화 예측에 별 도움이 되지 않고, 단지 추세 변화 임박 신호 정도로 해석할 수 있습니다. 특히 십자형은 하락추세의 바닥보다는 상승추세의 고점을 파악하는 데 더욱 유용하게 사용됩니다.

'도지'의 어원은 무엇인가요?
도지는 '같은 시간', '동시에'라는 뜻의 일본어로, 시작과 끝이 같은 상태, 즉 방향성이 없는 망설임의 상태를 의미합니다. 캔들차트 자체가 혼마 무네히사 쪽 전통에서 왔고, 뜻도 너무나 절묘해 서양권에서도 이 개념을 그대로 받아들여 일본어 발음 그대로 사용하고 있습니다.

그레이브스톤 도지 ▶ 그레이브스톤 도지Grave-stone Doji형은 시가 이후 강한 상승을 보이다가 종가가 저가인 시가와 일치하거나 근접할 경우에 생깁니다. 전쟁터의 비석과 비슷하여 비석십자형으로도 불립니다. 주가가 일정 기간 상승한 후 이러한 형태가 발생하면 하락전환할 확률이 높아지며 위 꼬리가 길수록 하락의 강도가 훨씬 더 강합니다. 이 봉은 바닥국면이나 횡보국면 속에서 간혹 출현하여 상승전환하는 경우도 있습니다.

드래곤플라이 도지 ▶ 드래곤플라이 도지Dragonfly Doji형은 시가와 고가, 종가가 일치하는 봉으로 주로 주가의 전환 시점에서 나타납니다. 잠자리형이라고도 부릅니다. 역시 몸통이 거의 없고 주로 하락추세의 막바지 국면에 나타나 급속한 상승전환 패턴으로 작용

합니다. 가끔 상승추세의 막바지 국면에서도 나타나 하락전환 신호의 역할도 합니다.

릭쇼맨 도지 ▶ 시가와 종가가 거의 일치하며 위아래 긴 그림자를 가지고 있는 형태의 패턴입니다. 매수와 매도가 서로 확신을 가지지 못하여 급등락을 거듭하는 뇌동매매를 나타내는 패턴이지요. 시가와 종가가 장중 거래 범위의 중간에 위치할수록 이와 같은 의미로 해석합니다. 유사한 패턴으로 하이웨이브 High-wave 형이 있습니다.

포 프라이스 도지 ▶ 포 프라이스 도지 Four Price Doji 는 시가, 고가, 저가, 종가의 4가지 가격 요소가 모두 같을 때 나타납니다. 하루 종일 거래가 형성되지 않다가 종가에만 형성되는 경우로, 발생 확률이 극히 드뭅니다. 시장의 방향 예측은 다음 날 형성되는 봉에 따라 분석하는 것이 일반적입니다. 신규 상장종목이나 대형 호재 또는 악재 출현 시에 많이 나타납니다.

화이트 마르보즈 ▶ 화이트 마르보즈는 매우 강력한 상승장세를 반영하는 봉의 형태(양봉)로 상승지속형 패턴으로 알려져 있습니다. 가끔 상승 국면의 마지막에 나타나 하락반전의 신호로 작용하기도 합니다. 이때 몸통의 크기는 하락 시 지지구간, 상승 시 저항구간의 크기로 분석합니다.

'마르보즈'의 어원은 무엇인가요?
마르보즈는 일본어로 '대머리'라는 뜻인데, 불필요한 꼬리가 싹 사라진 모양입니다. 위아래 꼬리가 거의 없으니, 가격이 한 방향으로 망설임 없이 움직였다는 의미입니다. 그래서 매수든 매도든 한쪽 세력이 처음부터 끝까지 시장을 장악한 상황을 나타냅니다.

블랙 마르보즈 ▶ 블랙 마르보즈는 매우 취약한 하락장세를 나타내는 봉의 형태(음봉)로 하락지속형 패턴으로 분석됩니다. 추세의 고점에서 나타나면 하락반전으로 분석하고, 가끔 하락 마지막 국면의 투매에서 나타나 주가의 상승반전 첫날 역할을 하기도 합니다. 이때 몸통의 크기는 상승 시 저항구간, 하락 시 지지구간의 크기로 분석합니다.

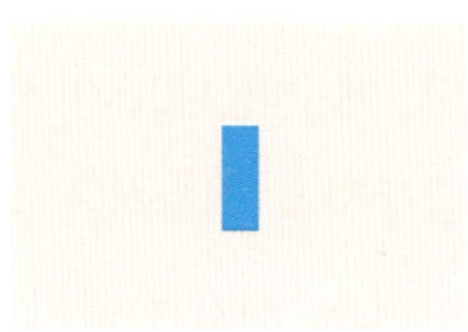

오프닝 화이트 마르보즈 ▶ 위 꼬리 장대양봉입니다. 시가와 저가가 일치하여 아래쪽의 꼬리가 없습니다. 종가와 고가는 달라서 위쪽 꼬리는 몸통보다 매우 작은 형태의 패턴으로 강한 상승장세를 반영하는 상승지속형 패턴으로 작용합니다. 그러나 화이트 마르보즈만큼 강하게 작용하지는 않습니다.

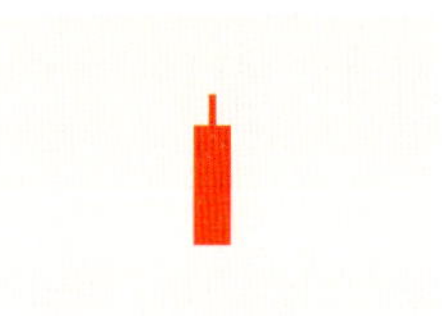

클로징 화이트 마르보즈 ▶ 아래 꼬리 장대양봉입니다. 종가와 고가가 일치하여 위쪽 꼬리가 없습니다. 시가와 저가는 달라서 아래쪽의 꼬리는 몸통보다 매우 작은 형태의 강한 상승장세를 반영합니다. 상승지속형 패턴으로 작용합니다.

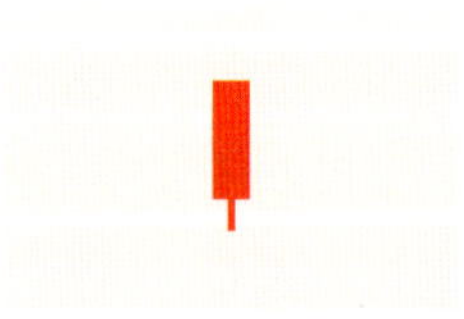

68

오프닝 블랙 마르보즈 ▸ 아래 꼬리 장대음봉입니
다. 클로징 블랙 마르보즈형과 반대로 시가와
고가가 일치하여 위 꼬리가 없습니다. 종가와
저가는 달라서 아래 꼬리는 몸통보다 매우 작은
형태의 패턴으로 취약한 하락장세를 반영합니다. 하락지속형 패턴으로
작용하나 블랙 마르보즈만큼 강하게 작용하지는 않습니다.

클로징 블랙 마르보즈 ▸ 위 꼬리 장대음봉입니
다. 오프닝 블랙 마르보즈 형태와 반대로 종가
와 저가가 일치하여 아래쪽 꼬리가 없습니다.
시가와 고가는 달라서 위 꼬리는 몸통보다 매우
작은 형태로 취약한 하락장세를 반영합니다. 하락지속형 패턴으로 작용
합니다.

스피닝 탑스 ▸ '팽이'를 의미하는 스피닝 탑스(하
이웨이브봉)는 몸통의 길이에 비해 그림자의 길
이가 상당히 긴 형태의 봉입니다. 이와 같은 형
태는 강세와 약세의 형세가 애매한 국면에서 매
수세와 매도세가 팽팽하게 눈치를 볼 때 나타납니다. 이 경우 몸통 색깔
이나 꼬리의 크기도 주가에 상당한 영향을 미치지만, 일반적으로 다음 날
봉에 의해 주가가 영향을 받는 경우가 흔합니다. 이 봉의 형태는 추세의
전환 국면, 지지나 저항이 크게 작용하는 구간에서 많이 나타납니다.

스타 ▸ 스타Star형은 전날의 긴 몸통에 이어 자주 나타나는 유형으로 추

세의 고점과 저점에 나타나는 대표적인 전환 패턴 중 하나입니다. 몸통의 색깔은 그리 중요하지 않으며, 차트 위에 별star이 떠 있는 것처럼 추세의 중간에 나타나 잠시 휴식을 가진 후 재차

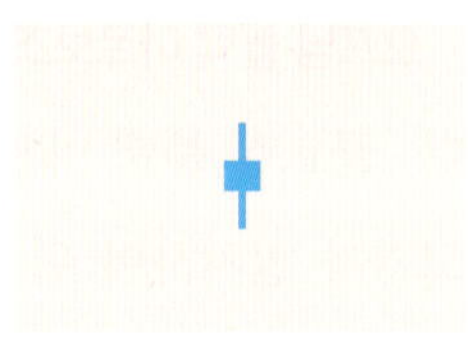

이전의 추세로 주가가 다시 지속되기도 하는데, 이 경우 상승 폭이나 하락 폭의 중간에 이 봉이 출현한다고 분석합니다. 또한 바로 이전 추세만큼의 크기를 목표치로 설정하여 분석하기도 합니다.

슈팅스타 ▶ 슈팅스타(음봉역망치형)형은 별똥별이란 이름처럼 몸통의 아래 꼬리가 거의 없고 위 꼬리가 몸통에 비해 매우 긴 형태를 보입니다. 봉의 색깔은 그리 중요하지 않으며, 다만 상

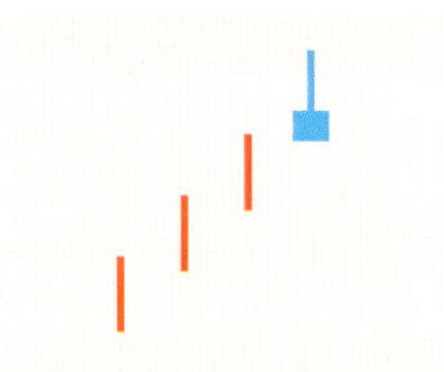

승장세 도중 이 패턴이 나타나면 하락반전 신호로 작용할 수 있다는 점을 명심해야 합니다. 이 형태와 같은 역전된 망치형과 구분되는 점은 상승추세에서는 하락반전 신호로 작용하고, 하락추세에서는 상승반전 신호로 작용한다는 점입니다.

인사이드데이 ▶ 인사이드데이 Inside day 형은 당일의 고가와 저가가 전날의 고가와 저가에 비해 둘 다 작은 것을 의미합니다. 어제의 캔들 속에 오늘 캔들이 들어가 있는 inside 모양이지요! 인사

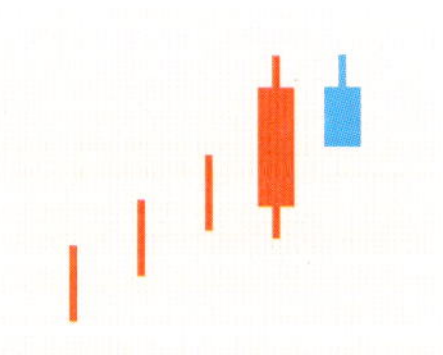

이드데이가 형성되면 빠른 시간 안에 추세의 변화 가능성이 있다고 볼 수 있습니다. 하지만 이것은 추세 변화의 가능성일 뿐입니다. 따라서 인사이드데이 발생 이후 주가 움직임을 통해 추세를 확인하는 것이 좋습니다.

아웃사이드데이 ▶ 아웃사이드데이 Outside day 형은 당일의 고가와 저가가 전날의 고가와 저가에 비해 둘 다 큰 것을 의미합니다. 어제 캔들이 오늘 캔들을 감싸는 모양으로, 이 같은 형태는 고점과 저점 부근에서의 반전을 확인하는 방법으로 유용하게 사용될 수 있습니다. 인사이드데이에 비해 아웃사이드데이는 자주 나타나지 않는 특징이 있습니다.

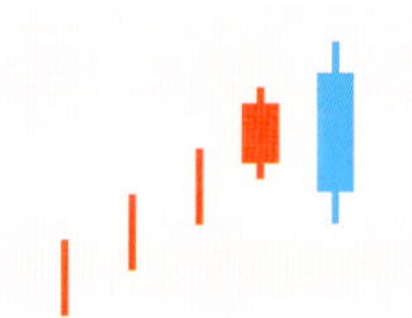

고수의 팁 ▶ 갭이란 시장이 방향과 에너지를 바꿨다는 신호입니다

갭이란 2개의 봉을 놓고 볼 때 한 봉의 저점이 다른 봉의 고점보다 높아 차트에 빈 공간이 생긴 것을 말합니다. 매수 주문과 매도 주문이 불균형을 이루어 급등하는 경우에 발생합니다. 상승지속갭과 하락지속갭이 있습니다.

상승지속갭 | 돌발 호재가 발생했을 때 또는 매수 세력이 강력할 때 나타납니다. 이 갭이 나타난 이후 상승추세가 지속된다고 봅니다.

하락지속갭 | 돌발 악재가 발생했을 때 또는 매도세력이 강력할 때 나타납니다. 이 갭이 나타난 이후 하락추세가 지속된다고 봅니다.

하락세에서 상승세로 반전하는 패턴
상승반전형 봉차트

상승반전형 봉의 모습

상승반전형은 하락세에서 상승세로 바뀌는 봉의 모습을 보여줍니다. 즉, 상승반전형 봉이 나타나면 주가가 상승할 가능성이 높다고 예측할 수 있습니다. 투자자는 주식 매수를 고려해보고 매도는 하지 않는 것이 좋습니다. HTS에서 조건검색으로 각 패턴을 검색하면 현재 조건에 맞는 종목을 구할 수 있습니다. 하나씩 예를 들어서 찾아보겠습니다.

한 걸음 더

실전에서 알아야 할
상승반전형 3원칙!
1. 패턴은 '위치'가 반입니다.
2. 거래량은 반드시 확인해야 합니다.
3. '바로 상승하지 않는 패턴'이 더 강합니다.

인버티드 해머 ▶ 인버티드 해머형(역전된 망치형)은 해머형과 함께 비교적 자주 나타나는 패턴으로 명확한 반전 신호라고 단정할 수는 없지만, 단기적 바닥이 가까워졌음을 시사합니다. 형태는 하락추세의 말미에 등장하며, 긴 위 꼬리와 작은 몸통을 특징으로 합니다. 몸통은 장중 가격 범위의 하단부에 위치하며 색은 크게 중요하지 않습니다. 다만 인버티드 해머형은 기본적으로 약세 패턴이기 때문에 상승반전으로 해석하려면 확인 신호가 필요합니다. 다음 날 시가가 상승 갭을 형성해야 하며, 갭이 클수록 반전 신뢰도는 높아집니다. 또한 이 패턴이 앞뒤의 봉과 결합해 불리쉬 인걸핑형, 모닝스타형 등을 완성하면 상승반전 가능성이 더욱 강화됩니다. 따라서 항상 전후 봉과 함께 종합적으로 해석하는 것이 중요합니다.

조건검색에서 인버티드 해머형으로 종목을 검색해봅시다. '봉전기준'을 통해서 이 봉이 하루 전에 발생한 것인지, 아니면 이틀 전에 발생한 것인지 등을 조정할 수 있습니다. 먼저 ❶ 인버티드 해머를 클릭한 다음 ❷ 봉전기준 설정 후 ❸ 추가 버튼을 클릭하고 ❹ 검색을 클릭하면 해당 종목들이 검색됩니다.

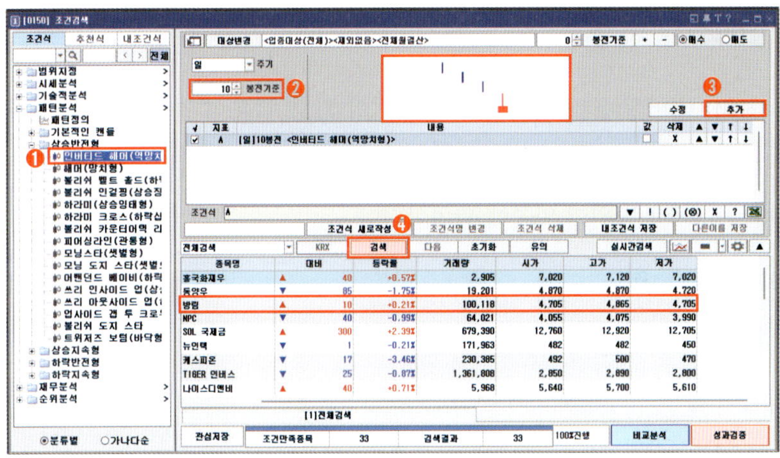

이렇게 검색된 종목 중에서 실제로 어떻게 봉이 나타났고, 그 이후의 움직임은 어땠는지 차트를 통해 알아봅시다. 다음 그림에서처럼 인버티드 해머형이 발행한 이후 단기적으로 주가가 상승하는 모습을 보인다는 점에 주목해야 합니다.

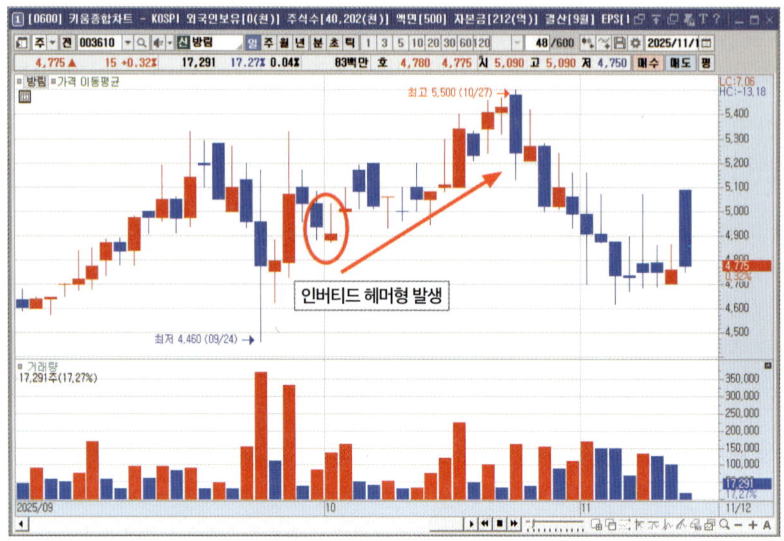

해머 ▶ 해머형(망치형)은 위 꼬리가 거의 없고, 몸통이 장중 거래 범위의 약 30~50 이하이며, 아래 꼬리가 매우 긴 형태로 나타납니다. 이때 몸통이 장중 거래 범위의 위쪽에 위치합니다.

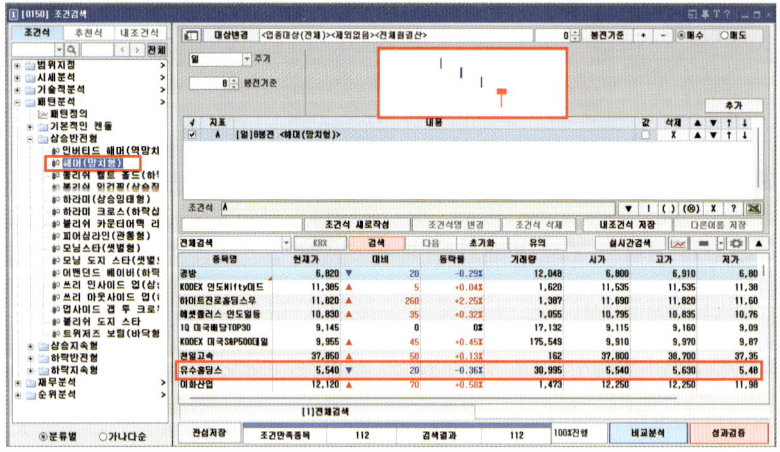

이 패턴을 확인하는 데는 단기간일지라도 추세를 살펴봐야 하고 발생 다음 날 상승 갭 형성 여부도 매우 중요합니다. 보통 5~10일 정도의 하락 추세 후 이 패턴이 형성되었다면 향후 주가의 상승반전 가능성을 내포하고 있습니다. 해머형은 아래 그림자가 길수록, 위 그림자가 짧을수록, 그리고 몸통이 짧을수록 의미가 있다고 볼 수 있습니다. 양봉, 음봉과는 상관이 없으나 양봉의 신뢰도가 더 높습니다.

해머형으로 검색된 종목을 통해서 주가 움직임을 살펴보면 다음과 같습니다. 해머형이 발생한 이후 단기적으로 주가가 상승하는 모습을 보이고 있습니다.

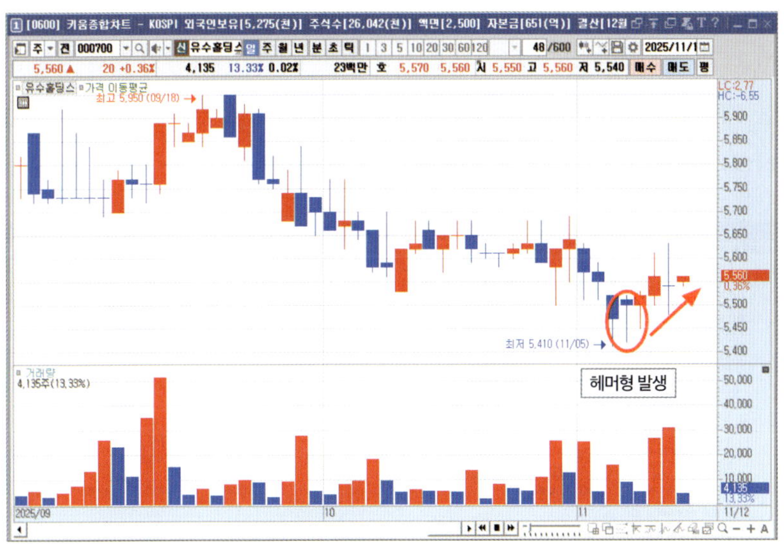

 실전 매매로 연결하는 상승반전 패턴 활용 가이드

상승반전 패턴은 차트 교과서에서 매우 매력적으로 보이지만, 실전에서는 실패하는 사례도 적지 않습니다. 그 이유는 대부분 패턴만 보고 매수하기 때문입니다.

실전에서 성공률을 높이려면 다음 3가지를 함께 점검해야 합니다.

첫째, 상승반전 패턴은 하락이 누적된 구간에서 나타날 때 신뢰도가 높습니다. 최근 며칠간 가격이 충분히 밀렸는지, 에너지가 소진된 분위기인지 확인해야 합니다.

둘째, 반전 패턴 뒤에 이어지는 첫 양봉의 성질이 중요합니다. 거래량이 증가하면서 양봉이 형성되면 실제 매수세가 들어온 것으로 해석할 수 있어 패턴의 성공 확률을 크게 높입니다.

셋째, 패턴 이후 이어지는 조정의 강도를 반드시 관찰해야 합니다. 조정이 짧고 거래량이 줄면 상승 에너지가 유지되고 있는 것이며, 오히려 재진입 기회가 될 수도 있습니다.

반전 패턴은 신호를 읽는 것보다 읽은 뒤 어떻게 대응하느냐가 더 중요합니다.

불리쉬 벨트 홀드 ▸ 불리쉬 벨트 홀드형(상승샅바형)은 형태상으로는 시가와 저가가 동일한 긴 양봉입니다. 저가권에서 길게 나타나면 강한 상승장을 예고합니다. 몸통의 길이가 길수록 신뢰도는 증가하며 발생 당시 잘 나타나지 않았다면 더욱 의미 있다고 할 수 있습니다.

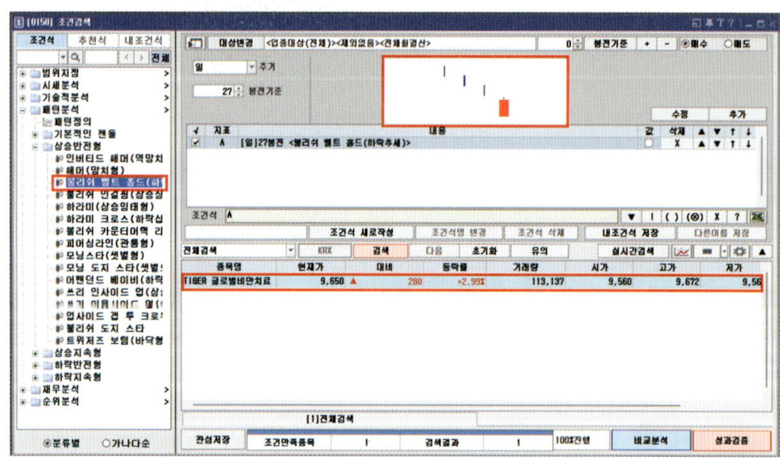

불리쉬 벨트 홀드형이 나타난 이후 주가 움직임을 확인해보겠습니다. 다음 차트는 주가가 강하게 상승하는 모습을 잘 보여주는 예입니다.

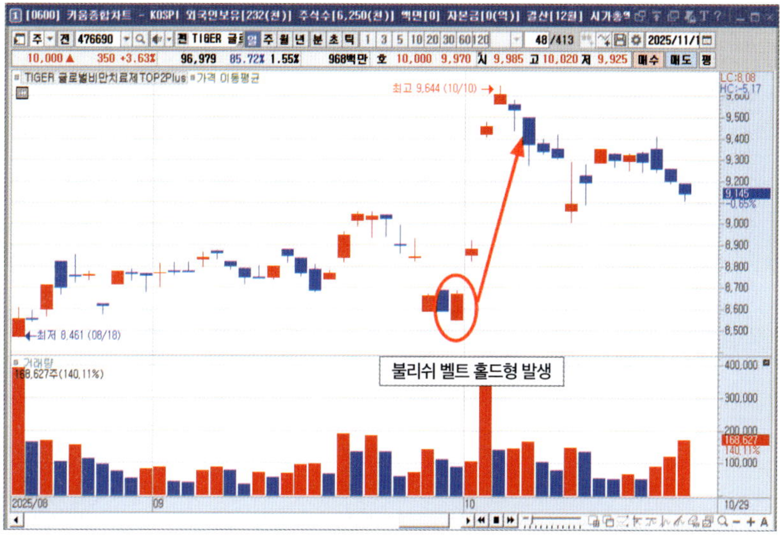

불리쉬 인걸핑 ▶ 불리쉬 인걸핑형(상승장악형)은 하락추세 마지막에 나타나는 패턴입니다. 형태상으로 두 번째 봉에 의해 첫 번째 봉이 감싸이는 모습을 보입니다. 첫 번째 봉이 음봉, 두 번째 봉이 양봉인 불리쉬 인걸핑형은 첫 번째 음봉의 크기가 작고 두 번째 양봉의 크기가 클수록, 그리고 거래 범위가 두 번째 양봉에 의해 완전히 감싸일수록 신뢰도가 높아집니다. 만일 두 번째 봉에 대량 거래가 수반되었다면 더욱 의미가 있습니다. 비교적 빈번하게 발생하며 신뢰도도 높은 패턴입니다.

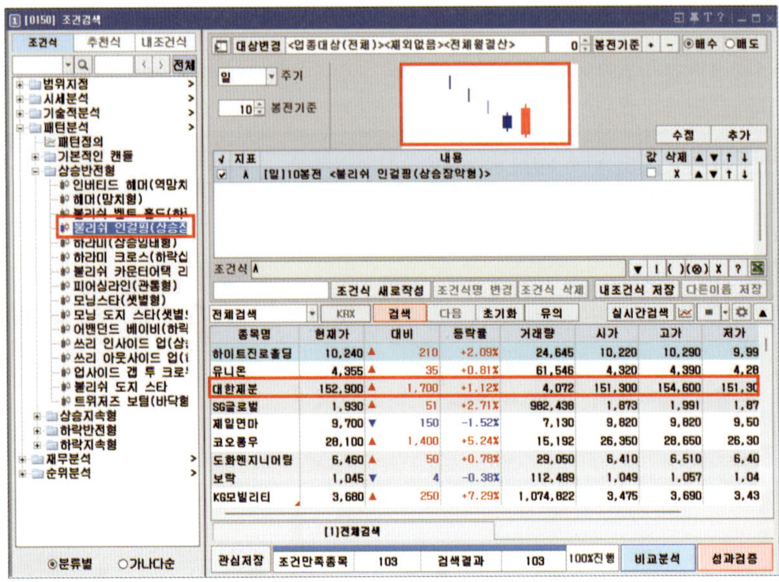

불리쉬 인걸핑형이 발생한 이후 주가 움직임을 살펴보면 주가가 상승한다는 것을 확인할 수 있습니다.

하라미 ▶ 하라미형(상승잉태형)은 비교적 자주 나타나는 반전 신호로, 형태상 인걸핑형의 반대라고 볼 수 있습니다. 긴 봉 이후 그 범위 안에 완전히 들어가는 작은 봉이 나타나면 하라미형으로 분류되며, 하락추세에서 긴 음봉 뒤에 짧은 양봉(또는 작은 음봉)이 나오면 상승전환 가능성을 시사합니다.

하라미형은 강한 반전이라기보다 기존 추세가 멈추고 방향을 모색하는 모습을 보여줍니다. 따라서 패턴 출현 직후 바로 상승으로 전환되지 않고, 일정 기간 조정을 거치는 경우도 적지 않습니다. 이런 이유로 하라미형은 시장 기조 변화를 관찰하는 데 유용한 패턴으로 여겨집니다. 또한 작은 몸통 대신 십자형이 나타나는 하라미 크로스형은 반전 신뢰도를 더욱 높여줍니다.

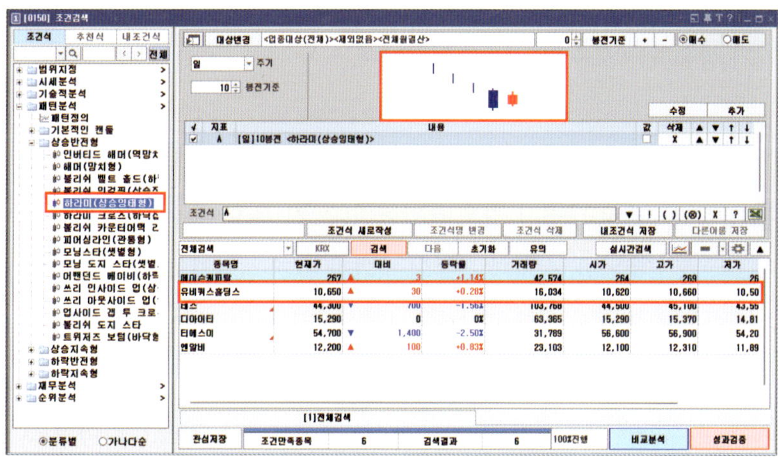

하라미형으로 검색된 종목의 주가 동향을 살펴보면 패턴 발생 이후 주가가 상승하는 것을 확인할 수 있습니다.

하라미 크로스 ▶ 하라미 크로스형(하락십자형)은 하라미형의 두 번째 작은 봉이 십자형으로 나타난 경우를 말합니다. 긴 봉 안에 완전히 포함되는 구조는 동일하지만, 십자형 특유의 명확한 반전 신호가 더해지면서 기존 추세의 멈춤을 더욱 강하게 시사합니다.

이 때문에 하라미 크로스형은 추세 고착화 신호, 즉 기존 추세가 굳어지고 곧 전환될 가능성이 높다는 의미로 해석됩니다. 일반 하라미형보다 반전 신뢰도가 높고, 실전에서도 비교적 자주 등장하는 패턴입니다.

하라미 크로스형으로 검색된 종목 차트를 보면 긴 음봉 뒤에 십자형이 뚜렷하게 나타납니다. 하라미 크로스형이 나타난 이후의 주가 움직임은 상승세를 보이고 있음을 확인할 수 있습니다.

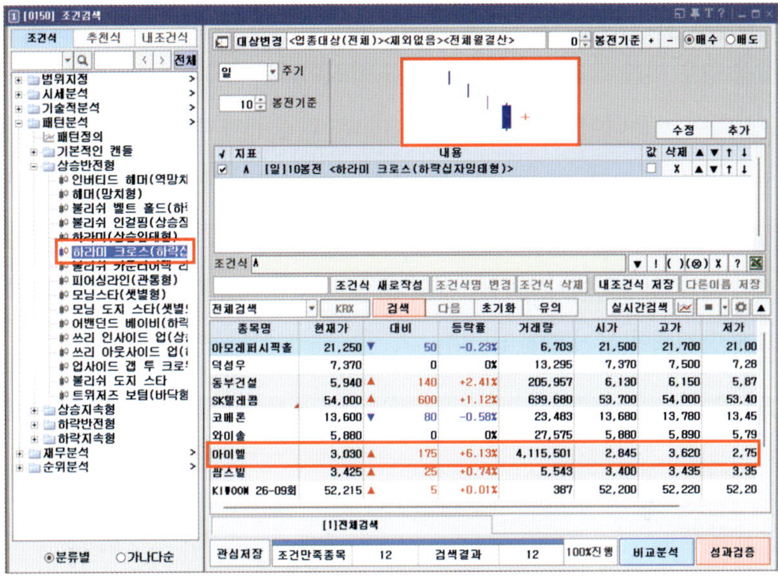

하라미 크로스형 발생

불리쉬 카운터어택 라인 ▸ 색깔이 다른 2개의 긴 봉이 비슷한 종가를 형성했을 경우 이를 직전의 움직임에 대한 반격이라고 표현합니다.

불리쉬 카운터어택 라인형(상승반격형)은 긴 음봉과 긴 양봉으로 구성되고 두 봉의 종가가 같거나 비슷한 경우를 말합니다. 물론 음봉 대신 양봉과 양봉에서도 나타날 수 있습니다. 이때 중요한 점은 두 번째 양봉의 시가가 낮게 형성되어야 한다는 것입니다. 기존 추세를 강하게 이어가다가 크게 반전해야 하기 때문입니다.

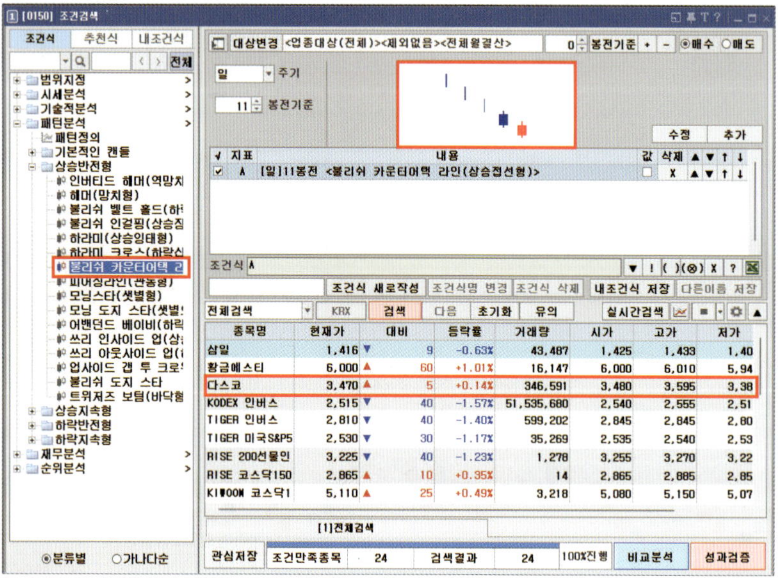

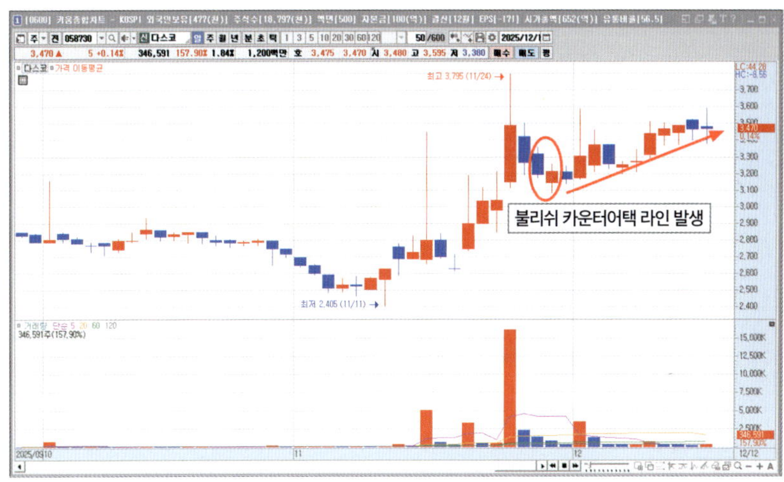

　　차트를 통해 불리쉬 카운터어택 라인 발생 이후의 주가 움직임을 확인해보면 상승반격형이 나온 이후 주가가 상승하는 모습을 볼 수 있습니다.

　　피어싱라인 ▶ 피어싱라인형(관통형)은 긴 음봉 뒤에 양봉이 나타나는 패턴으로, 주로 하락추세의 말미에서 발생합니다. 두 번째 양봉의 종가가 첫 번째 음봉 몸통의 절반 이상을 상향 돌파해야 관통형으로 인정되며, 그렇지 못하면 하락지속형으로 해석됩니다. 양봉이 음봉 전체를 감싸는 수준까지 상승하면 패턴은 불리시 인걸핑형으로 분류됩니다.

　　직전 가격 흐름이 뚜렷한 하락세였거나, 양봉이 지지선 부근에서 형성되었거나, 거래량이 증가했다면 상승반전 신뢰도는 더 높아집니다. 다만 실제 시장에서는 비교적 드물게 나타나며, 그 자체의 신뢰도는 낮은 편입니다.

　　피어싱라인형이 발생한 이후 주가의 움직임은 다음 페이지 하단의 차트를 보면 알 수 있습니다.

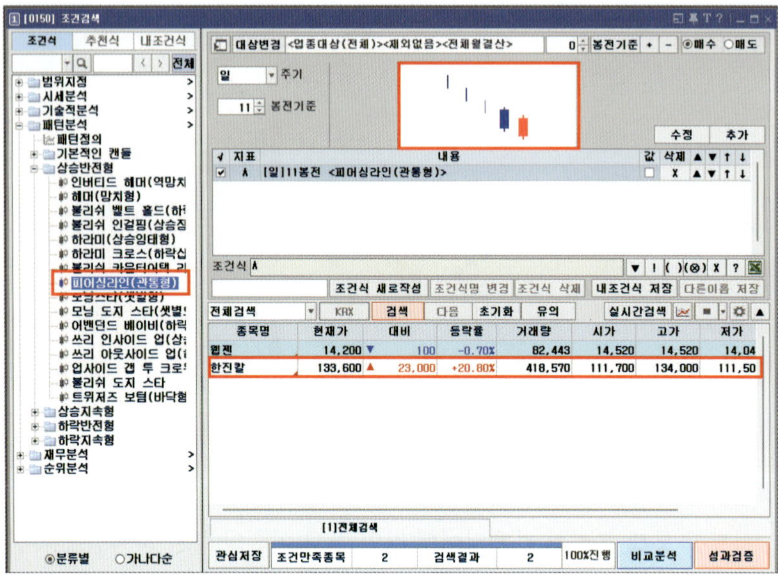

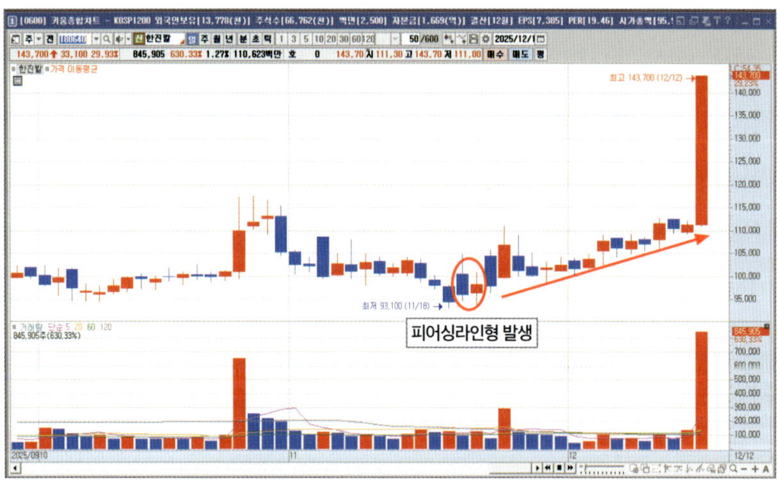
최고 143,700 (12/12)
최저 93,100 (11/18)
피어싱라인형 발생

모닝스타 ▶ 모닝스타형(샛별형)은 대표적인 상승반전 패턴으로 발생 빈도가 매우 높습니다. 형태를 보면 하락추세에서 긴 음봉이 발생한 후 다음 날 하락 갭을 두고 작은 몸통을 가진 스타가 생깁니다. 그다음 날 상승 갭을 두고(없을 수도 있음) 첫 번째 음봉 정도의 긴 양봉이 발생합니다. 스타가 양봉이든 음봉이든 상관없으나 양봉이면 신뢰도가 높아집니다.

첫 번째 음봉에 수반된 거래량이 적고 세 번째 양봉에 수반된 거래량이 많다면 이 또한 반전 가능성을 강화한다고 할 수 있습니다. 2개 연속으로 스타가 나타나 해머형이나 불리쉬 인걸핑형과 혼합된 형태를 보이기도 합니다.

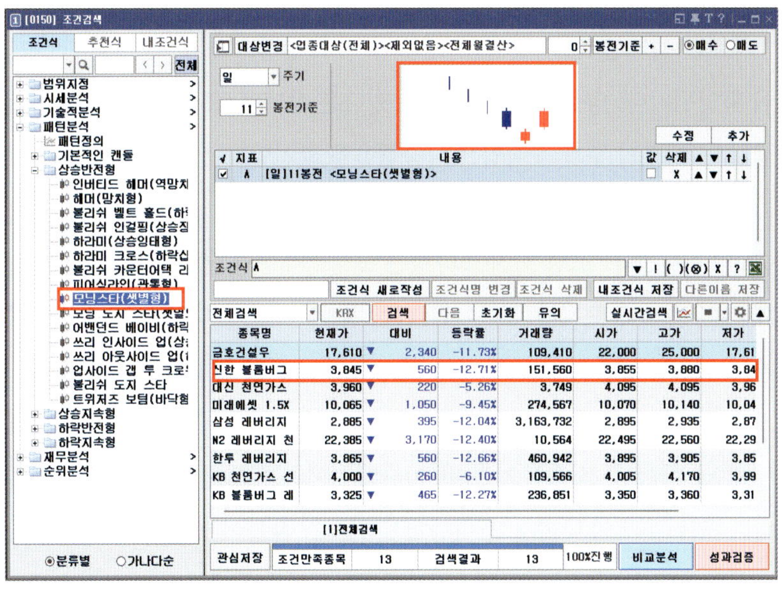

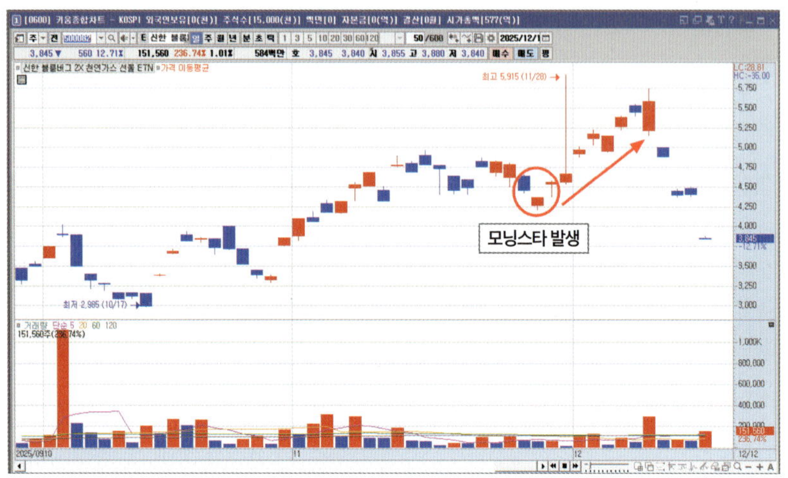

차트를 살펴봅시다. 첫 번째 양봉과 이후 양봉스타, 그리고 다시 양봉이 확인됩니다. 양봉과 음봉이 다르게 나온 상태에서도 모닝스타는 발생합니다. 이후의 주가 움직임은 상승했음을 확인할 수 있습니다.

모닝 도지 스타 ▶ 모닝 도지 스타형은 모닝스타형의 변형 패턴으로, 두 번째 봉이 스타냐 도지냐의 차이입니다. 일반적으로 스타보다는 도지가 주가에 미치는 영향력이 더 강력한 것으로 알려져 있습니다.

하락추세에서 긴 음봉을 형성한 후 둘째 날 도지를 형성하고 셋째 날에 첫째 날 형성된 긴 음봉의 절반 이상의 가격대에서 긴 양봉을 형성시킵니다. 하락추세의 주가를 강력하게 반전시킬 확률이 높다고 분석합니다. 모닝스타형과 형태는 유사하나 신뢰성이 더 강한 패턴으로 하락추세의 바닥권에서 이 패턴이 발생했다면 매수에 가담해야 합니다.

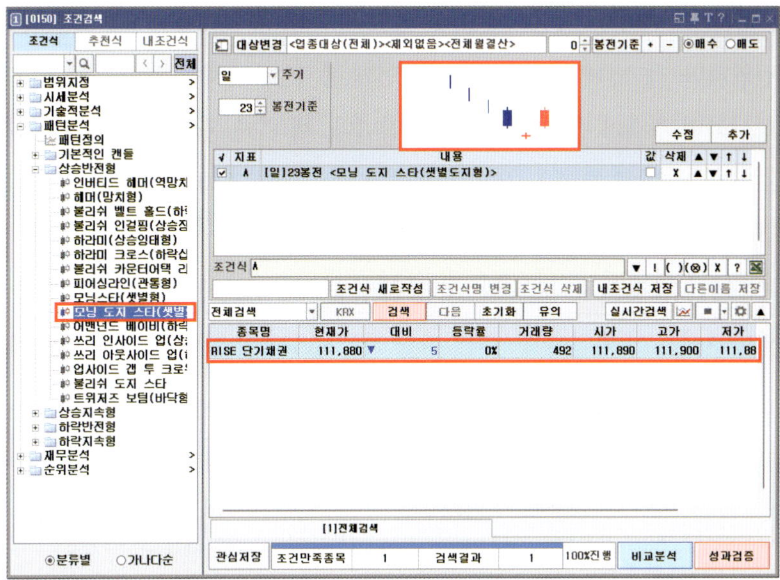

모닝도지스타 발생 이후 주가 움직임은 다음과 같습니다. 검색된 차트에서는 음봉 다음 도지가 발생한 후 장족의 도지가 발생하는 모양의 모닝도지 스타인데, 이후 주가가 상승하는 것을 확인할 수 있습니다.

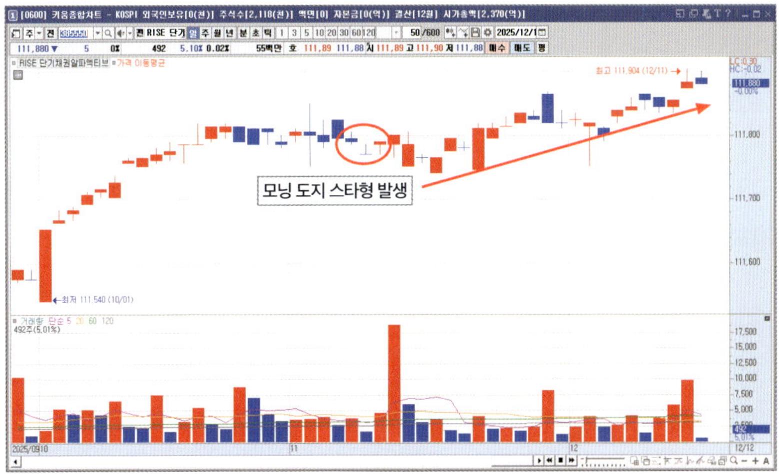

어밴던드 베이비 ▸ 모닝스타형, 모닝 도지 스타형과 함께 주요한 반전 패턴입니다. 두 번째 봉의 도지가 첫 번째 봉과 세 번째 봉의 몸통과 갭을 형성하며 추세가 반전되는 형태를 띱니다. 세 번째 봉의 위 꼬리나 아래 꼬리가 두 번째 봉의 도지와 중복되지 않은 채(이름 그대로 '버려진 아이'처럼) 갭을 형성합니다.

주가가 일정한 하락을 보인 후 강력 상승으로 전환될 확률이 높습니다. 바닥권에서 이 패턴이 형성되었다면 적극 매수해야 합니다.

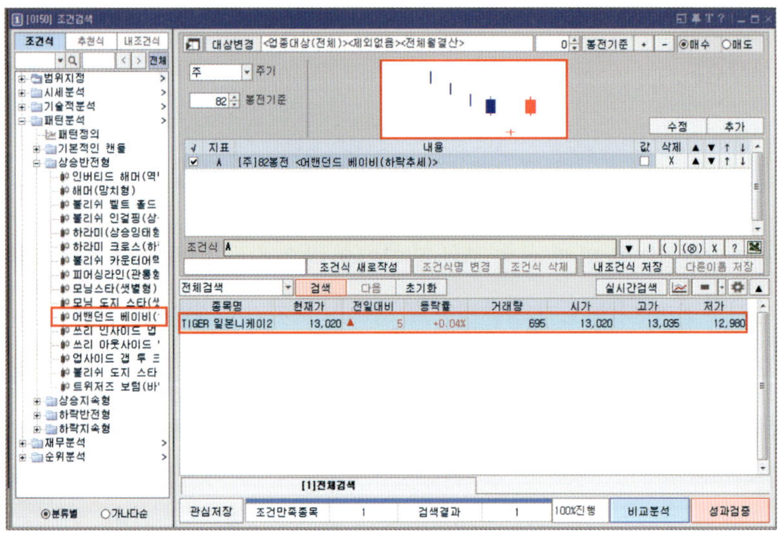

이 패턴은 쉽게 나타나지 않습니다. 다음 차트는 일봉이 양선과 음선이 정확히 일치하진 않지만 이후의 주가 움직임이 비슷하니 참고하세요.

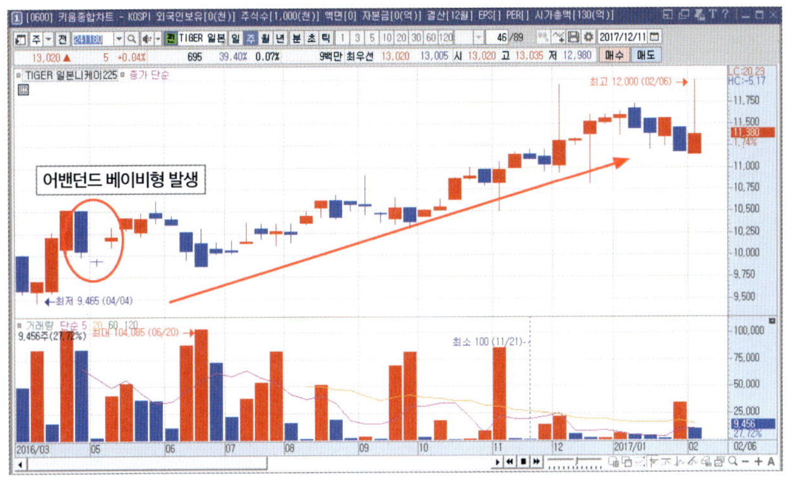

쓰리 인사이드 업 ▸ 쓰리 인사이드 업형은 하라미형을 확인시켜주는 형태의 패턴입니다. 두 번째 봉이 완성된 하라미형을 보이고 다음 날 봉의 종가가 이전 봉의 종가보다 높게 마감되면서 형성됩니다.

이 패턴은 향후 추세의 상승반전 작용을 예상해볼 수 있습니다. 하락추세 이후 이 패턴이 나타나면 앞으로 상승전환 작용을 합니다. 하라미형보다 상승반전 가능성이 높은 패턴입니다.

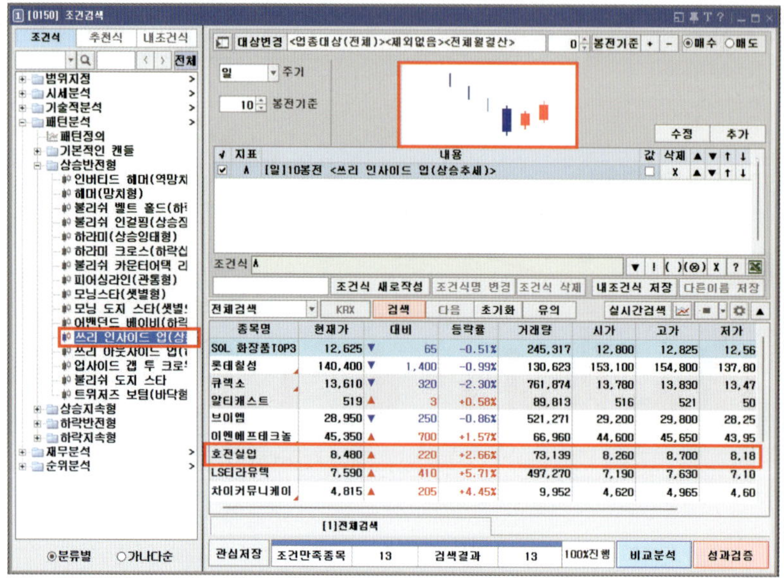

쓰리 인사이드 업형으로 검색한 결과를 통해 선택한 차트를 살펴봅시다. 차트의 동그라미 부분에서 두 번째 봉이 첫 번째 봉 안에 들어가는 하라미형이 보입니다. 그리고 세 번째 봉의 최고가가 이전 봉의 고가보다 높게 형성되었습니다. 그리고 이후부터 주가가 상승하는 것을 확인할 수 있습니다.

쓰리 아웃사이드 업 ▶ 쓰리 아웃사이드 업형은 인걸핑형을 확인시켜주는 형태의 패턴입니다. 두 번째 봉이 완성된 인걸핑형이 보이고 세 번째 봉의 종가가 첫 번째 봉의 종가와 두 번째 봉의 종가보다 높게 마감되면서 형성됩니다.

이 패턴은 향후 추세의 상승반전을 예상할 수 있습니다. 또한 긴 하락추세 이후 바닥권에서 이 패턴이 발생했다면 상승전환에 대한 패턴의 신뢰성은 더욱 높아진다고 볼 수 있습니다.

쓰리 아웃사이드 업형이 나타난 이후의 주가 움직임은 다음 페이지 하단 차트를 통해서 확인할 수 있습니다.

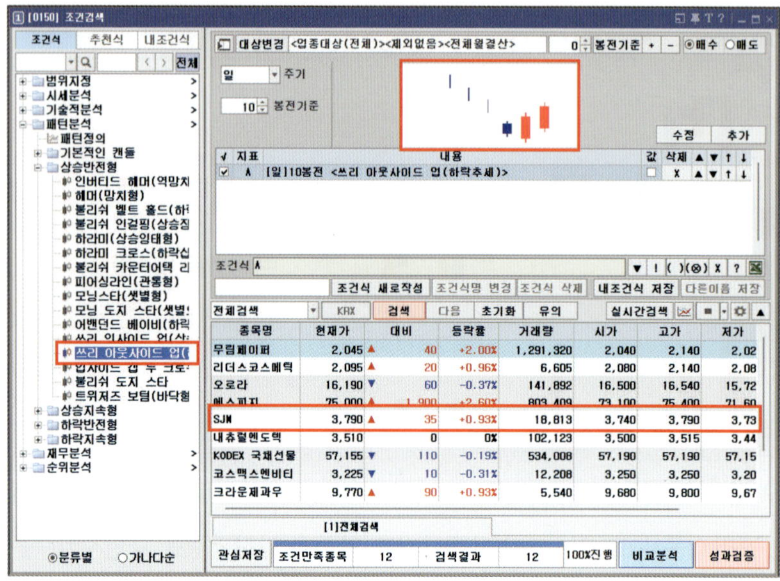

[0150] 조건검색
조건식 추천식 내조건식
전체
범위지정
시세분석
기술적분석
패턴분석
패턴정의
기본적인 캔들
상승반전형
인버티드 해머(역망치
해머(망치형)
불리쉬 벨트 홀드(하
불리쉬 인걸핑(상승집
하라미(상승일태형)
하라미 크로스(하락십
불리쉬 카운터어택 리
피어싱라인(관통형)
모닝스타(샛별형)
모닝 도지 스타(샛별!
어밴던드 베이비(하락
쓰리 인사이드 업(상
쓰리 아웃사이드 업(
업사이드 갭 투 크로!
불리쉬 도지 스타
트위저즈 보텀(바닥형
상승지속형
하락반전형
하락지속형
재무분석
순위분석
분류별 가나다순

대상변경 <업종대상(전체)><제외없음><전체월결산> 0 봉전기준 + - 매수 매도
일 주기
10 봉전기준
수정 추가
지표 내용 값 삭제
A [일]10봉전 <쓰리 아웃사이드 업(하락추세)> X
조건식 A
조건식 새로작성 조건식명 변경 조건식 삭제 내조건식 저장 다른이름 저장
전체검색 KRX 검색 다음 초기화 유의 실시간검색

종목명 현재가 대비 등락률 거래량 시가 고가 저가
무림페이퍼 2,045 40 +2.00% 1,291,320 2,040 2,140 2,02
리더스코스메틱 2,095 20 +0.96% 6,605 2,080 2,140 2,08
오로라 16,190 60 -0.37% 141,892 16,500 16,540 15,72
에스피지 75,000 1,900 +2.60% 803,409 73,100 75,400 71,60
SJM 3,790 35 +0.93% 18,813 3,740 3,790 3,73
내츄럴엔도텍 3,510 0 0% 102,123 3,500 3,515 3,44
KODEX 국채선물 57,155 110 -0.19% 534,008 57,190 57,190 57,15
코스맥스엔비티 3,225 10 -0.31% 12,208 3,250 3,250 3,20
크라운제과우 9,770 90 +0.93% 5,540 9,680 9,800 9,67

[1]전체검색
관심저장 조건만족종목 12 검색결과 12 100%진행 비교분석 성과검증

[0600] 키움종합차트 - KOSPI 외국인보유[1,067](천) 주식수[15,605](천) 백면[500] 자본금[78](억) 결산[12월] EPS[1,333] PER[2.84] 시가총액[591](억)
SJM
3,790 35 +0.93% 18,813 74.21% 0.12%
SJM 가격 이동평균
최고 3,830 (10/23)
최저 3,500 (11/05)
쓰리 아웃사이드 업형 발생
거래량 단순 5 20 60 120
18,813주(74.21%)
2025/09 10 11 12 12/12

업사이드 갭 투 크로우즈 다운 ▶ 까마귀형 형태의 패턴으로 하락추세가 지속되다가 2개의 음봉이 발생한 다음 날(두 번째에 양봉이 발생하기도 함) 이후에 상승 갭이 발생하고 강한 양봉을 형성하면서 완성됩니다.

이 패턴이 하락추세 이후 나타났다면 향후 주가 상승을 예상할 수 있는 상승반전형 패턴으로, 하락추세 이후 발생해야 상승반전에 대한 신뢰성이 있습니다. 이때 전후 주가의 움직임을 고려해 판단해야 할 패턴이며, 그렇지 않은 경우는 상승반전형 패턴으로 볼 수 없습니다. 업사이드 갭 투 크로우즈 다운형은 자주 발생하지 않는 신호라 검색이 어렵습니다.

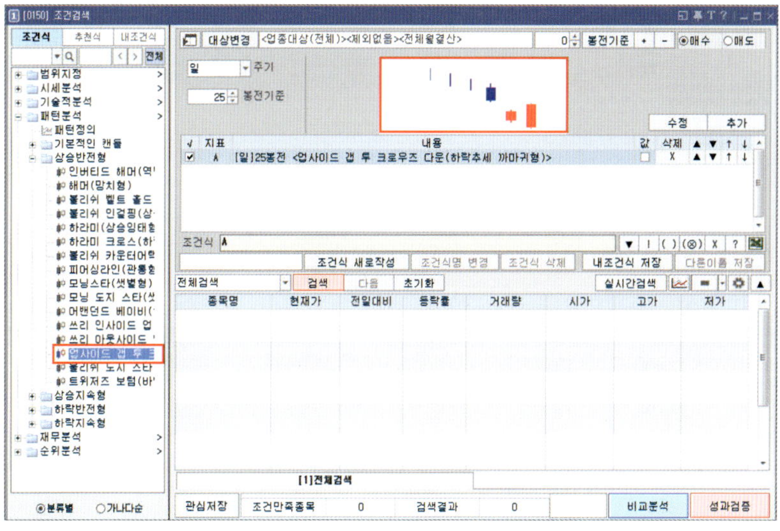

불리쉬 도지 스타 ▶ 두 번째 강한 음봉 이후 하락 갭을 두고 도지가 형성된 패턴입니다. 향후 상승전환으로 발전될 가능성이 매우 높습니다.

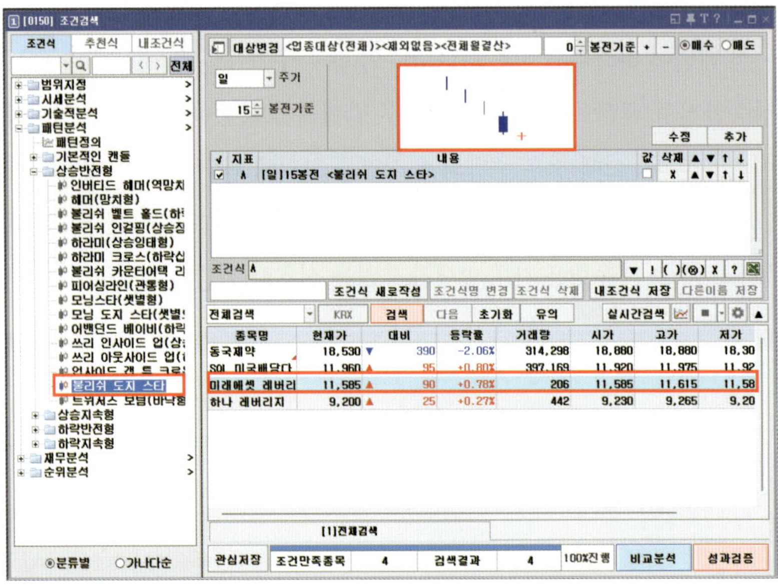

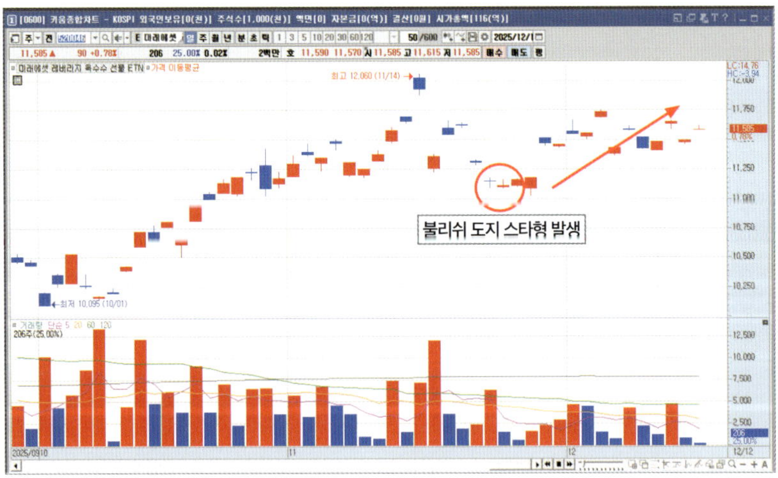

이 패턴만으로 판단을 내리기보다는 다음 날 강한 양봉이 발생하며 모닝스타형이 완성된 후 상승전환에 대한 판단을 내리는 게 바람직합니다.

트위저즈 보텀 ▶ 트위저즈 보텀형은 여러 가지 봉이 복합적으로 결합해 봉이 더 이상 저가를 갱신하지 못하고 저점이 일치하는 형태를 띠는 패턴입니다. 일치하는 저점이 지지선의 역할을 하며, 특히 저점을 일치시키는 봉이 많을수록 주가의 반전은 더욱 강력하게 나타납니다.

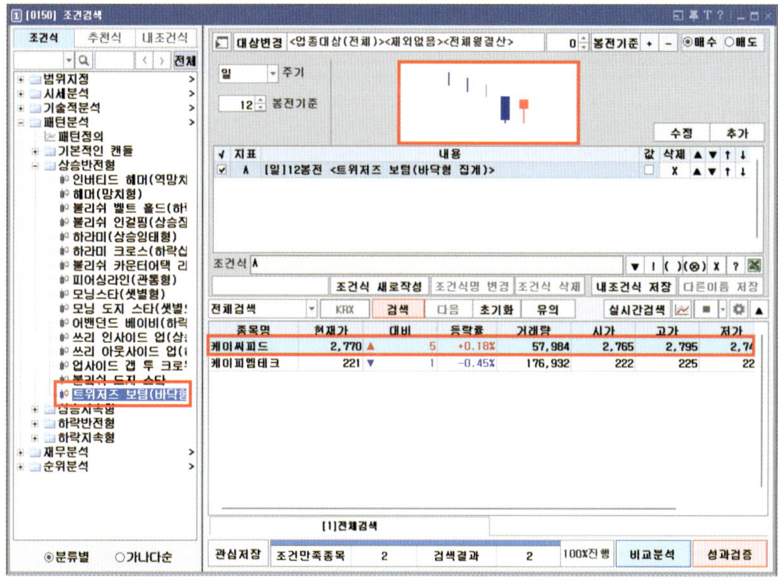

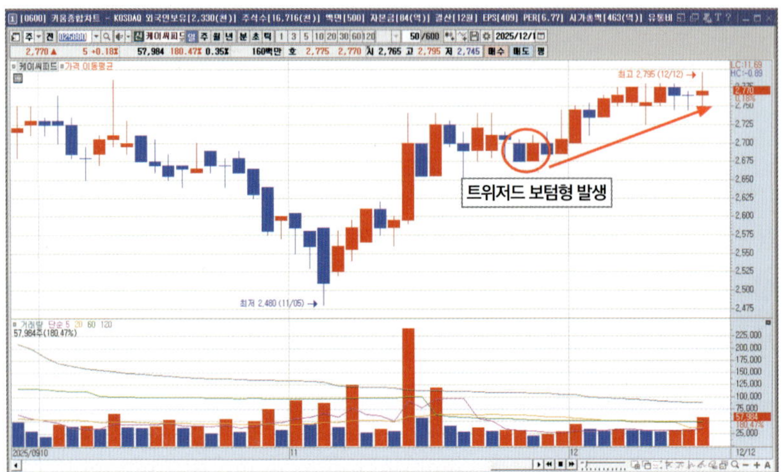

트위저드 보텀형 발생
최고 2,795 (12/12)
최저 2,480 (11/05)

상승하는 과정에서 이어지는 패턴
상승지속형 봉차트

상승지속형 봉의 모습

상승지속형은 상승하는 추세 과정에서 나타나는 패턴들입니다. 이 패턴이 나타난 이후에도 현재의 상승추세가 계속해서 이어진다고 봅니다. 상승지속형 봉으로는 쓰리 화이트 솔저형, 어드밴스 블럭형, 스톨드 패턴형, 업사이드 갭 태스키형, 마지막으로 업사이드 갭 쓰리 메써즈형 등이 있습니다.

쓰리 화이트 솔저 ▶ 쓰리 화이트 솔저형은 적삼병이라고도 하며, 강한 상승전환을 예고하는 대표 패턴입니다. 종가가 계속 높아지는 양봉이 3개 연속으로 나타나며, 일반적으로 위아래 꼬리가 거의 없거나 매우 짧은 형태를 보입니다. 각 양봉의 시가는 대개 이전 봉의 몸통 안에서 시작해 3개의 양봉이 자연스럽게 맞물리며 상승 흐름을 만듭니다. 다만 두 번째나 세 번째 양봉이 지나치게 길어 급등 형

한 걸음 더

상승장에서도 과열 여부는 꼭 점검해야 합니다
쓰리 화이트 솔저처럼 강한 양봉이 연속되면 상승지속 신호일 수 있는데, 양봉이 지나치게 길어지면 과열국면일 가능성도 높습니다. 상승 패턴일수록 지속인지, 과열인지 구분하는 과정이 필요합니다.

태를 보일 경우에는 과열구간에 진입할 가능성도 있으므로 주의가 필요합니다. 검색 결과 차트를 통해 상승지속을 확인해봅시다.

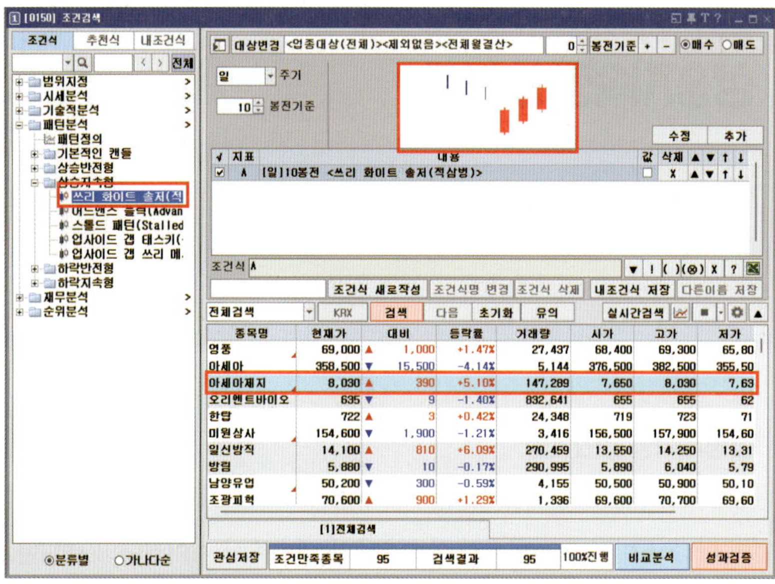

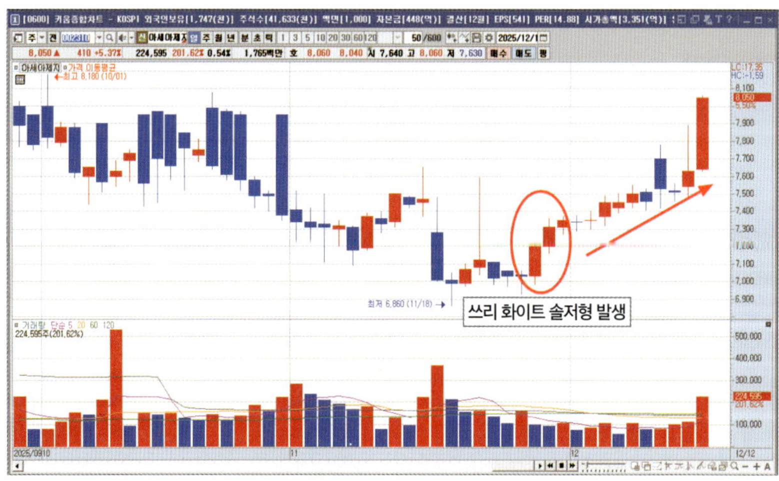

어드밴스 블럭 ▶ 어드밴스 블럭형은 상승추세advance가 이어지는 과정에서 추가 상승이 부담스러운block 국면, 즉 매수 에너지가 상당 부분 소진된 상태에서 주로 나타나는 패턴입니다. 특히 두 번째와 세 번째 봉, 그중에서도 세 번째 봉이 작아지는 모습이 향후 약세 전환 가능성을 시사합니다. 강한 상승 흐름의 말미에 등장할수록 주의가 필요합니다.

형태는 두 번째와 세 번째 봉의 몸통이 점점 작아지고, 상대적으로 위꼬리가 길어지는 특징을 보입니다. 이는 매도 압력이 커지고 매수세가 약해지고 있음을 의미합니다. 이 패턴이 나타날 경우 매수는 잠시 미루고, 보유 종목은 일부 매도하며 시장 흐름을 관찰하는 것이 좋습니다. 완전한 고점 반전 패턴은 아니지만, 의미 있는 조정 구간에 진입할 가능성이 높다는 신호로 해석됩니다.

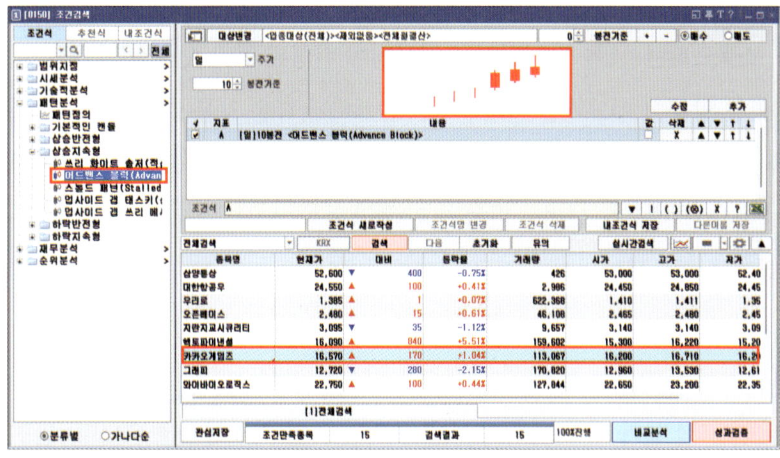

어드밴스 블럭형이 나타난 이후 주가 움직임은 다음 차트를 통해 확인할 수 있습니다. 어드밴스 블럭형이 발생하고 나서 주가가 일정 기간 횡보를 보이면서 조정을 받는 모습에 주목해야 합니다.

스톨드 패턴 ▶ 스톨드 패턴형은 적삼병이 변형된 형태로, 첫 번째와 두 번째 긴 양봉이 신고가를 돌파한 뒤 세 번째에 작은 양봉(또는 스타형)이 나타나는 구조입니다. 딜리버레이션Deliberation이라고도 부르는데, 이는 상승추세 속 새로운 고점을 만들기 위해 많은 에너지를 소모한 뒤 일시적인 힘의 소진이 나타나는 상황을 의미합니다.

세 번째 작은 양봉은 종종 두 번째 양봉의 몸통 안에서 시작해 상승하나, 몸통이 작다는 점 자체가 매수세 약화를 보여줍니다. 이 패턴이 나타나면 고점 돌파 이후 에너지 보충을 위한 조정 가능성이 높습니다. 완전한 고점 반전 패턴은 아니지만, 매수는 잠시 미루고 보유 종목을 일부 정리하며 시장 흐름을 관찰하는 것이 좋습니다. 즉, 의미 있는 조정 구간을 예고하는 신호로 해석됩니다.

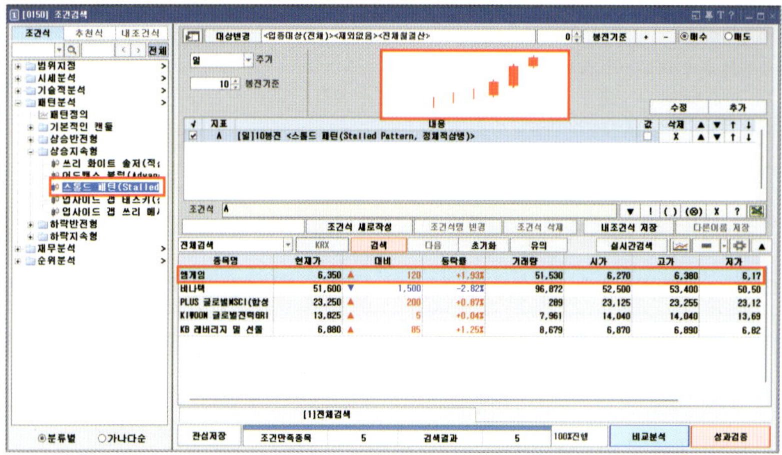

스톨드 패턴형이 발생한 이후 주가 움직임은 다음 차트에서 확인할 수 있습니다. 특히 이 패턴이 발생한 이후 잠시 조정 기간을 거치는 점에 주목해야 합니다.

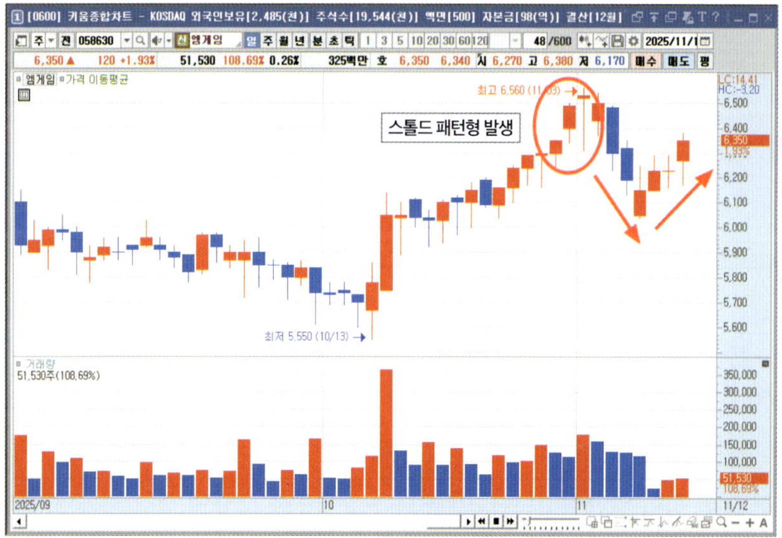

조정은 추세 파괴가 아니라 숨 고르기일 수 있습니다
어드밴스 블럭이나 스톨드 패턴처럼 몸통이 작아지고 위 꼬리가 길어지는 모습은 하락반전이라기보다
상승 에너지 소진 후 재정비 과정일 수 있습니다.

업사이드 갭 태스키 ▶ 업사이드 갭 태스키형은 보통 상승추세 중간에 나타나는 패턴입니다. 상승추세에서 긴 양봉을 형성한 이후 갭이 출현하고 이어서 짧은 양봉이 나타나 추세가 지속되는 모습을 보입니다. 하지만 세 번째 음봉은 두 번째 봉의 몸통 안에서 시가가 형성된 후 종가는 전날의 시가 아래에서 마감됩니다.

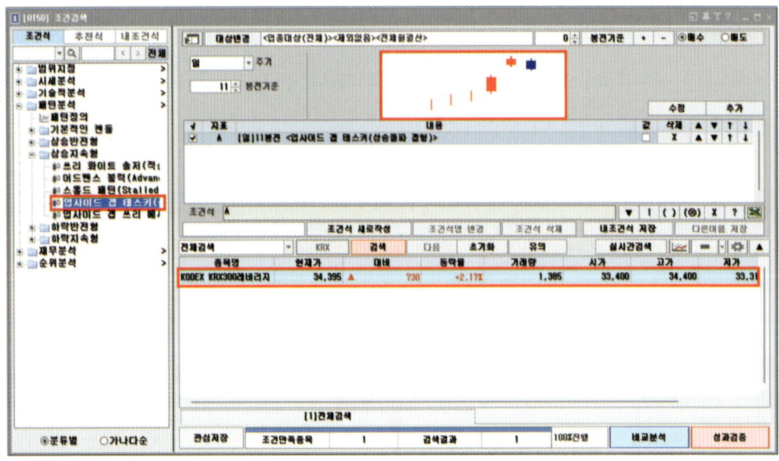

업사이드 갭 태스키형이 발생한 이후의 주가 움직임은 다음 차트를 통해서 확인할 수 있습니다. 특히 갭이 발생한 이후 음봉이 갭을 메우는지 그렇지 않은지 주목해서 봐야 합니다. 이때 형성되는 음봉은 갭을 메우지 않는 것이 일반적입니다. 이 패턴은 상승추세 도중에 생긴 지속형이므로 매수 시점을 알리는 것이라고 판단합니다. 상승장에서 이 패턴이 발생

102

한다면 음봉의 종가는 좋은 매수 시점이 됩니다. 이와 유사한 패턴으로는 업사이드 갭 쓰리 메써즈형이 있습니다.

갭 발생은 추세 지속의 강력한 힌트가 됩니다
업사이드 갭 태스키형, 쓰리 메써즈형처럼 갭이 유지된 상태로 봉이 이어지면 매수세가 시장을 강하게 지지하고 있다는 신호로 볼 수 있습니다.

업사이드 갭 쓰리 메써즈 ▶ 이 패턴의 경우 상승추세를 나타내는 양봉이 상승 갭과 함께 연속으로 나타나고, 셋째 날 이 갭을 메우면서 첫째 날의 가격 범위로 진입하는 음봉이 나타나는 형태의 패턴입니다.

상승추세가 지속되는 가운데 발생해야 하고 각 봉의 몸통이 장대여야 신뢰성이 있습니다. 또한 지속형 패턴이므로 이러한 패턴이 출현한다면 저점 매수나 고점 매도의 기회로 이용할 수 있습니다.

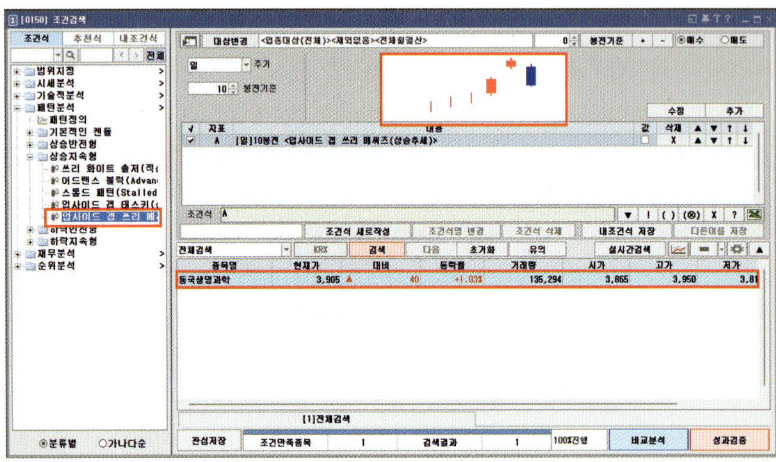

업사이드 갭 쓰리 메써즈형 발생
최고 4,395 (09/15)
최저 3,545 (11/05)

상승지속형 패턴은 "이미 오른 종목을 지금 사도 괜찮을까?"라는 실전적 고민을 해결하는 데 도움을 주는 신호입니다. 하지만 단순히 패턴만 보고 매수에 나서면 실패할 가능성도 있습니다. 다음의 5단 체크 전략을 활용하면 상승지속 패턴을 보다 안정적으로 해석할 수 있습니다.

첫째, 상승추세가 얼마나 이어졌는지 확인해야 합니다. 이미 오랜 상승 흐름이라면 지속형 패턴도 과열 신호일 가능성이 있습니다.

둘째, 패턴이 나타날 때 거래량이 증가했는지 살펴보는 것이 중요합니다. 거래량이 감소한 상태에서 나오는 양봉은 힘이 약한 상승일 수 있습니다.

셋째, 상승 과정에서 봉의 몸통 크기 변화를 관찰해야 합니다. 어드밴스 블럭처럼 몸통이 작아지고 위 꼬리가 길어지는 경우에는 에너지가 소진되고 있다는 신호로 볼 수 있습니다.

넷째, 갭 패턴에서는 갭 유지 여부가 핵심입니다. 갭이 유지되면 상승세가 견고하다는 의미이며, 종종 음봉의 종가가 좋은 매수 기회가 되기도 합니다.

다섯째, 패턴의 의미는 발생한 가격대에 따라 크게 달라집니다. 상승 중반부에서 나오면 지속 신호일 수 있지만, 고점권에서 나타나면 반전 신호로 작용할 수 있습니다.

이 5가지 기준을 적용하면 패턴을 확인하는 수준을 넘어 상승장 속에서 지속인지, 과열인지, 반전의 전조인지를 스스로 구분할 수 있게 됩니다. 이는 실전 투자에서 불필요한 진입을 줄이고, 진짜 상승 흐름이 이어질 때 효율적으로 매수 전략을 실행하는 데 큰 도움이 됩니다.

상승세에서 하락세로 반전하는 패턴

하락반전형 봉차트

하락반전형 봉의 모습

하락반전형은 상승추세에 있던 주가가 하락추세로 반전되는 패턴입니다. 주가가 상승하던 중에 하락반전형 봉들이 나타나면 주가는 하락하는 추세로 전환될 가능성이 높습니다. 하락반전형은 매도 타이밍을 찾는 데 사용합니다. 매수는 잠시 보류하고 시세를 좀 더 관망한 후에 결정하는 것이 좋습니다.

한 걸음 더

상승장에서는 천장 신호를 먼저 찾으세요

하락반전형은 대개 고점 근처에서 나타납니다. 가격이 많이 오른 뒤 등장한 패턴은 그 자체로 경고 신호가 되므로 패턴의 의미보다 어디에서 나타났는지 먼저 판단해야 합니다

행잉맨 ▶ 행잉맨형은 몸통 위쪽의 꼬리가 거의 없고, 몸통 대비 매우 긴 아래 꼬리를 가진 패턴입니다. 상승장에서 이 형식이 나타나면 과도한 매수세가 형성된 상태로, 시장이 천장권에 근접했음을 암시합니다. 따라서 이후 하락반전 가능성이 높아 주의가 필요합니다. 특히 상승추세의 정상

부근에서 출현한다면 매도 신호로 해석하는 것이 일반적입니다.

행잉맨형이 꼭대기 구간에서 나타난 뒤 실제로 주가가 명확한 하락전환을 보이는 사례는 차트에서도 쉽게 확인할 수 있습니다. 행잉맨형이 발생한 후의 주가 움직임을 확인하고 매도 타이밍에 이용하세요.

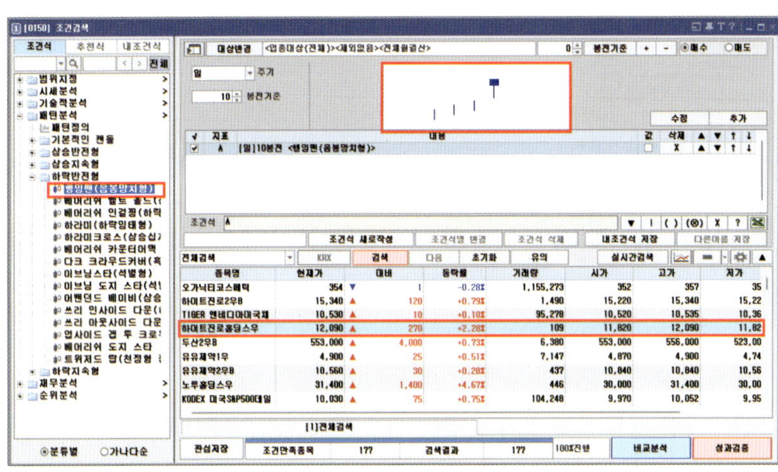

베어리쉬 벨트 홀드 ▸ 베어리쉬 벨트 홀드형은 시가에 꼬리를 형성하지 않는 것이 특징이며, 이 패턴은 상승추세의 마지막 국면에서 나타납니다.

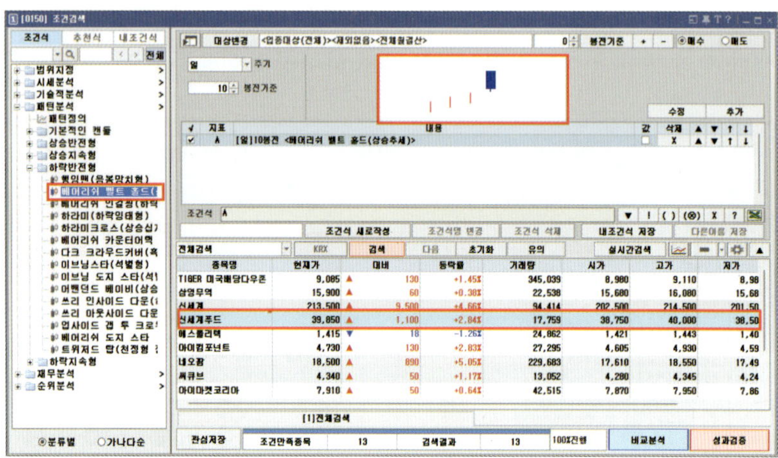

베어리쉬 벨트 홀드형이 발생한 이후 주가 움직임은 다음 차트를 통해 확인해보세요. 급격하게 하락반전한 모습을 볼 수 있습니다.

베어리쉬 벨트 홀드형은 상승추세에서 나타나 하락반전 작용을 하며 몸통의 길이가 길수록 하락반전의 가능성은 더욱 커집니다. 긴 상승추세 도중 정상권에서 이 패턴이 발생했다면 매도를 고려해야 합니다. 반면 다음 날 종가가 음봉 위에서 형성된다면 상승추세가 다시 진행된다는 의미로 받아들일 수 있습니다.

베어리쉬 인걸핑 ▶ 베어리쉬 인걸핑형은 일정 기간 주가의 추세가 형성된 후 나타나는 봉으로 상승추세에서 형성됩니다. 첫 번째 봉은 양봉이고 두 번째 봉은 음봉으로 서로 다른 색깔을 가집니다. 첫 번째 양봉의 몸통이 두 번째 음봉의 몸통에 완전히 감싸이는 형태를 보입니다. 상승추세 지속 이후 이 패턴이 나타나면 향후 하락전환을 예상할 수 있으며, 보조지표의 상승과 더불어 이 패턴이 나타났다면 향후 주가 하락 가능성은 매우 높다고 할 수 있습니다. 이 패턴이 명확한 상승추세 이후 발생했다면 매도에 임해야 합니다.

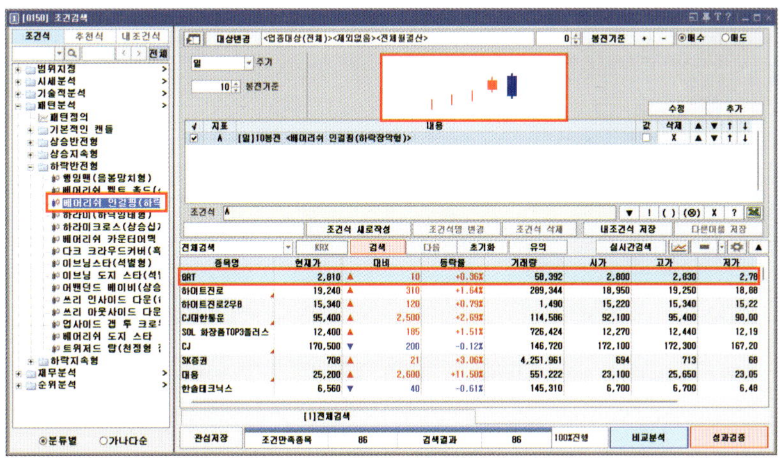

하라미 ▶ 두 번째 봉 몸통이 첫 번째 봉 몸통에 감싸이는 형태를 보입니다.

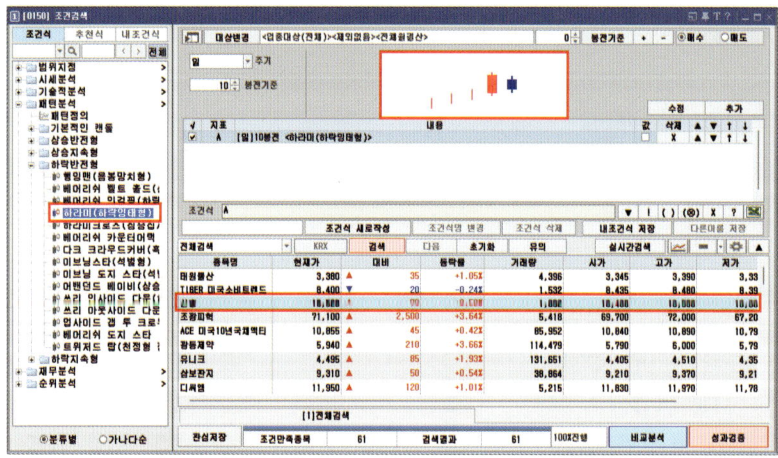

상승추세에 이 패턴이 나타나면 더 높은 가격으로 매수하려는 세력이

약화하고 있음을 의미합니다. 또한 하락반전 가능성을 내포하고 있습니다. 두 번째 음봉의 고가와 저가가 첫 번째 봉의 몸통 안에 완전히 포함된다면 주가 하락반전 가능성은 더욱 커지고, 두 번째 봉의 몸통과 꼬리가 작을수록 하락반전 가능성의 신뢰도는 더욱 높습니다.

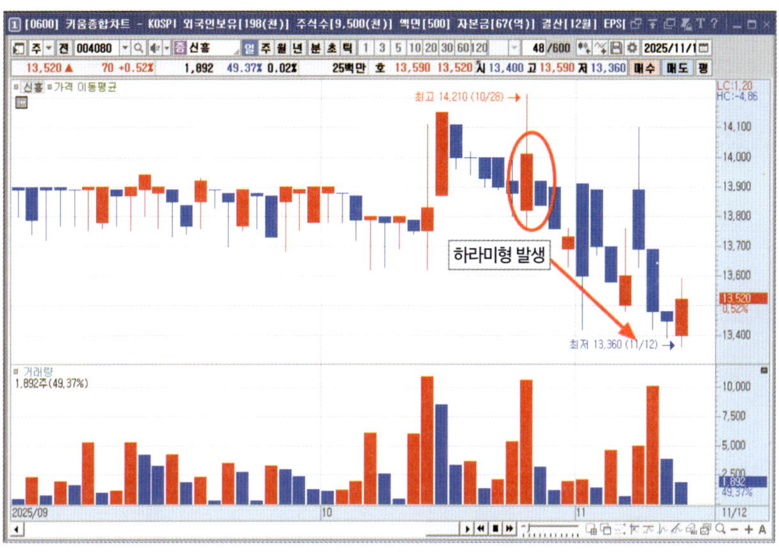

하라미 크로스 ▸ 하라미 크로스형은 상승 십자잉태형이라고도 합니다. 두 번째 봉이 첫 번째 봉 옆에 십자 모양을 그리는 형태의 패턴입니다. 이 패턴은 하락추세에 따라 상승반전 작용을 할 수도 있고, 상승추세에 따라 하락반전 작용을 할 수도 있다는 점을 내포하고 있습니다. 상승추세라면 두 번째 봉이 양봉이어야 하고, 하락추세라면 두 번째 봉이 음봉이어야 향후 추세 전환을 예상해볼 수 있습니다. 첫 번째 봉의 몸통과 꼬리가 작을수록 반전 가능성은 더욱 커집니다.

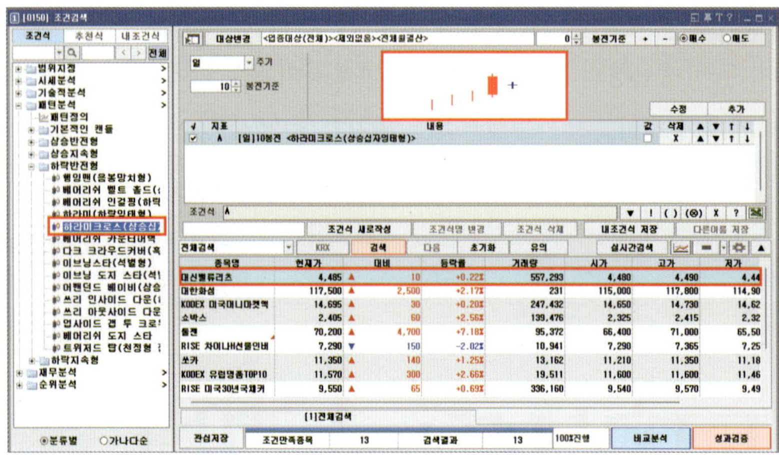

하라미 크로스형 발생

베어리쉬 카운터어택 라인 ▶ 첫 번째 봉은 긴 양봉을 형성하고 두 번째 봉은 시가 갭을 형성하여 높게 시작한 후 매수와 매도의 공방을 벌이다가 종가가 전날의 종가를 조금 하회하거나 같아지며 마감되는 형태입니다. 서로 상반된 색깔을 갖는 봉으로 첫 번째 봉은 양봉, 두 번째 봉은 음봉이며, 각각의 봉은 긴 몸통을 가지고 있는 형태의 패턴입니다. 상승추세에서 발생한 이 패턴은 향후 하락반전 작용을 합니다. 다음 날 주가 하락으로 전날의 종가보다 하회하거나 같은 수준에서 새로운 종가가 형성되면 하락반전 가능성의 신뢰도는 더욱 높아집니다. 이 패턴과 같이 하락반전 작용을 암시하는 다크 크라우드커버형보다는 신뢰성이 떨어집니다.

첫 음봉보다 두 번째 음봉이 더 중요합니다
이브닝스타, 다크 클라우드커버처럼 반전 패턴의 핵심은 두 번째 혹은 세 번째 봉의 약세 강도입니다. 몸통 크기, 저가 형성 위치, 거래량을 반드시 함께 확인해야 합니다.

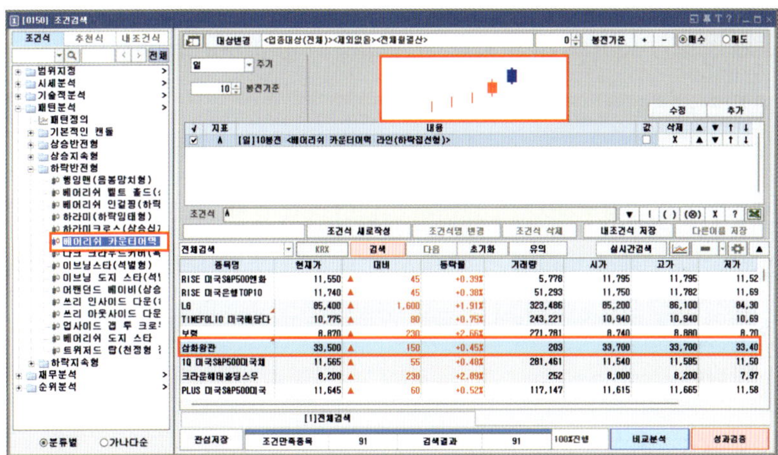

다크 크라우드커버 ▶ 흑운형 또는 먹구름형이라고 합니다. 첫 번째 봉은 긴 몸통을 가진 양봉이고, 두 번째 봉은 긴 몸통을 가진 음봉입니다. 두 번째 음봉의 시가는 이전 봉의 고가 위에서 형성되며 종가는 이전 봉의 저가 근처에서 형성됩니다.

이때 저가에 근접할수록 하락반전 가능성의 신뢰도는 더욱 높아지며, 상승추세의 정상권에서 이 패턴이 나타나면 중요한 하락반전 신호로 보고 매도에 임해야 합니다. 그러나 이때 두 번째 음봉의 종가가 전날 양봉 몸통의 50% 이상을 하향하지 못한 경우에는 매도를 보류하는 것이 바람직합니다.

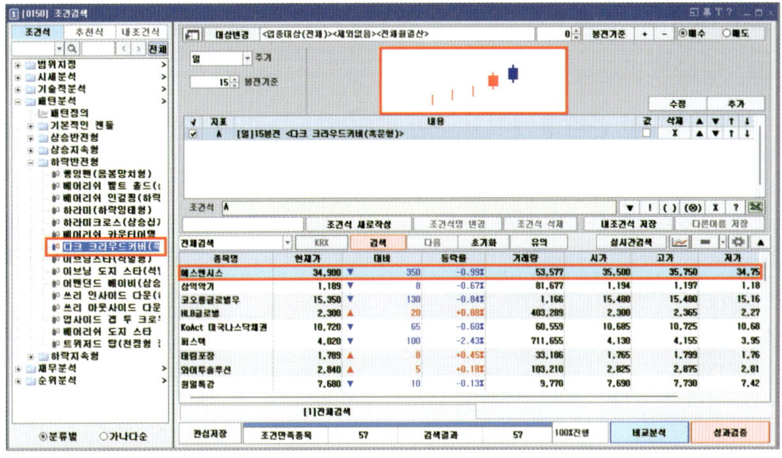

이브닝스타 ▶ 상승추세에서 약세 전환을 알리는 대표적인 반전 패턴입니다. 첫 번째 봉에서 강한 양봉이 나타난 뒤, 두 번째 봉은 위쪽으로 갭을 두고 짧은 몸통이 형성됩니다. 이어 세 번째 봉이 음봉으로 나타나고, 그 몸통이 첫 번째 양봉의 범위 안에서 형성되면 이브닝스타형으로 분류됩니다. 보통 두 번째 봉은 첫 번째 양봉과 세 번째 음봉 사이에 갭을 유지하는 형태가 많습니다.

이 패턴은 첫 번째 봉에서의 강한 매수세가 두 번째 봉에서 약화되거나

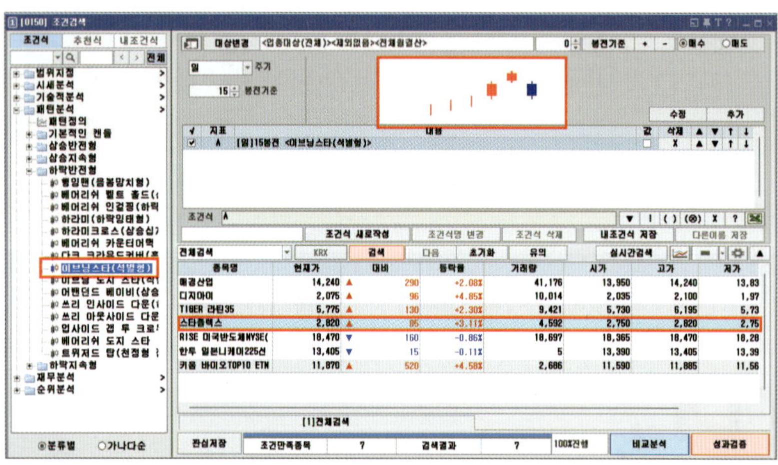

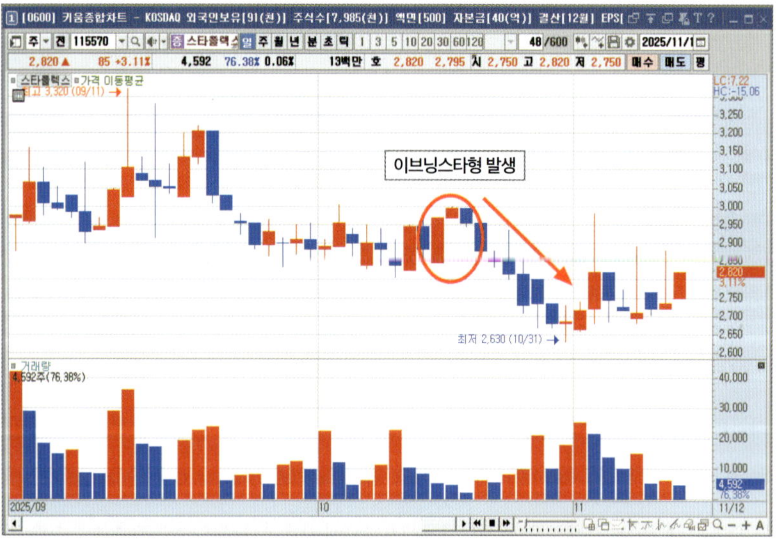

시장에 대한 확신이 흔들릴 때 나타나며, 세 번째 봉에서는 매도세가 본격적으로 우세해지며 추세가 하락으로 전환됨을 의미합니다. 특히 강한 상승 흐름 이후 고점권에서 출현할 경우 매우 높은 신뢰도를 가진 하락반전 신호로 간주되며, 적극적인 매도가 필요합니다.

하락반전형 패턴은 단순한 경고 신호가 아니라, 보유 비중을 조절하고 리스크를 관리해야 하는 실전 대응 신호입니다. 반전 패턴이 나타나면 우선 보유 비중을 조금 줄여 추세 전환 가능성에 대비하는 것이 좋습니다. 다음 날 시가와 초반 흐름을 확인해 매수세가 회복되지 않는다면 매도 우위 장세로 보고 대응해야 합니다. 반등이 오더라도 패턴 직전 고점을 기준으로 정리 기준을 잡아두면 손실을 줄이는 데 도움이 됩니다. 또한 개별 종목뿐 아니라 같은 섹터 내에서 유사한 약세 패턴이 반복되는지 함께 살펴야 합니다. 섹터 전체가 피로 신호를 보인다면 하락 위험은 더 커지기 때문입니다.

이브닝 도지 스타 ▶ 이브닝 도지 스타형은 이브닝스타형의 변형 패턴으로, 두 번째 봉이 스타냐 도지냐의 차이입니다. 일반적으로 스타보다는 도지가 주가에 미치는 영향력이 더 강력한 것으로 알려져 있습니다.

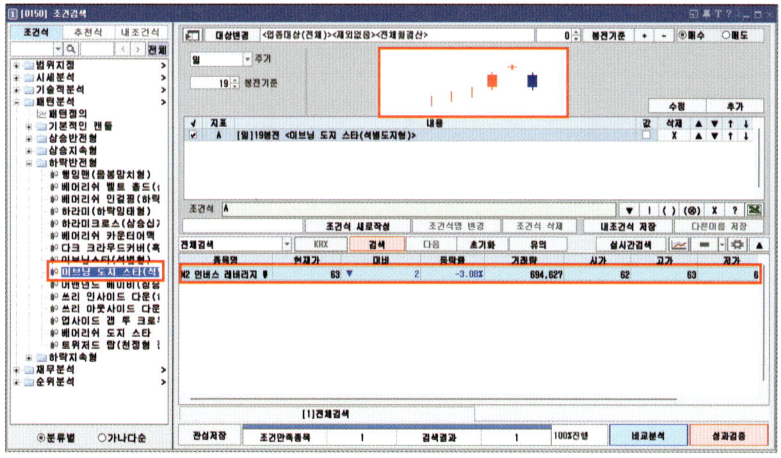

하락추세에서 긴 양봉을 형성한 후 둘째 날 도지를 형성하고 셋째 날에 첫째 날에 형성된 긴 양봉의 절반 이상의 가격대에서 긴 음봉을 형성시킬 때를 말하며, 상승추세의 주가를 강력하게 반전시킬 확률이 높다고 분석합니다. 이브닝스타형과 형태는 유사하나 신뢰성이 더 강한 패턴입니다. 상승추세의 고가권에서 이 패턴이 발생했다면 매도에 가담해야 할 것입니다.

이브닝 도지 스타형은 쉽게 발견되지 않습니다. 비슷한 차트에서 주가 움직임을 확인해보겠습니다. 동그라미 부분은 완전한 이브닝 도지 스타가 만들어졌습니다. 그리고 한 번 더 변형된 이브닝 도지 스타가 만들어진 다음 하락세를 보이는 모습입니다.

어밴던드 베이비 ▸ 어밴던드 베이비형은 이브닝스타형, 이브닝 도지 스타형 등과 더불어 주요한 반전 패턴입니다.

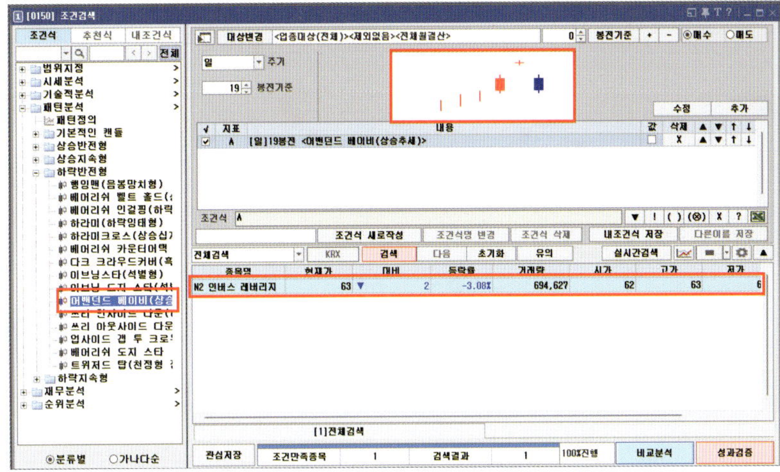

두 번째 봉의 도지가 첫 번째 봉, 세 번째 봉의 몸통과 갭을 형성하며 추세가 반전되는 형태입니다. 세 번째 봉의 위 꼬리나 아래 꼬리가 두 번째 봉의 도지와 중복되지 않은 채 갭을 형성합니다. 하락추세의 어밴던드 베이비형은 주가가 일정한 하락을 보인 후 강력 하락으로 전환될 확률이 높습니다. 정상권에서 형성되었다면 매도에 적극 임해야 합니다.

어밴던드 베이비형은 개별 종목의 급등락 국면에서 발생하므로 자주 발생하지 않는 패턴 중 하나입니다. 정확한 모습은 아니지만 어밴던드 베이비형으로 검색된 종목의 차트를 통해 주가 움직임을 살펴보겠습니다.

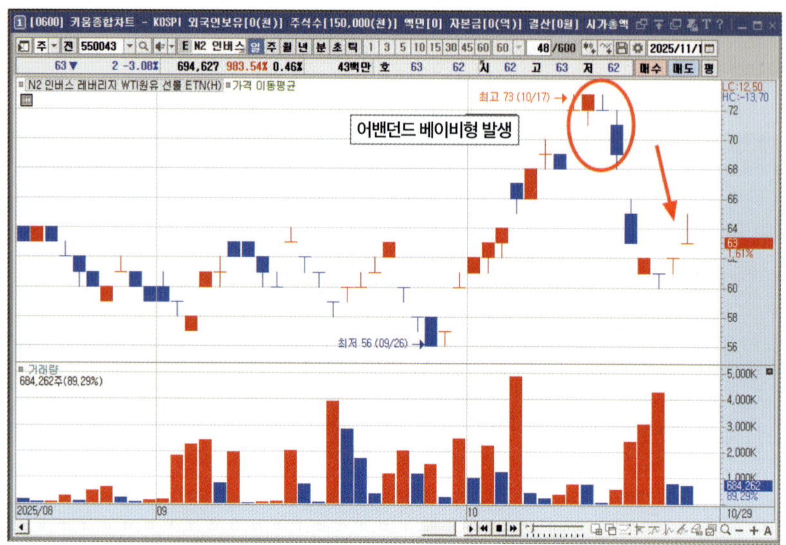

쓰리 인사이드 다운 ▶ 쓰리 인사이드 다운형은 하라미형을 확인시켜주는 형태의 패턴입니다. 두 번째 음봉이 완성된 하라미형을 보이고 세 번째 봉의 종가가 이전 봉의 종가보다 낮게 마감하면서 형성됩니다. 이 패턴은 향후 추세의 하락반전 작용을 예상해볼 수 있습니다. 상승추세 이후 이 패턴이 나타나면 향후 하락전환 작용을 합니다. 하라미형보다 하락반전 가능성이 높은 패턴입니다.

다음 페이지 하단의 차트를 살펴볼까요? 동그라미 부분에서 세 번째 음봉의 종가가 이전 음봉의 종가보다 낮게 마감된 것을 확인할 수 있습니다. 또한 첫 번째 양봉과 두 번째 음봉이 하라미형임을 알 수 있습니다.

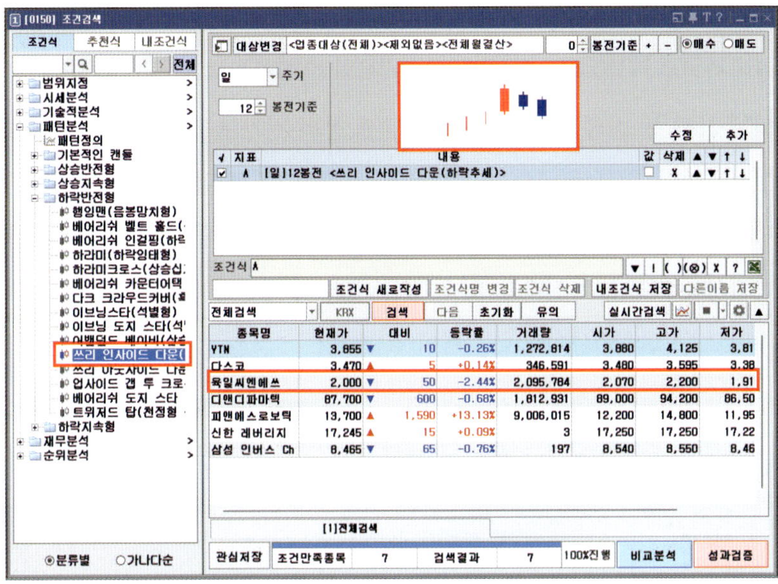

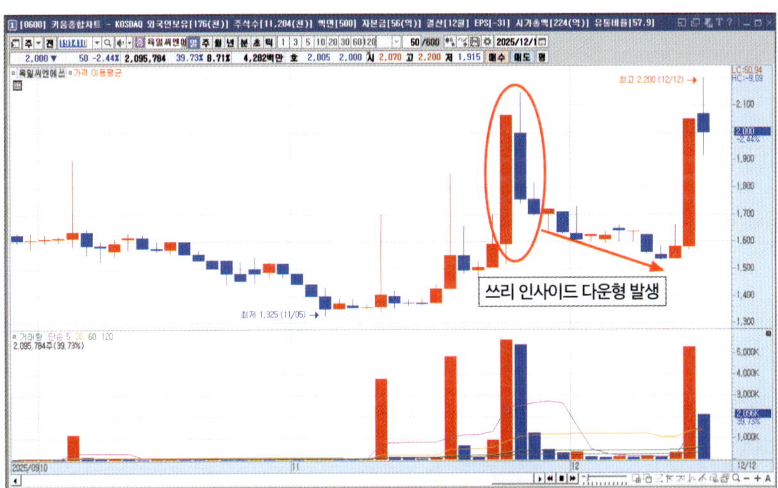

쓰리 인사이드 다운형 발생
최고 2,200 (12/12)
최저 1,325 (11/05)

쓰리 아웃사이드 다운 ▸ 쓰리 아웃사이드 다운형은 베어리쉬 인걸핑형을 확인시켜주는 형태의 패턴입니다. 완성된 인걸핑형이 보이고 세 번째 봉의 종가가 두 번째 봉의 종가와 첫 번째 봉의 시가보다 낮게 마감되면서 형성됩니다. 향후 추세의 하락반전을 예상할 수 있습니다.

긴 상승추세 이후 정상권에서 이 패턴이 발생했다면 하락전환에 대한 신뢰성은 더욱 높아진다고 볼 수 있습니다. 이 패턴과 유사한 하락반전형 패턴으로 쓰리 인사이드 다운형이 있습니다.

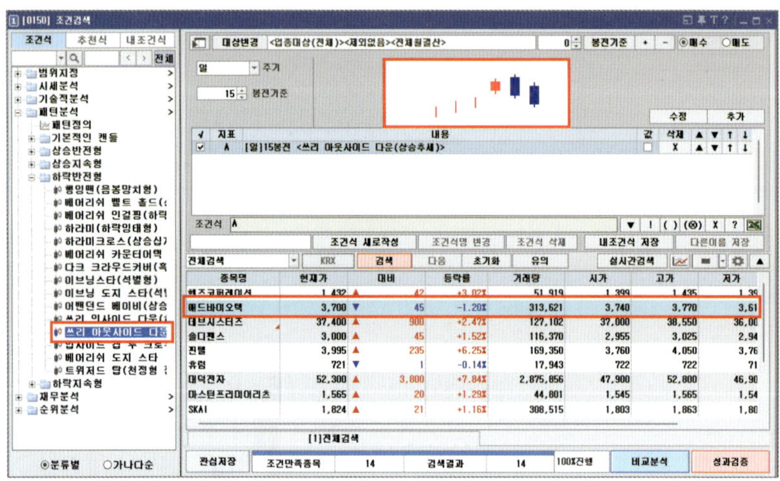

쓰리 아웃사이드 다운형으로 검색된 종목의 주가 움직임을 차트에서 살펴보면 인걸핑이 확인(동그라미 부분)됩니다. 세 번째 음봉은 갭으로 하락했는데 종가가 두 번째 음봉의 종가는 물론이고 첫 번째 양봉의 시가보다 낮게 마감된 것도 확인됩니다.

업사이드 갭 투 크로우즈 ▶ 까마귀형의 패턴으로 상승추세가 지속되다가 강한 양봉 이후 상승 갭에서 2개의 음봉을 형성하면서 완성됩니다.

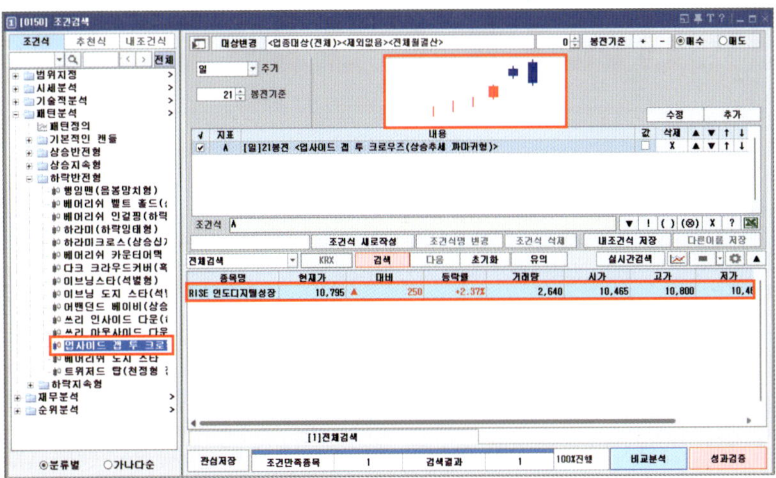

이 패턴은 세 번째 봉의 음봉이 두 번째 봉의 음봉을 감싸 안은 것으로 첫 번째 봉과 갭을 형성하면서 발생합니다. 향후 주가 하락을 예고하는 하락반전형 패턴이지만, 전후 주가의 움직임을 신중하게 고려해야 합니다. 업사이드 갭 투 크로우즈로 검색된 종목의 주가 움직임을 보더라도 패턴의 발생 이후 주가가 밀리지 않고 횡보 후 상승하는 모습을 보여주고 있습니다.

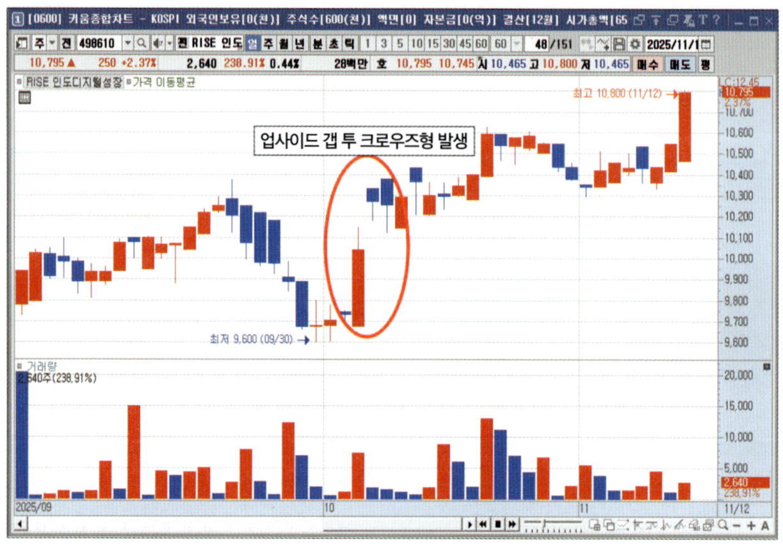

패턴 이후 반등 실패 여부가 매도 타이밍을 결정합니다
패턴이 등장한 뒤 다음 날 반등하지 못하면 하락진환의 가능성이 크게 높아집니다. 특히 진날 양봉의 절반을 회복하지 못하는 반등은 강한 약세 신호입니다.

베어리쉬 도지 스타 ▶ 베어리쉬 도지 스타형은 전날의 강한 양봉 이후 상승 갭을 발생시키며 도지가 형성된 패턴입니다. 향후 하락전환 패턴으로 반전될 가능성이 매우 높은 패턴입니다. 그러나 이 패턴만으로 하락전환

124

에 대한 판단을 내리기보다는 다음 날 약한 음봉이 발생해 이브닝스타형
이 완성된 다음 하락전환에 대해 판단을 내리는 것이 바람직합니다.

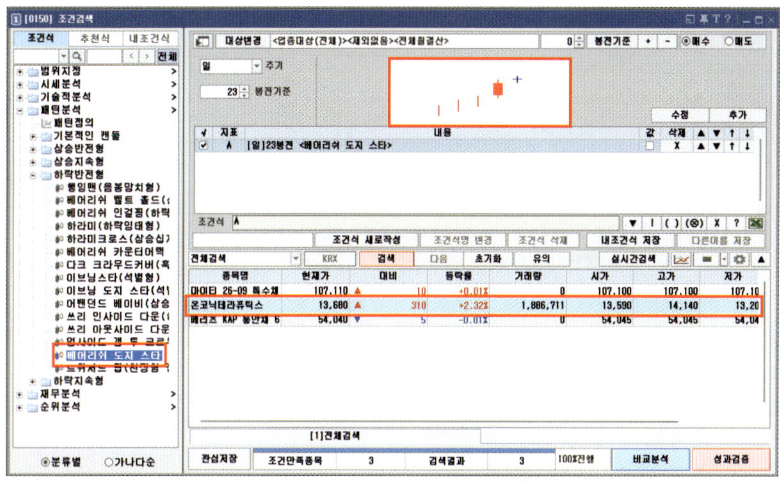

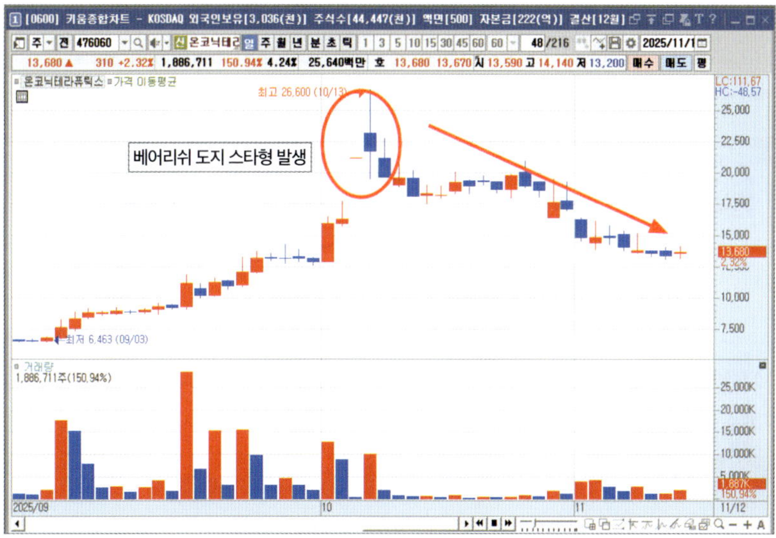

트위저드 탑 ▶ 트위저드 탑형은 여러 가지 봉이 복합적으로 결합해 봉이 더 이상 고가를 갱신하지 못하고 고점이 일치하는 형태의 패턴입니다.

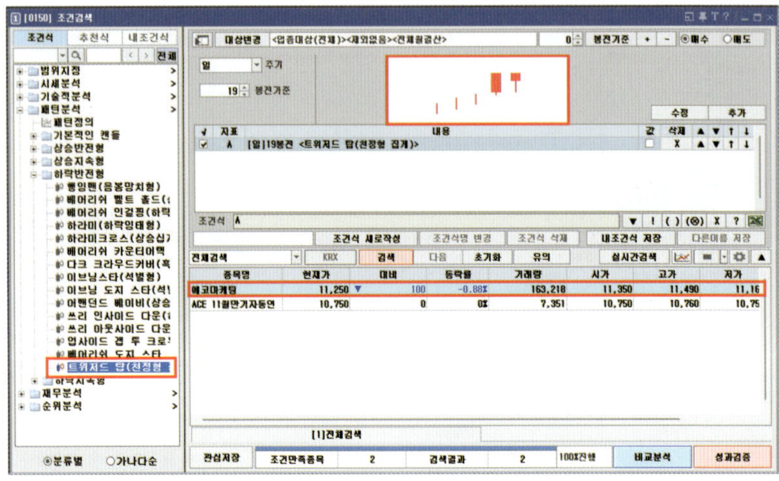

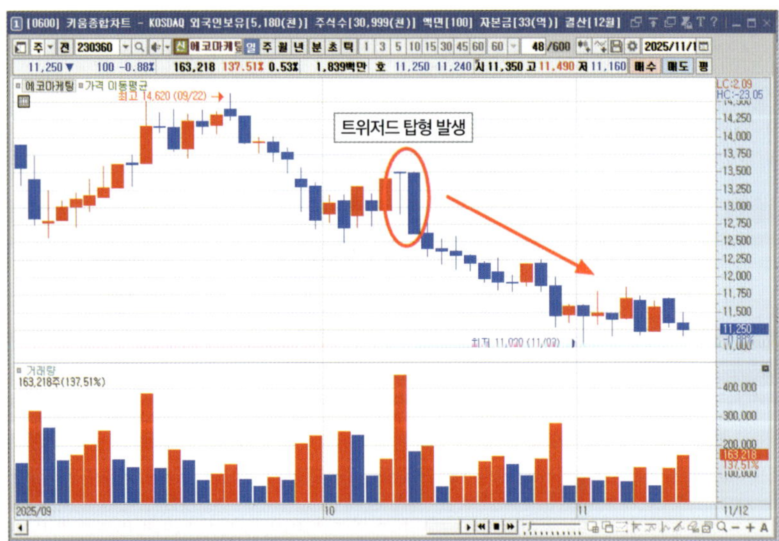

일치하는 고점이 저항선 역할을 하며, 특히 고점을 일치시키는 봉이 많을수록 주가의 반전은 더욱 강력하게 나타납니다. 상승추세에서 이 패턴은 향후 주가의 하락을 예고하며 이에 대한 기타 보조지표들이 하락 신호를 보여주는 것으로 확인할 수 있습니다.

하락지속형 봉차트

하락지속형 봉의 모습

하락지속형은 하락하던 추세에서 나타나 하락세가 계속해서 이어지는 것을 말합니다. 쓰리 블랙 솔저형, 아이덴티컬 쓰리 크로우즈형, 다운사이드 갭 태스키형, 다운사이드 갭 쓰리 메써즈형 등이 있습니다.

한 걸음 더

작은 반등에 속지 않는 것이 중요합니다
하락지속형 패턴은 중간 반등이 와도 추세가 쉽게 바뀌지 않는 신호입니다. 특히 양봉이 나와도 전날 갭을 메우지 못하면 하락 흐름이 여전히 유효합니다.

쓰리 블랙 솔저 ▶ 쓰리 블랙 솔저형(흑삼병)은 음봉 3개가 연속으로 등장하는 강력한 하락반전 패턴으로, 상승추세 후 고가권에서 나타나면 향후 하락전환 가능성이 매우 높습니다. 이는 장세 후반부에 갑작스러운 악재가 발생해 매도세가 급격히 증가할 때 주로 형성됩니다.

형태는 각 음봉의 시가가 전날 음봉의 몸통 안에서 출발하며 연속적으로 낮아지고, 종가는 저가 부근에서 마감하는 모습이 반복됩니다. 음봉의 꼬리가 거의 없을수록 하락세로의 반전이 더욱 강하게 진행되고 있음을 의미합니다. 이와 반대 개념의 패턴은 쓰리 화이트 솔저형입니다.

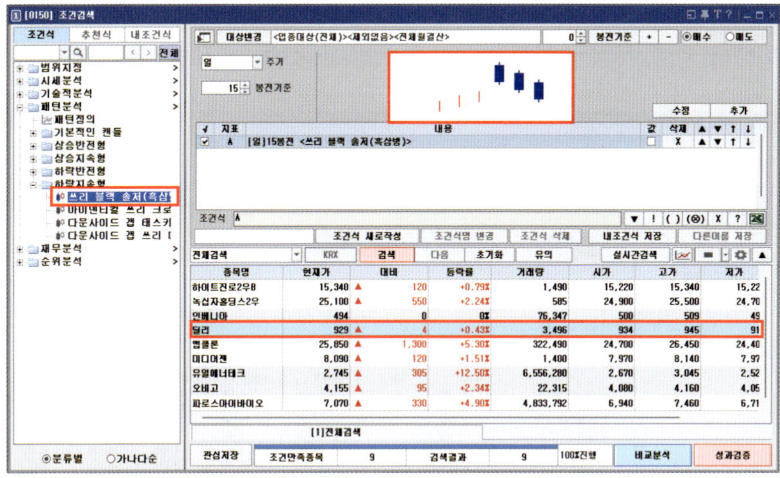

아이덴티컬 쓰리 크로우즈 ▶ 이 패턴은 두 번째 봉과 세 번째 봉의 시가가 각각 전날의 종가 부근에서 시작됩니다. 이 패턴도 갑작스러운 커다란 악재 출현으로 매도 세력이 급증하고 상대적으로 매수 세력이 없을 때 발생합니다. 이후 주가에 미치는 영향은 쓰리 블랙 솔저형보다 강력합니다.

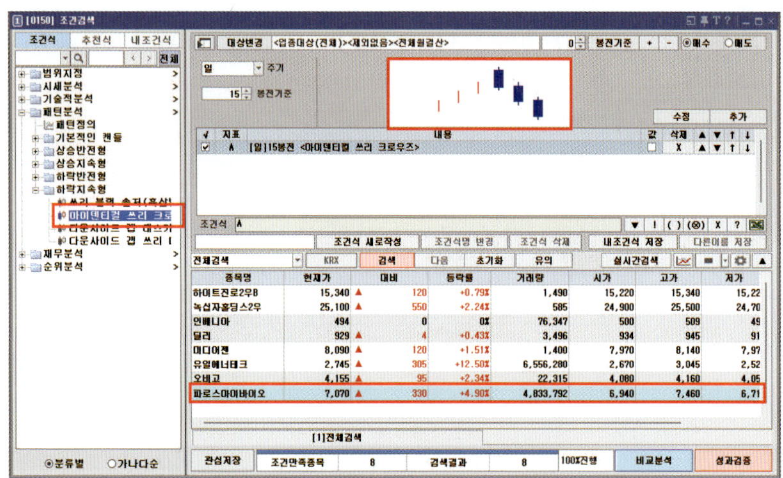

아이덴티컬 쓰리 크로우즈형이라는 용어에서 볼 수 있듯이 세 번째 봉에 큰 음봉이 생긴다는 것은 저항 구간으로 분석되는 몸통 구간이 세 번이나 누적되어 있다는 의미입니다. 그만큼 매도 압력이 강하다는 것으로 하락세도 다른 음봉보다 강하다는 것을 알 수 있습니다.

아이덴티컬 쓰리 크로우즈형은 하락추세가 지속되는 시장 상황을 반영하는 패턴입니다. 일반적으로 상승추세가 지속된 이후 이 패턴이 나타나면 하락추세가 지속된다고 볼 수 있습니다.

음봉의 연속성은 매도 우위 시장을 의미합니다

쓰리 블랙 솔저나 아이덴티컬 쓰리 크로우즈처럼 음봉이 겹겹이 누적되는 모습은 매도세가 구조적으로 강하다는 뜻입니다. 이때는 보유 물량을 적극 줄이는 것이 좋습니다.

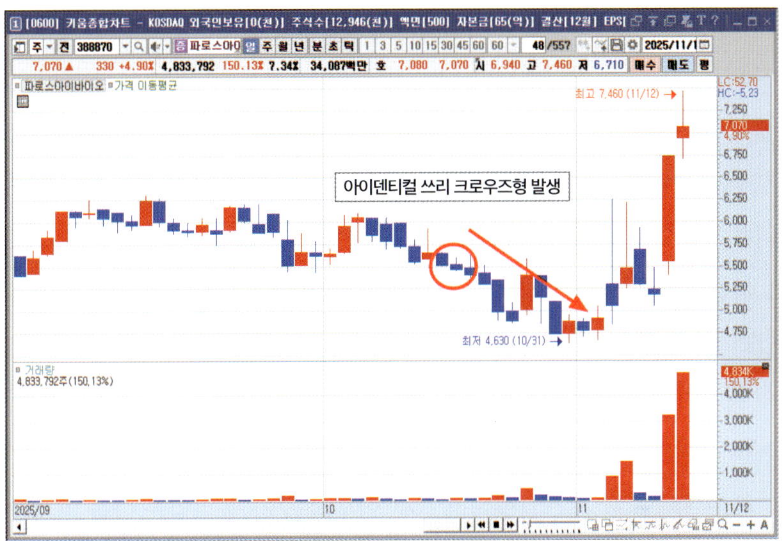

다운사이드 갭 태스키 ▶ 다운사이드 갭 태스키형은 하락 돌파갭형이라고도 합니다. 보통 하락추세 중간에 나타나는 패턴입니다.

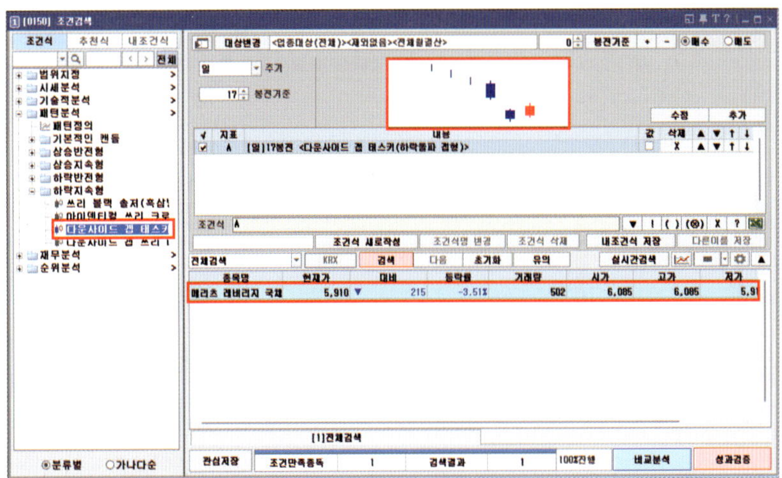

하락추세에서 긴 음봉이 나온 뒤 갭을 동반한 음봉이 이어지며 하락이 지속되는 모습을 나타냅니다. 그런데 세 번째 봉은 두 번째 봉의 몸통 안에서 시가가 형성되고, 종가는 전날 시가 위에서 마감되는 작은 양봉으로 나타납니다. 이 양봉은 일반적으로 앞선 갭을 완전히 메우지는 않습니다.

이런 구조는 하락 흐름 속에서 나타나는 지속형 패턴으로, 매도 시점을 알리는 신호로 해석됩니다. 하락장에서 이 패턴이 등장하면 세 번째 양봉의 종가가 효과적인 매도 구간이 됩니다. 유사한 형태로는 다운사이드 갭 쓰리 메써즈형이 있습니다.

다운사이드 갭 태스키형이 발생한 이후의 주가 움직임은 다음 차트를 통해 확인할 수 있습니다.

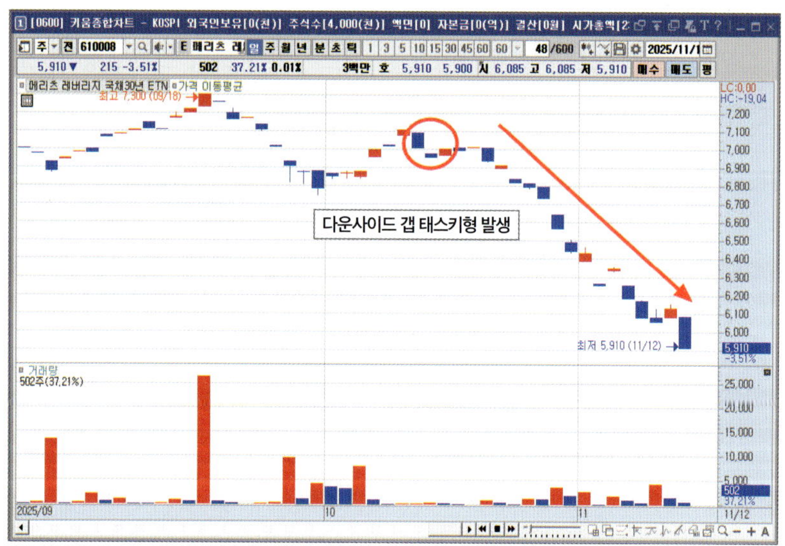

다운사이드 갭 쓰리 메써즈 ▶ 하락추세가 지속되는 가운데 긴 음봉이 전날의 음봉 아래 하락 갭과 함께 연속으로 나타나고, 세 번째 봉이 갭을 메우면서 첫 번째 봉의 가격 범위로 진입하는 양봉으로 나타나는 형태의 패턴입니다. 상승추세가 지속되는 가운데 발생해야 하며 양봉이 첫 번째 봉인 음봉과의 갭을 메워야 합니다. 또한 각각의 봉의 몸통은 장대로 나타나야 합니다.

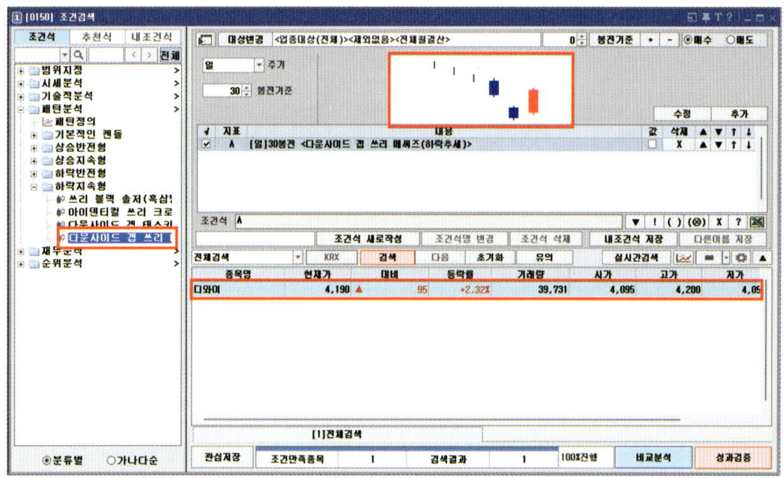

이 패턴은 매우 드물게 나타나는 패턴으로 보조지표분석과 병행되어야 합니다. 이 패턴이 나타난다면 저점 매수나 고점 매도의 기회로 이용할 수 있습니다.

다운사이드 갭 쓰리 메써즈형이 발생한 이후의 주가 움직임은 다음 차트를 통해서 확인할 수 있습니다.

 하락지속형 출현 시 실전 대응 전략

하락지속형 패턴은 이미 하락추세가 확립된 상태에서 나타나기 때문에 추가 상승 기대보다는 손실 최소화와 비중 조절에 초점을 맞춰야 합니다. 패턴이 발생하면 우선 보유 비중을 줄여 하락 위험에 대비하는 것이 좋습니다. 특히 음봉이 연속되거나 갭이 유지되는 구간에서는 매수세가 거의 유입되지 않아 반등이 나오더라도 일시적일 가능성이 큽니다. 또한 세 번째 봉이 양봉으로 잠시 반등하더라도, 그 양봉이 갭을 메우지 못한다면 추세는 여전히 하락 쪽으로 기울어 있다고 판단해야 합니다.

하락지속형이 나타난 종목은 추세가 완전히 진정될 때까지 관망하는 편이 낫고, 새로운 매수 진입은 매우 신중해야 합니다. 오히려 이 구간에서는 현금 비중을 늘리고 시장의 반등 신호를 기다리는 전략이 실전에서 훨씬 유리하게 작용합니다.

사케다 전법으로 매매 시점을 파악하세요

사케다 전법은 일본 도쿠가와시대 사케다 항구에서 활동하며 거래의 신이라 불렸던 혼마가 세운 이론을 구체화하여 실전에 적용한 투자 기법입니다. 주가의 기본적인 패턴을 분석하는 데 주로 사용되고 있습니다. 삼산三山, 삼천三川, 삼공三空, 삼병三兵, 삼법三法 등으로 구성되어 있습니다.

삼산

삼산형은 대표적인 반전 패턴입니다. 지속적인 주가 상승 이후 주식을 사고자 하는 매수 세력은 계속 유입되지만 더 이상 상승하지 못하는 경우에 종종 발생합니다. 삼산형은 그 패턴이 형성되는 기간이 길수록 신뢰도가 높아집니다. 일반적으로 삼산형이 나타나면 향후 주가가 상승추세에서 하락추세로 전환이 예상되기 때문에 목선Neck line을 하향 돌파하는 시점을 매도 시점으로 판단해야 합니다.

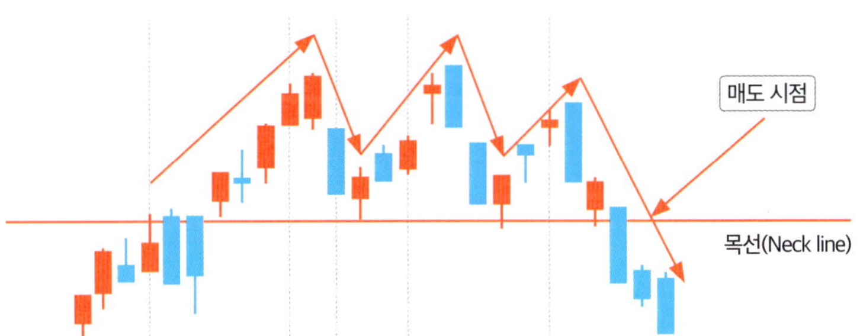

삼천

삼천형은 삼산형을 그대로 뒤집어 놓은 모양으로 하락추세에서 상승추세로 전환할 때 종종 발생합니다. 삼천형은 주가가 수개월 이상 하락한 후에 나타납니다. 이 패턴에서는 저항선인 목선을 상향 돌파할 때를 매수 시점으로 판단합니다.

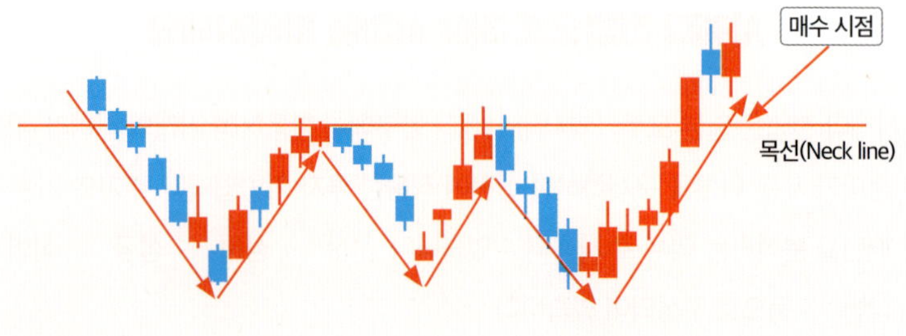

삼공

삼공이란 연속된 갭이 발생하는 것을 의미합니다. 주가가 하루 사이 갑자기 폭등하거나 폭락함으로써 갭이 발생하게 되는데, 이 갭이 연속 3회 발생하는 경우를 삼공이라고 합니다. 주가가 큰 폭으로 상승한 후에 천장권에서 삼공이 발생하면 주가는 더 이상 추가적인 상승을 하지 못하고 하락과 조정국면에 접어들게 됩니다.

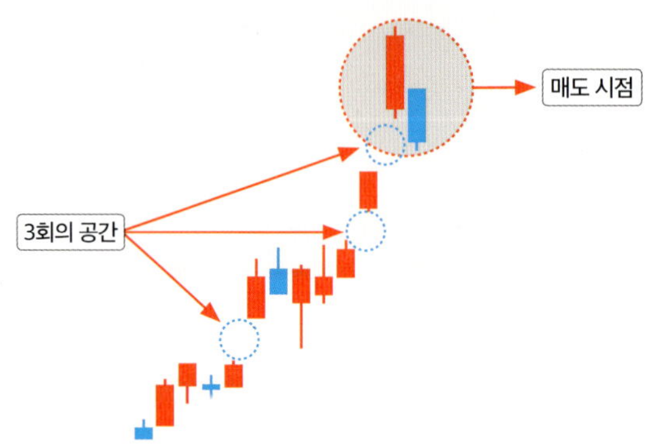

삼병

삼병형은 주가 흐름의 대세 반전을 암시하는 패턴으로 적삼병과 흑삼병으로 구분됩니다. 대세하락장에서 적삼병이 나타나면 주가 하락이 멈추고 상승반전되어 앞으로 상승추세가 지속될 것을 예고합니다. 반대로 대세상승장에서 흑삼병이 나타나면 주가 상승이 멈추고 하락반전되어 앞으로 하락추세가 지속될 것을 예고합니다. 따라서 삼병형이 출현하면 대세 반전의 전환 시점을 예상해볼 수 있습니다.

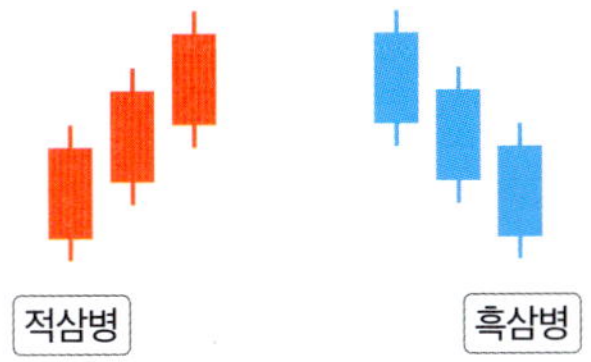

삼법

삼법이란 사고, 팔고, 쉬는 것을 말하는 것으로 특히 여기서는 매도한 이후 쉬는 것을 강조합니다. 삼법은 "쉬는 것도 투자다"라는 주식에 관한 격언처럼 매수, 매도가 불확실한 상황에서 주가가 움직이는 방향을 기다리며 일정 기간 휴식이 필요하다는 것을 말합니다.

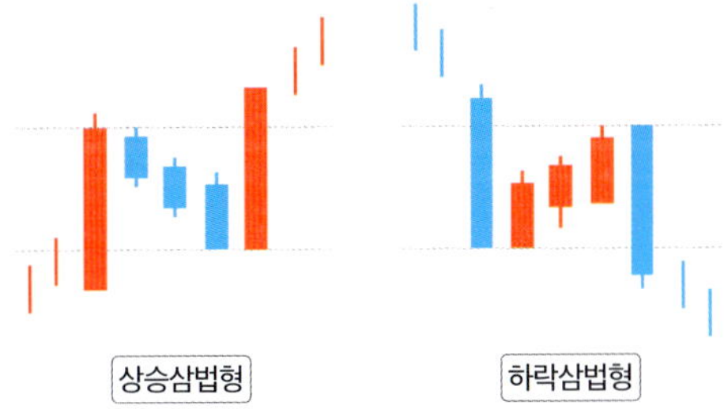

1) 상승삼법

주가가 상승추세를 보이는 가운데 장대양봉 발생 후 연속해서 조정을 받지만, 이전 장대양봉의 저점 부근을 이탈하지 않고 재차 강하게 반등하며 추가 상승을 이어가는 패턴입니다. 상승삼법은 앞의 장대양봉을 상승 돌파할 때를 매수 시점으로 판단합니다.

2) 하락삼법

주가가 하락추세를 보이는 가운데 장대음봉 발생 후 연속해서 반등을 시도하지만, 결국 이전 장대음봉의 고점 부근을 돌파하지 못하고 재차 하락하며 추가 하락을 이어가는 패턴입니다. 하락삼법은 앞의 장대음봉을 하향 돌파할 때를 매도 시점으로 판단합니다.

AI에게 봉차트를 읽히면 보이는 것들

'이거 오를 것 같은데?' '바닥은 찍은 것 같아.' 주식 차트를 볼 때 우리는 흔히 이렇게 생각합니다. 하지만 막상 왜 그렇게 느꼈는지 설명하려고 하면 말이 막히는 경우가 많습니다. 봉차트는 분명 많은 정보를 담고 있는데, 우리는 경험과 감각으로만 받아들이는 경우가 많기 때문입니다.

이 지점에서 AI를 활용한 차트분석이 의미를 갖습니다. AI는 직관 대신 봉의 배열, 크기, 위치, 거래량의 변화를 있는 그대로 해석합니다. 그리고 우리가 질문만 제대로 던진다면, 차트 속에서 지금 시장이 무엇을 말하고 있는지를 꽤 명확한 언어로 정리해줍니다. 다음 2개의 차트를 통해 확인해보겠습니다.

Q1) 다음 차트를 보고 어떤 흐름으로 이어지고 있는지 전반적으로 분석해줘.

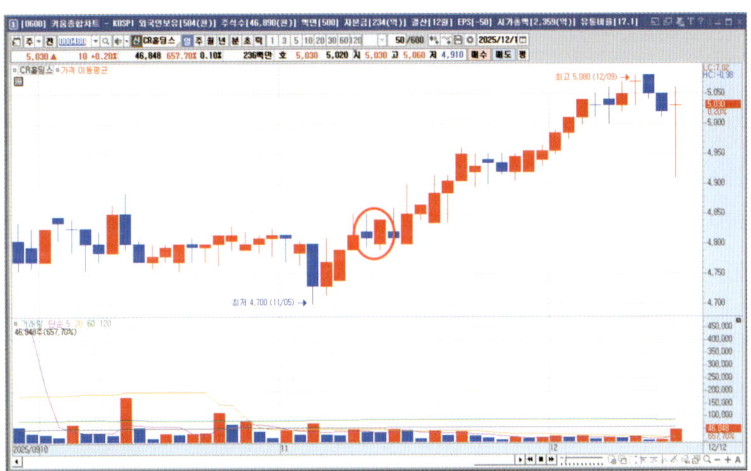

[전문가 해설]

불리쉬 인걸핑: 상승장악형, 가장 강력한 상승 신호로 해석

이 차트의 흐름은 하락이 멈춘 뒤, 조용히 방향이 바뀌고 상승이 구조화되는 과정으로 읽을 수 있습니다. 눈에 띄는 급등보다는 시장 참여자들의 태도가 어떻게 바뀌었는지가 핵심입니다.

초반 구간을 보면 봉들의 크기가 작고 방향성이 흐릿합니다. 이는 매도 압력이 상당 부분 소진된 상태로, 가격을 더 낮게 밀어붙일 힘이 줄어든 국면입니다. 시장은 하락을 이어가기보다는 바닥에서 에너지를 축적하는 단계에 들어가 있다고 볼 수 있습니다.

이 흐름 속에서 빨간 원으로 표시된 양봉이 등장합니다. 이 봉은 이전 봉들과 비교해 몸통이 분명히 커졌고, 저점에서 출발해 비교적 높은 위치에서 마감됩니다. 중요한 점은 이 양봉이 정체 이후에 등장한 첫 의미 있는 반응이라는 점입니다. 즉, 이 가격대에서 매수 주체가 처음으로 주도권을 행사하기 시작한 신호입니다.

이후 차트는 다시 무너지지 않고, 고점과 저점이 점차 높아지는 형태로 이어집니다. 이는 단기 반등이 아니라, 상승 방향이 시장의 기본 흐름으로 자리 잡아가는 과정으로 해석할 수 있습니다.

정리하면 이 차트는 '하락 마무리 → 바닥 형성 → 첫 유의미한 양봉 → 상승추세'의 정착이라는 전형적인 전환 흐름을 보여줍니다. 실전 투자자 입장에서는 빨간 원의 봉이 매수 신호라기보다는 차트를 다시 주의 깊게 봐야 할 전환점입니다. 그리고 그 이후 흐름을 확인하면서 접근했다면, 비교적 안정적인 판단이 가능했을 차트라고 볼 수 있습니다.

Q2) 빨간 원 부분과 같은 봉 패턴이 나타났을 때 투자자들이 취할 수 있는 선택으로는 무엇이 있을까?

빨간 원으로 표시된 봉이 나타났을 때, 투자자가 가장 먼저 해야 할 일은 확신을 갖고 들어가는 것이 아니라 전략을 세우는 것입니다. 이 봉은 상승의 시작일 수는 있지만, 그 자체만으로 매수 결정을 내려야 하는 신호는 아니기 때문입니다.

이 봉이 등장한 시점은 하락이 충분히 진행된 뒤이며, 가격이 더 이상 쉽게 밀리지 않던 구간입니다. 따라서 이 양봉은 이제 반등이 시작됐다기보다는 시장에서 힘의 균형이 처음으로 바뀌었다는 신호로 받아들이는 것이 합리적입니다. 이때의 전략은 공격보다 준비에 가깝습니다.

첫 번째로 고려할 수 있는 전략은 관찰과 시나리오 설정입니다. 빨간 원의 봉을 기준으로 저점과 고점을 표시해두고, 이후 봉들이 이 범위 안에서 어떻게 움직이는지를 지켜보는 방식입니다. 만약 이후 조정이 나오더라도 저점을 지켜내고, 거래량이 급격히 줄어든다면 이는 매도 압력이 크지 않다는 의미로 해석할 수 있습니다.

두 번째 전략은 분할 접근입니다. 이 봉 직후에 전량을 매수하기보다는 소규모로 첫 진입하거나 관심종목으로 편입해두는 방식입니다. 이후 고점과 저점이 점차 높아지는 흐름이 확인되면, 눌림 구간에서 비중을 늘리는 전략이 보다 안정적입니다.

세 번째는 손절 기준을 명확히 하는 전략입니다. 이 봉의 저점은 이후 매매에서 매우 중요한 기준선이 됩니다. 만약 가격이 다시 이 저점을 명확히 이탈한다면, 이 봉이 가진 전환 신호는 무효화될 가능성이 높아집니다. 따라서 이 지점을 손절 기준으로 삼으면, 리스크 대비 구조가 분명한 매매가 가능합니다.

정리하면, 빨간 원의 봉이 주는 메시지는 지금 사라가 아니라, 이제 시장을 매도의 관점이 아닌 매수의 관점으로 다시 보라는 신호입니다. 실전 투자자는 이 봉을 기점으로 차트의 역할을 '경계 대상'에서 '관찰 대상'으로 전환하는 전략을 취하는 것이 가장 현실적인 대응이라고 할 수 있습니다.

Q3) 다음 차트를 보면 동그라미 친 부분 이후로 상승지속하고 있어. 네가 전문 분석가가 되어 그 이유를 종합적으로 분석해줘.

[전문가 해설]

쓰리 화이트 솔저: 적삼병, 가장 좋은 상승지속 신호로 해석

[챗GPT 분석]

이 차트에서 동그라미 친 부분 이후 상승이 지속될 수 있었던 이유는 단순히 양봉 하나가 나왔기 때문이 아니라 시장 구조 자체가 그 지점을 기점으로 바뀌었기 때문입니다. 전문 분석가의 시선으로 보면, 이 구간은 상승이 가능해진 조건들이 동시에 갖춰진 자리라고 해석할 수 있습니다.

먼저, 동그라미 이전까지의 흐름을 보면 하락이 비교적 길게 이어지며 고점과 저점이 계속 낮아지고 있습니다. 그런데 하락 말미로 갈수록 봉의 크기가 점차 작아지고, 하락 속도도 둔화합니다. 이는 가격을 더 낮추려는 매도 에너지가 약해졌다는 신호로, 하락추세가 내부적으로는 이미 힘을 잃고 있었다고 볼 수 있습니다.

이런 상태에서 동그라미 친 봉은 이전과 다른 성격을 보입니다. 작은 봉들이 이어지던 흐름 속에서 몸통이 분명한 양봉이 나오고, 저점에서 반등해 종가가 의미 있게 올라옵니다. 이 봉은 단순 반등이라기보다 처음으로 매수 주체가 가격의 주도권을 가져온 흔적입니다. 특히 중요한 점은 이 봉이 나온 뒤 가격이 다시 이전 저점을 깨지 않았다는 사실입니다. 이는 매도 세력이 더 이상 가격을 주도하지 못하고 있음을 보여줍니다.

그다음부터 나타나는 봉들의 배열이 상승지속의 핵심입니다. 이후 차트는 저점이 높아지고 → 조정 폭이 제한되며 → 상승 봉이 다시 이어지는 구조를 반복합니다. 이는 단기적인 수급 유입이 아니라, 매수 주체가 포지션을 유지하면서 가격을 단계적으로 끌어올리는 전형적인 상승 구조입니다. 다시 말해, '올랐다가 빠지는 반등'이 아니라 '조정 후 다시 오르는 흐름'이 만들어진 것입니다.

거래량 측면에서도 해석이 뒷받침됩니다. 상승 초입에서 거래량이 살아나고, 이후 조정 구간에서는 거래량이 과도하게 늘지 않습니다. 이는 차익실현 매물이 제한적이며, 상승 흐름이 내부적으로 안정적이라는 신호입니다. 시장이 급하게 흥분한 상태가 아니라, 비교적 차분하게 가격을 위로 옮기고 있는 모습입니다.

정리하면, 이 차트에서 동그라미 이후 상승이 지속된 이유는 하락추세의 힘이 이미 소진된 상태에서 첫 유의미한 매수 신호가 등장했고, 그 이후 구조적으로 고점과 저점이 상승 정렬되었기 때문입니다. 즉, 이 상승은 '운 좋게 이어진 결과'가 아니라, 차트 내부 조건이 바뀌면서 자연스럽게 이어진 흐름이라고 보는 것이 가장 설득력 있는 해석입니다.

3장

주가 추세를 이용한 매매 전략

가장 믿을 만한 지표, '추세'와 '평균'

오래전 TV에서 큰 인기를 얻었던 드라마 〈상도〉에는 조선 후기 의주의 거상 임상옥의 삶이 생생하게 그려져 있습니다. 그 드라마 속, 한 고관이 접대 자리에서 이런 질문을 던집니다.

"남대문을 오가는 사람들의 성씨를 아느냐?"

이에 자리에 있던 이들은 "하루 수천 명이 지나는 길목인데, 그 많은 사람의 성씨를 어떻게 알겠습니까?"라며 불가능한 일이라고 답합니다. 그런데 한 총명한 여인이 이렇게 말합니다.

"남대문을 오가는 사람들의 성씨는 2가지뿐입니다. 이가利家와 해가害家입니다."

즉, 사람은 많아도 결국 나에게 이로운 사람과 해로운 사람, 두 부류로 나뉜다는 뜻이었습니다.

주식시장도 이와 다르지 않습니다. 세상에는 헤아릴 수 없을 만큼 많은 정보가 떠돌아다니지만, 사실 모든 정보는 2가지로 구분할 수 있습니다. 믿을 만한 정보와 믿을 수 없는 정보입니다. 특히 믿을 수 없는 정보의 대부분은 근거 없는 루머이거나 미래를 예측하는 정보입니다. 미래를 예측하는 정보는 대체로 틀리기 위해 존재한다고 해도 과언이 아닙니다.

　그렇다면 믿을 수 있는 정보는 무엇일까요?
　바로 추세Trend와 평균Mean과 관련된 정보입니다.

　주식시장에는 "추세는 내 친구Trend is your friend"라는 말이 있습니다. 과거 주가가 걸어온 길을 따라 추세선을 긋다 보면, 시장이 어느 방향으로 움직이고 있는지 분명히 보이기 시작합니다. 추세는 길면 길수록 신뢰도가 높아지며, 차트분석가가 가장 큰 수익을 기대할 수 있는 시장 역시 추세가 분명하게 형성된 시장입니다. 따라서 차트분석가는 추세를 정확히 읽어 그 흐름에 올라타는 것만으로도 안정적인 매매가 가능해집니다.
　또한 세상의 많은 현상이 그렇듯, 주가 역시 결국 평균으로 회귀Mean reversion하는 경향이 있습니다. 평균값을 기준으로 주가의 과열과 침체를 판단할 수 있기 때문에 주식 분석에서 이동평균선Moving average은 매우 중요한 지표가 됩니다. 평균을 이해하면 주가의 위치와 움직임을 훨씬 명확하게 파악할 수 있습니다.
　이번 장에서는 바로 이 2가지, 추세와 이동평균을 집중적으로 다룹니다. 진정한 차트분석가가 갖춰야 할 첫 번째 도구이자 가장 믿을 만한 무기입니다. 이제 그 세계 속으로 더욱 깊이 들어가 보겠습니다.

시장은 추세가 결정합니다

지지선과 저항선으로 매매 전략을 세우세요

기술적 분석의 기본 가정에 따르면, 주가는 큰 흐름에서 일정한 추세를 형성하며 움직입니다. 그런데 추세와 더불어 시장에서 자주 나타나는 또 하나의 특징이 있습니다. 바로 주가가 일정한 범위 안에서 움직이며 바닥과 천장을 만드는 것을 반복하는 현상입니다.

이때 저점과 저점을 연결한 선을 지지선, 고점과 고점을 연결한 선을 저항선이라고 합니다. 지지선은 가격이 쉽게 떨어지지 않는 바닥을, 저항선은 쉽게 뚫리지 않는 천장을 의미합니다. 지지선과 저항선을 파악하면 매매 전략 수립에 큰 도움이 됩니다. 예를 들어 상승 흐름에서 저항선을 상향 돌파하면 추가 상승 가능성을 찾을 수 있고, 하락 흐름에서 지지선이 붕괴되면 추가 하락을 경계해야 합니다. 이처럼 두 선은 추세의 방향과 힘을 판단하는 중요한 기준으로 작용합니다.

지지선과 저항선은 다음과 같은 특징을 가집니다.

첫째, 돌파 전후 거래량이 크게 증가하면 지지·저항의 의미가 더 커집니다. 거래량이 동반된 돌파는 시장의 확신을 보여주는 신호입니다.

둘째, 장기적으로 형성된 선이 단기선보다 훨씬 신뢰도가 높습니다. 특히 횡보 장세에서는 지지·저항의 위치가 추세 전환, 상승 폭과 하락 폭을 가늠하는 기준이 되기 때문에 더 의미 있게 작용합니다.

셋째, 직전 고점은 자연스럽게 저항선 역할을 하고, 직전 저점은 지지선 역할을 하는 경우가 많습니다. 가격은 최근에 형성된 중요한 영역을 반복적으로 의식하며 움직입니다.

이러한 지지선과 저항선의 의미를 정리하면 다음과 같습니다.

1. 현재 주가의 목표치를 설정하고 매매 전략을 세우는 기준이 된다.
2. 여러 차례 돌파에 실패하면 추세가 바뀔 가능성을 시사한다.
3. 추세가 강화될수록 최근 형성된 지지선과 저항선의 신뢰도는 더욱 높아진다.
4. 1만 원, 2만 원, 5만 원처럼 '정액 가격대'도 심리적 지지선·저항선으로 작용한다.

지지선과 저항선을 이해하면, 단순히 가격을 따라가는 것이 아니라 시장이 의식하는 중요한 지점, 그리고 그 지점을 뚫을 힘이 있는지를 함께 판단할 수 있게 됩니다. 기술적 분석에서 가장 기본적이면서도 가장 실전적인 도구라고 할 수 있습니다.

추세선의 기울기에 주목하세요

기술적 분석에서는 주가가 시장의 수요와 공급에 의해 움직인다고 봅니다. 사려는 사람이 많으면 주가는 오르고, 팔려는 사람이 많으면 자연스럽게 내려갑니다. 특히 시장 참여자들은 매수 혹은 매도 방향을 한번 정하면 일정 기간 그 행동을 반복하는 경향이 있습니다. 이 때문에 주가는 무작위로 움직이는 것처럼 보이지만 실제로는 일정한 방향을 이루며 흐르는데, 이를 추세라고 합니다.

그래서 주식시장에는 "추세는 내 친구"라는 말도 있습니다. 추세를 이해하고 이에 맞춰 매매하면 시장 흐름에 역행하지 않기 때문에 수익을 얻을 가능성이 높다는 뜻입니다.

추세선은 이러한 흐름을 시각적으로 표현한 선으로, 상승추세선은 저점과 저점을 이은 선, 하락추세선은 고점과 고점을 이은 선입니다. 횡보장에서는 고점과 저점이 평행하게 나타나 평행추세선(박스권)을 만들기도 합니다.

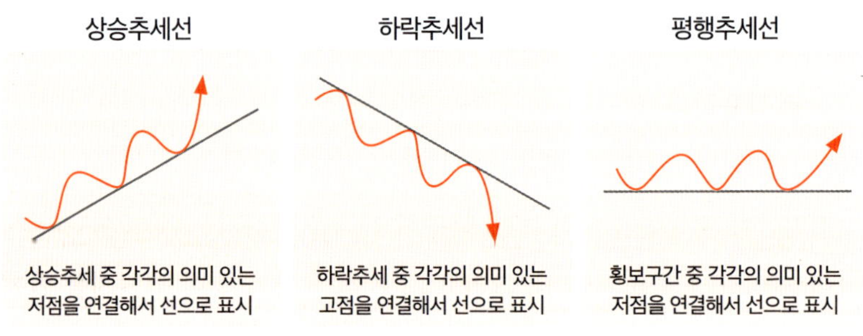

추세선은 지지선 혹은 저항선의 역할도 합니다. 상승추세선은 주가가 떨어질 때 지지선이 되고, 하락추세선은 주가의 상승을 막는 저항선이 됩

니다. 따라서 추세선을 정확하게 그리는 것이 무엇보다 중요한데, 장중 고가와 저가를 모두 반영하되 종가 기준으로 다시 추세 안으로 돌아오는 경우라면 일시적 이탈은 크게 신경 쓰지 않아도 됩니다.

신뢰할 수 있는 추세선은 다음과 같은 조건을 갖추어야 합니다.

1. **추세선의 길이**: 추세선은 길이가 길면 길수록 신뢰도가 높아집니다. 추세선의 길이가 길다는 것은 그 추세가 탄탄하며 주가의 움직임이 일관되게 나타난다는 것을 의미합니다.
2. **추세선의 기간**: 추세선이 형성되는 기간이 길면 길수록 신뢰도가 높아 집니다. 즉, 저점이나 고점이 여러 차례 나타날수록 좋습니다.
3. **추세선의 각도**: 추세선의 각도는 완만하게 나타나는 경우가 더 신뢰할 만합니다. 만약 추세선이 가파르게 진행되면 추세의 반전도 급격하 게 일어날 수 있기 때문입니다.

추세선의 변화를 살펴보아야 합니다

한번 형성된 추세선도 시간이 지나며 변할 수 있습니다. 특히 상승 과 정에서 기울기가 더 가파르면 상승세 강화, 반대로 기울기가 완만해지면 상승세 약화로 해석할 수 있습니다.

추세의 기울기가 바뀌면 기존 추세선을 수정해 현재 흐름을 반영해야 합니다. 상승이나 하락이 급격한 종목은 직선보다 곡선 형태의 추세가 나 타날 때도 있는데, 이는 추세의 가속 또는 둔화를 의미합니다.

또한 주가는 기존 추세선을 돌파한 후 되돌림을 보이는 경우가 많습니 다. 예를 들어 저항선을 돌파한 뒤 다시 그 선까지 내려와 지지를 확인하는 모습이 대표적입니다. 이때 그 선이 새 지지선으로 작용하는지 확인하는 것이 중요합니다.

추세는 단순히 한 방향으로만 움직이지 않습니다. 상승추세 안에서도 주가는 등락을 반복하며 일정한 폭 안에 갇히는 추세대(박스권)를 형성하기도 합니다. 박스권이 형성되면 주가는 다음과 같은 특징을 보입니다.

1. 저항선에 닿지 못하고 반락하는 경우, 지지선을 하향 돌파할 가능성이 커집니다.
2. 지지선이 붕괴되면 기존 상승추세의 의미가 약해져 새로운 추세대를 다시 설정해야 합니다.
3. 상승추세가 강화되는 경우에는 기존 저항선을 돌파해 더 가파른 새로운 추세선을 형성할 수 있습니다.

이처럼 추세선과 추세대는 시장의 리듬과 힘의 변화를 가장 빠르게 보여주는 도구입니다.

① 추세는 기울기 변화에서 먼저 신호가 나옵니다. 종가 기준 기울기가 둔화하면 추세 약화 가능성을 확인해야 합니다.

② 추세는 강할 때 추종하고, 무너질 때는 미련 없이 이탈해야 합니다. 추세를 친구로 삼는다는 말은 결국 시장을 거스르지 않는다는 의미입니다.

③ 급격한 추세는 오래가지 않습니다. 각도가 너무 가팔라지면 그 자체가 경고 신호입니다.

④ 되돌림은 기회입니다. 저항 돌파 후 되돌림 구간에서 새 지지선이 형성되는지 보는 것이 실전의 핵심입니다.

추세선으로 매매 신호를 찾는다고요?

추세대 이탈을 살펴보세요

추세대는 고점과 고점을 이은 선, 그리고 저점과 저점을 이은 선이 평행하게 하나의 채널을 만드는 것을 말합니다. 추세대는 크게 상승추세대와 하락추세대, 그리고 주가가 횡보하는 평행추세대가 있습니다.

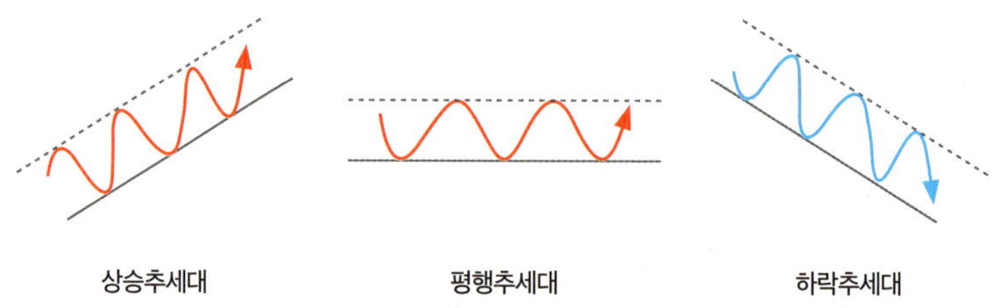

주가는 추세대의 범위 내에서 움직입니다. 따라서 주가가 추세대를 어떤 방향으로 이탈하는지 잘 살펴보면 매매 시점을 알 수 있습니다. 이제부터 이 세 추세대와 삼각수렴하는 추세대에서의 매매 시점을 살펴보겠습니다.

상승추세에서 상단 저항선을 상향 돌파하는 경우

상승추세는 저점과 고점을 높여가며 가격이 지속적으로 상승하고 있는 추세입니다. 상승추세에서 주가의 저점과 저점을 이은 선을 상승추세선이라고 합니다. 따라서 상승추세선은 지지선의 역할을 합니다.

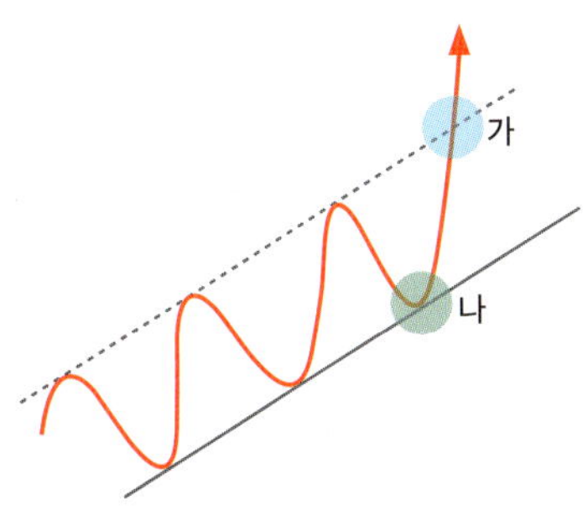

그림에서와 같이 상승추세대를 상향 돌파하는 추세의 강화가 나타나면 매수 시점으로 판단합니다. 다음 차트에서 확인해보세요.

하락추세에서 상단 저항선을 상향 돌파하는 경우

하락추세는 고점과 저점이 점차 낮아지면서 가격이 지속적으로 하락하고 있는 추세입니다. 하락추세에서 주가의 고점과 고점을 이은 선을 하락추세선이라고 합니다. 따라서 하락추세선은 저항선의 역할을 합니다.

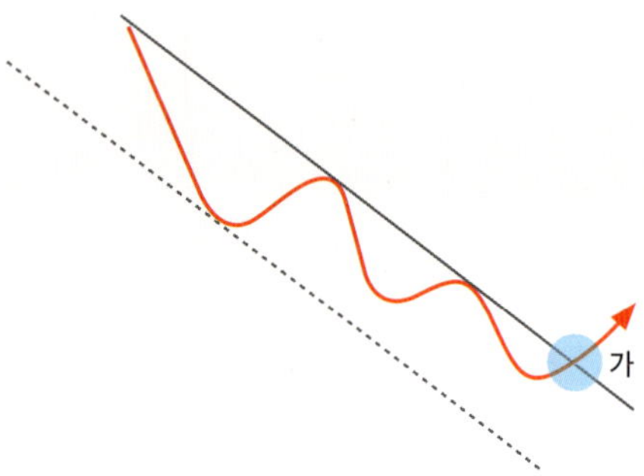

그림에서와 같이 하락추세선을 극복하고 상승추세로 전환하려는 시도가 나타나면 매수 시점으로 판단합니다. 다음 차트에서 확인해보세요.

평행추세에서 박스권 상단을 돌파하는 경우

평행추세는 주가가 일정한 기간 박스권 안에서 등락을 반복하는 추세입니다. 매수 세력과 매도 세력 중 어느 한쪽에 치우치지 않아서 주가가 횡보하는 추세대를 보입니다.

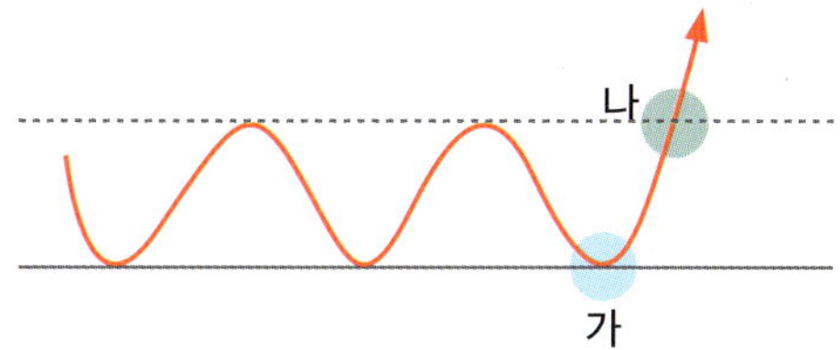

그림에서와 같이 평행추세에서 박스권 상단을 상향 돌파하는 경우 매수 시점으로 판단합니다. 다음 차트에서 확인해보세요.

수렴 패턴에서 상단 저항선을 상향 돌파하는 경우

추세대 중에는 고점과 고점을 이은 저항선은 점점 내려가고 저점과 저점을 이은 지지선은 계속 올라가서 오른쪽으로 향하는 삼각형 모양으로 수렴하는 수렴 패턴도 있습니다.

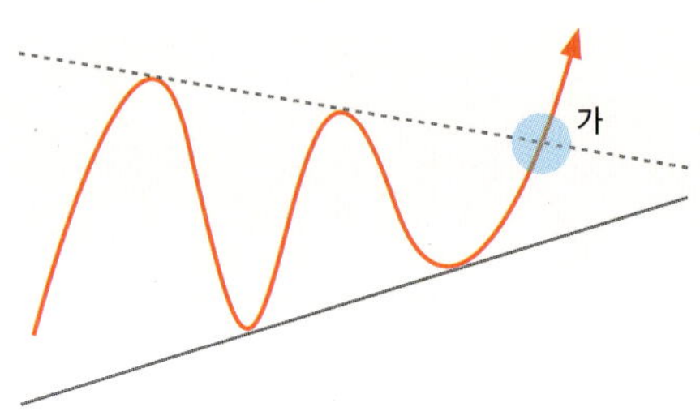

그림에서와 같이 지지선과 저항선이 삼각 수렴하는 과정에서 상단 저항선을 상향 돌파하는 경우 매수 시점으로 판단합니다. 다음 차트에서 확인할 수 있습니다.

158

상승추세에서 하단 지지선을 하향 돌파하는 경우

상승추세이던 주가가 추세선을 하향 돌파하면 일단 주식을 매도해야 합니다. 가격이 더 이상 상승하지 않고 하단 이탈하면 지지선이 무너지면서 상승추세도 무너집니다.

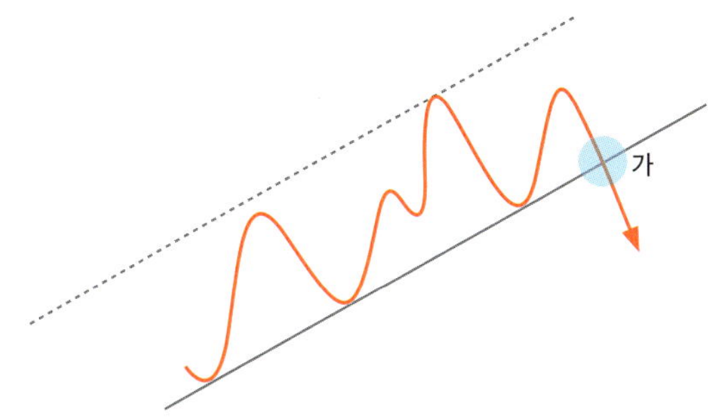

다음 차트에서 가파르던 상승추세대에서 주가가 지지선을 뚫고 하향 이탈하는 모습을 확인할 수 있습니다. 이때를 매도 시점으로 판단합니다.

하락추세에서 하단 지지선을 하향 돌파하는 경우

하락추세이던 주가가 추세선을 하향 돌파하면 주식을 매도하는 것이 좋습니다. 가격이 추세대를 하단 이탈하면서 지지선을 무너뜨리면 하락추세는 당분간 계속 이어질 수 있습니다.

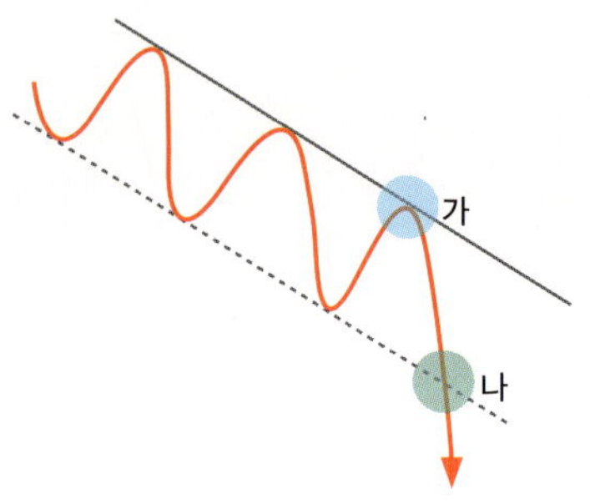

다음 차트를 보면 하락추세대에서 주가가 저항선을 뚫지 못하고 지지선 아래로 하향 이탈하는 모습을 확인할 수 있습니다. 이때를 매도 시점으로 판단합니다.

160

평행추세에서 박스권 하단을 돌파하는 경우

평행추세대는 주식을 매매해도 수익을 내기가 어려운 구간입니다. 따라서 투자자는 성급하게 의사결정을 하지 말고 차트의 신호를 기다리는 것이 좋습니다. 그런데 만약 주가가 횡보하다가 하단 지지선을 돌파하면 매도해야 합니다.

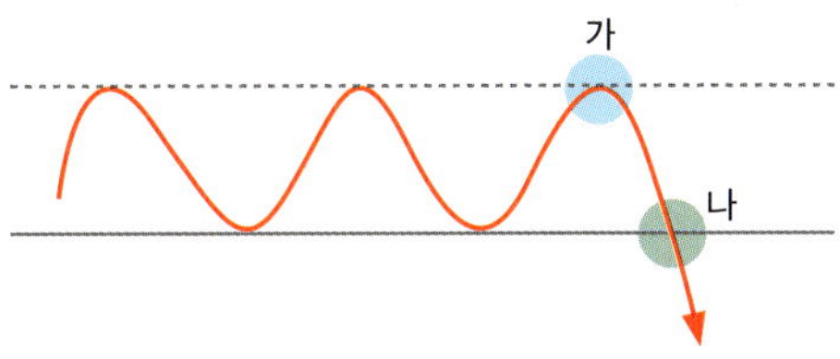

다음 차트를 보면 평행추세대에서 주가가 횡보하다가 하단 지지선을 뚫고 하향 이탈하는 모습을 확인할 수 있습니다. 이때를 매도 시점으로 판단합니다.

수렴 패턴에서 하단 지지선을 하향 돌파하는 경우

수렴 패턴에서는 점점 내려가는 저항선과 점점 올라가는 지지선 사이
에서 주가의 등락 폭이 점차 좁아집니다. 그러다 주가가 지지선을 하향
돌파해 더욱 아래로 떨어지는 경우가 있습니다.

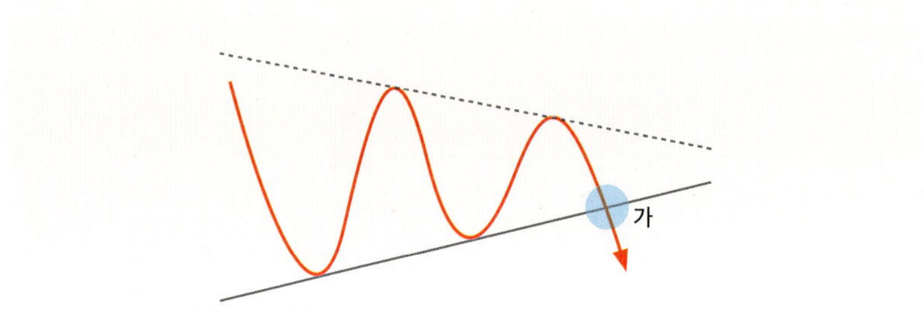

다음 차트를 보면 수렴 패턴에서 주가가 저항선을 뚫지 못하고 하단 지
지선을 하향 이탈하는 모습을 확인할 수 있습니다. 이때를 매도 시점으로
판단합니다.

추세대를 이용한 매매는 "돌파하면 산다, 이탈하면 판다"의 방식으로 접근하면 실패할 가능성이 큽니다. 돌파 신호는 시장의 의지를 보여주는 강력한 힌트이지만, 항상 그 의지가 끝까지 유지되는 것은 아니기 때문입니다. 따라서 실전에서는 거래량과 되돌림의 확인이 필수입니다. 거래량이 동반된 돌파는 매수세와 매도세의 교체가 실제로 일어났음을 의미합니다. 반면 거래량이 부족한 돌파는 일시적 왜곡이거나 세력의 물량 테스트일 가능성이 있어 신중하게 대응해야 합니다.

추세선 돌파 이후의 되돌림 구간은 실전 투자자가 가장 주목해야 할 영역입니다. 돌파 직후에는 가격이 단기간 과열되기 쉽고, 많은 경우 기존 추세대 경계선까지 다시 내려와 지지를 확인하려는 움직임이 나타납니다. 이때 돌파한 선 위에서 다시 반등한다면 그 선은 새 지지선의 역할을 하게 되며, 추세 강화 가능성이 더욱 높아집니다. 돌파 직후 바로 추격 매수를 하기보다 되돌림에서 지지가 확인되는 순간 진입하는 것이 훨씬 안정적인 전략입니다.

또 하나 중요한 포인트는 추세의 힘을 비교하며 매매 강도를 조절하는 것입니다. 상승 추세에서 고점이 빠르게 높아지고 저점이 견고하게 유지되면 매수 강도를 조금 더 높여도 됩니다. 반대로 고점 상승 폭이 줄어들거나 저점에서 반등이 약해지는 경우에는 추세가 완만해지고 있다는 의미이므로, 매수 규모를 줄이거나 이익을 부분적으로 실현하는 것이 좋습니다. 추세대 내부의 등락 패턴을 통해 추세의 힘을 평가하고 매매 강도를 조절하는 것은 초보 투자자들이 간과하기 쉬우나 실전에서는 매우 효과적인 접근입니다.

마지막으로, 추세대 이탈 신호는 종종 더 큰 흐름의 전환 신호로 이어진다는 점을 기억해야 합니다. 특히 장기간 유지된 추세대의 붕괴는 단기 조정을 넘어 중기·장기 추세 변경으로 연결될 가능성이 높습니다. 이 경우에는 기존 전략을 고수하기보다 새로운 추세대가 형성되는 초기 구간을 관찰하며 다시 방향성을 잡아가는 것이 중요합니다. 추세의 전환은 위험이 아니라, 새로운 기회를 준비할 수 있는 출발점이 될 수 있습니다.

투자의 평균회귀 현상에 주목하세요

03

요즘 젊은이들은 남녀를 불문하고 키가 큰 사람을 선호합니다. 그런 이면에는 만약 자신이 결혼하면 키가 큰 아이들을 낳고 싶다는 생각도 있는 것 같습니다. 키가 큰 남자와 여자가 결혼해서 아이를 낳으면 어떻게 될까요? 다윈의 《종의 기원》에 나온 연구 결과를 보면 대체로 부모의 키보다 작은 아이들이 태어난다고 합니다. 만약 그렇지 않다면 키가 큰 사람끼리 계속 결혼해서 아이를 낳으면 2미터, 3미터, 4미터에 이르는 아이들이 나와야 할 테니까요. 반대로 키가 작은 사람들끼리 결혼해서 아이를 낳으면 2세들은 대부분 부모의 키보다 큰 경우가 많습니다.

이런 현상을 평균회귀의 법칙Law of Mean Reversion이라고 합니다. 결국 모든 세상사의 이치는 평균으로 모이게 된다는 것입니다. 평균회귀에 대한 논란은 투자의 세계에서도 나타납니다. 어떤 사람이 3~5년 정도 계속해서 높은 수익률을 올렸다면 그 이후에는 수익률이 좋지 않을 가능성이 큽니다. 이런 현상을 이용해서 포트폴리오를 구성하는 것을 '승자-패자 포트폴리오'라고 합니다. 이것은 최근 5년 정도 수익률이 높았던 종목, 즉 승자 종목은 포트폴리오에서 빼고, 반대로 최근 5년 정도 수익률이 낮았던 패자 종목을 포트폴리오에 넣는 전략입니다. 이 포트폴리오 전략은 수익률의 평준화 현상을 노립니다. 수익률이 좋았던 종목들은 이후에는 수익률이 좋지 않을 것으로 보고, 수익률이 좋지 않았던 종목들은 이후에는 수익률이 좋을 것으로 보는 것입니다.

평균의 이동을 추적하세요

평균회귀 현상을 주식투자 분석에 접목한 것이 바로 이동평균선을 이용한 분석 방법입니다. 그럼 먼저 평균값이 무엇인지 알아봅시다. 평균값은 모두가 알고 있는 바와 같이 평균을 내려고 하는 모든 값을 더한 뒤 항목의 수로 나눠서 구하는 것입니다.

1일	2일	3일	4일	5일	6일
100	102	99	95	104	100

평균=(100+102+99+95+104)/5=100

이렇게 구한 평균값은 하나의 집단 또는 주가를 한마디로 말할 수 있는 대푯값의 특성을 가집니다. 그럼 이동평균이란 무엇일까요? 이는 추세의 변동을 알 수 있도록 구간을 옮겨가면서 평균을 구하는 것을 말합니다. 만약 주가의 5일 이동평균을 구한다면 첫날부터 5일째까지의 값을 더해서 5로 나누고, 그다음 날에는 둘째 날부터 6일째까지의 값을 더해서 5로 나누는 것을 계속해서 이어가면 이동평균이 구해집니다.

이동평균을 구하는 방법을 예를 들어봅시다. 다음 표는 어떤 기업의 2개월 간의 주가를 이용해서 5일 이동평균과 10일 이동평균, 20일 이동평균을 구한 것입니다. 먼저 5일 이동평균은 처음 4월 2일부터 6일까지 매매 일수로 5일 동안의 평균을 구하고, 그다음 날은 2일을 빼고 9일의 가격을 넣어서 다시 평균을 구해나갑니다. 마찬가지로 10일 이동평균은 4월 2일부터 16일까지 매매 일수로 10일간의 주가를 이용해서 평균값을 구하고 다음 날에는 4월 2일 주가를 빼고 17일 주가를 새로 포함해서 평균을 구해나갑니다. 20일 이동평균도 같은 방법으로 구할 수 있습니다.

일자	종가	5일 이동평균	10일 이동평균	20일 이동평균
2025-04-02	13,985			
2025-04-03	14,360			
2025-04-04	14,055			
2025-04-05	14,115			
2025-04-06	14,085	14,120		
2025-04-09	13,680	14,059		
2025-04-10	13,660	13,919		
2025-04-12	13,430	13,806		
2025-04-13	13,490	13,737		
2025-04-16	13,520	13,624	13,872	
2025-04-17	13,430	13,574	13,817	
2025-04-18	13,695	13,581	13,750	
2025-04-19	13,645	13,612	13,709	
2025-04-20	13,270	13,512	13,625	
2025-04-23	13,245	13,457	13,541	
2025-04-24	13,110	13,393	13,484	

2025-04-25	13,130	13,280	13,431	
2025-04-26	13,180	13,187	13,400	
2025-04-27	13,340	13,201	13,357	
2025-04-30	13,450	13,242	13,350	13,611
2025-05-02	13,670	13,354	13,374	13,595
2025-05-03	13,635	13,455	13,368	13,559
2025-05-04	13,445	13,508	13,348	13,528
2025-05-07	12,955	13,431	13,316	13,470
2025-05-08	13,145	13,370	13,306	13,423
2025-05-09	12,920	13,220	13,287	13,385

이러한 이동평균값들을 선으로 연결한 것을 이동평균선이라고 합니다. 주식투자 분석에 있어 이동평균선을 이용하는 것은 추세분석의 중심입니다. 기업의 주가를 대표하는 값의 추세를 그려봄으로써 주가의 흐름을 파악하려는 것입니다.

즉, 일정 기간 주가의 평균치가 올라가는 과정인지 또는 내려가는 과정인지를 파악함으로써 미래의 주가 동향을 미리 예측하고자 하는 지표입니다. 주가 분석에 있어 이동평균선은 이동평균을 구하는 기간 동안 시장의 투자자들이 평균적으로 매수한 가격 또는 매도한 가격으로 볼 수 있습니다. 여기서 한 가지 생각해볼 것은 바로 인간의 본전 심리입니다. 본전 심리란 손해보다 본전이 되면 팔려고 하는 심리, 그리고 이익보다 본전으로 내려오면 이익을 보기 위해 추가적으로 매수하는 심리를 말합니다. 바로 이런 본전 심리 때문에 이동평균선은 매매 전략 수립에 중요한 역할을 하고 있습니다.

이동평균선의 종류와 특징

고무줄의 원리를 기억하세요

이동평균선은 오래된 가격 정보가 빠져나가고 새로운 정보가 들어오면서 매일 갱신되는 평균값입니다. 날짜가 바뀔 때마다 새로운 가격이 포함되고 오래된 가격이 제외되기 때문에 이동평균선은 시장의 최근 흐름을 자연스럽게 반영하며 변화합니다.

이 지표는 분석 기간에 따라 단기·중기·장기로 나누어 사용합니다. 우리나라처럼 주 5일 동안 시장이 열리는 구조에서는 일주일의 흐름을 보여주는 5일 이동평균, 한 달 흐름을 반영하는 20일 이동평균, 3개월 정도의 추세를 보여주는 60일 이동평균, 그리고 1년 이상 장기 흐름을 파악하는 120일과 240일 이동평균선이 대표적입니다. 실전에서는 240일 대신 200일 이동평균선을 장기 기준으로 활용하는 경우도 적지 않습니다.

이동평균선이 갖는 의미를 살펴보면, 단기 흐름을 보여주는 선은 5일과 20일선이며, 시장의 중기적인 방향을 볼 때는 60일선이 주로 사용됩니다. 장기 추세를 확인하고 싶을 때는 120일선과 200일선을 기준으로 삼습니다. 이처럼 이동평균선은 기간에 따라 서로 다른 시장의 속성을 드러내기 때문에 각 선이 만들어내는 배열과 기울기, 교차 시점 등을 이해하면 시장의 추세를 더 명확하게 파악할 수 있습니다.

골든크로스는 '확인 신호', 진짜 타이밍은 그 이후에 있습니다
골든크로스가 발생했다고 해서 즉시 매수하는 것은 오히려 위험할 수 있습니다. 실전에서는 크로스 이후 이동평균선 위에서 주가가 안착하는지, 혹은 되돌림 이후 다시 지지를 받는지 확인하는 것이 훨씬 중요합니다.

이제 이러한 이동평균선이 실제 분석에서 어떤 특징을 보이는지 살펴보면, 추세 판단과 매매 타이밍 설정에 큰 도움이 될 것입니다.

1. 일반적으로 이동평균을 분석하는 기간이 길어질수록 이동평균선의 기울기가 완만해지고 이동평균을 분석하는 기간이 짧아질수록 이동평균선의 기울기가 가파른 모습을 보입니다. 이는 다음 화면을 통해서 확인해볼 수 있습니다.

회색 선인 120일 이동평균선은 장기 흐름을 보여주는 만큼 가장 완

만한 기울기를 보입니다. 반대로 5일선은 가장 짧은 기간의 평균이
므로 변화에 가장 민감하게 반응하며 기울기가 가파르게 나타납니
다. 그 중간에 20일선과 60일선이 위치해 기간이 길수록 점점 완만
한 모습으로 이어집니다.

이처럼 기간이 짧은 이동평균선일수록 새로운 정보가 평균값에 크
게 반영됩니다. 5일선은 새로운 가격이 전체의 5분의 1만큼 영향을
미치지만, 20일선은 20분의 1만 반영되기 때문에 상대적으로 변화
속도가 느린 것이지요. 결과적으로 주가가 상승하는 국면에서는 5일
선이 20일선보다 빠르게 위로 치고 올라가고, 하락국면에서는 그만
큼 더 빠르게 아래로 내려가며 단기 흐름을 가장 민감하게 보여주는
지표가 됩니다.

2. 주가가 이동평균선을 돌파하는 순간은 중요한 매매 신호로 해석됩
   니다. 이동평균선은 일정 기간 동안의 평균 매수가격이자 매도가격
   이기 때문에 주가가 그 아래에 머물면 많은 투자자가 손실 상태에 있
   음을 의미합니다. 이때 주가가 이동평균선에 접근하면 본전에 가까
   워지면서 매도 물량이 나오기 쉽습니다.

   하지만 주가가 이러한 매물을 모두 흡수하고 이동평균선 위로 올
   라선다면, 더 이상 급하게 팔 투자자가 많지 않다는 뜻입니다. 그래
   서 이동평균선을 아래에서 위로 돌파하는 시점을 흔히 골든크로스
   Golden Cross라고 부르며, 매수 신호로 해석합니다.

   반대로 이동평균선 위에 있는 주가는 투자자들이 평균적으로 이익
   을 보고 있는 상태입니다. 그런데 주가가 이동평균선에 가까워지면
   이익을 지키려는 매도가 늘어나고, 결국 이동평균선을 아래로 벗어

날 경우 매도가 한꺼번에 나오기 쉽습니다. 이런 이동평균선 하향 돌파를 데드크로스Dead Cross라고 부르며, 매도 시점으로 판단하게 됩니다. 다음 차트에서 골든크로스와 데드크로스로 매매 시점을 확인해보세요.

이름에서 느낄 수 있는 것처럼 골든크로스가 발생하는 시점이 매수 타이밍이고, 데드크로스가 발생하는 시점이 매도 타이밍입니다. 단기 이동평균선과 중·장기 이동평균선의 관계에서도 마찬가지로 적용됩니다. 차트에서 볼 수 있는 것처럼 데드크로스 이후에 주가가 하락하고, 골든크로스 이후에 주가가 상승하는 것을 확인할 수 있습니다.

3. 주가가 이동평균선과 지나치게 멀어지면 다시 평균선 쪽으로 되돌아오는 경향이 나타납니다. 이동평균선은 해당 기업 주가의 대표적 평균값이라 할 수 있고, 가격이 평균으로 되돌아가려는 움직임은 시장에서 자주 관찰되는 평균회귀 성향입니다.

특히 60일 이동평균선처럼 중기 흐름을 보여주는 지표는 주가가 움직이는 중심축 역할을 합니다. 주가가 이 평균선 위로 과도하게 벗어나면 다시 아래로 조정되는 경우가 많고, 반대로 평균선 아래로 지나치게 떨어지면 다시 평균선을 향해 반등하려는 모습을 보입니다. 이처럼 주가와 이동평균선 사이의 간격을 '이격'이라고 하며, 이격이 커질수록 주가는 이를 좁히려는 움직임을 보이는 경향이 있습니다.

이동평균선은 '기준선'이지 목표선이 아닙니다
주가가 이동평균선에 닿았다고 해서 자동으로 매수나 매도를 결정하기보다는 그 지점에서 속도가 둔화하는지, 거래량이 줄어드는지를 함께 살펴야 합니다.

다음 차트에서 이러한 평균회귀 특징을 확인할 수 있습니다.

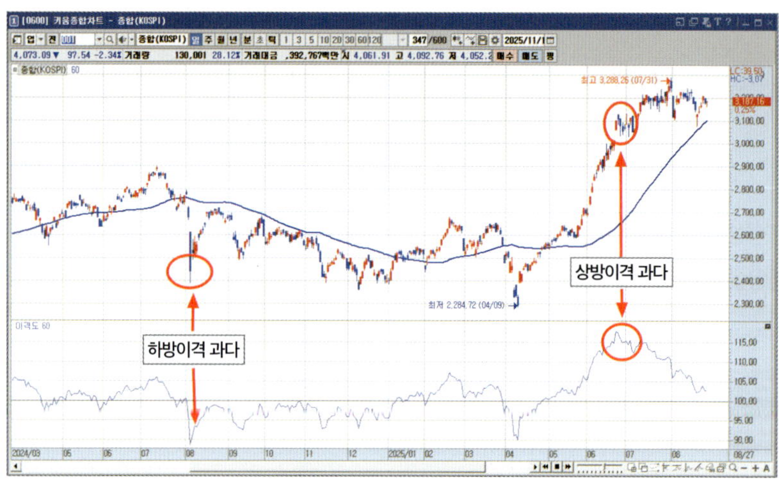

차트에서 주가가 이동평균선에서 멀리 떨어진 이후 급하게 이동평균선 쪽으로 접근하는 모습을 볼 수 있습니다. 이것은 고무줄의 원리와 같습니다. 즉, 고무줄을 팽팽하게 당기면 원래의 상태로 돌아가려는 힘이

172

커지듯이 주가도 마찬가지로 움직인다는 점을 기억해야 합니다. 이격은 상방 또는 하방 모두 발생할 수 있습니다. 이러한 이격을 확인하기 위해서는 보조지표 중에서 '이격도'를 같이 보면서 확인하는 것이 좋습니다.

4. 주가가 장기 이동평균선을 돌파하는 순간은 주추세의 전환 가능성을 보여주는 매우 중요한 신호입니다. 장기 이동평균선은 보통 120일선과 200일선을 말하는데, 특히 국내 시장에서는 120일선을 '경기선'이라 부를 만큼 핵심 지표로 봅니다.

   주가가 이 장기 이동평균선을 위로 돌파하면 상승추세로 전환될 가능성이 높고, 반대로 아래로 떨어지면 하락추세가 본격화될 가능성이 큽니다. 장기선은 기업의 중기·장기 흐름을 대표하기 때문에, 이 선의 돌파 여부는 시장 심리와 추세 방향을 동시에 확인할 수 있는 강력한 신호로 작용합니다. 다음 차트에서도 볼 수 있듯이, 주가가 120일 이동평균선을 돌파하는 과정에서 각각 추세가 반전되는 모습을 확인할 수 있습니다.

5. 강세국면에서는 주가가 이동평균선 위에서 머무르면 상승 흐름이 이어질 가능성이 크고, 약세국면에서는 이동평균선 아래에서 움직이면 하락세가 지속될 가능성이 높습니다. 이동평균선은 과거 데이터를 기반으로 계산되기 때문에 본질적으로 후행성을 갖지만, 이는 오히려 주가가 이동평균선보다 현실을 더 빠르게 반영한다는 의미이기도 합니다.

그래서 상승장에서는 주가가 이동평균선 위에서 빠르게 움직이며 추세 강도를 보여주고, 하락장에서는 주가가 이동평균선 아래에서 더 빠르게 떨어지며 추가 하락 가능성을 시사합니다. 이러한 흐름을 관찰할 때는 20일 이동평균선을 중심축으로 삼아 판단하는 것이 가장 실전적이며, 다음 차트에서도 이와 같은 특징을 확인할 수 있습니다.

한 걸음 더

20일선은 매매, 60일선은 판단, 120일선은 방향입니다
20일선은 단기 매매의 기준선으로, 주가의 탄력과 호흡을 판단하는 데 적합합니다. 60일선은 중기 흐름의 중심축이며, 120일선이나 200일선은 시장의 큰 방향을 결정하는 기준선입니다. 선마다 역할이 다르다는 점을 구분해서 사용할 때 이동평균선은 강력한 도구가 됩니다.

6. 상승 중인 이동평균선을 주가가 아래로 돌파하면 추세가 하락으로 돌아설 가능성이 커지고, 반대로 하락 중인 이동평균선을 위로 돌파하면 상승반전 가능성이 높아집니다. 추세의 변화는 대부분 주가의 움직임이 먼저 바뀌는 순간에서 시작되며, 이동평균선 돌파는 그 흐름을 가장 직관적으로 보여주는 신호입니다.

다만 이런 돌파가 항상 추세 전환을 의미하는 것은 아닙니다. 시장에서는 단기적인 변동으로 인해 이동평균선을 잠시 벗어났다가 다시 복귀하는 경우도 자주 발생합니다. 그래서 단기 이동평균선만으로는 가짜 신호가 많아 실전에서 혼란이 생기기 쉽습니다.

이런 오류를 줄이기 위해서는 20일 또는 60일 이동평균선처럼 중기 지표를 활용하는 것이 좋습니다. 중·장기 이동평균선이 함께 방향을 틀 때 추세 전환의 신뢰도는 크게 높아지며, 다음 차트에서도 이러한 특징을 확인할 수 있습니다.

이동평균선으로 주가를 예측한다고요?

이동평균선을 활용한 분석 기법은 매우 다양합니다. 이동평균선의 방향 변화를 통해 추세를 파악하는 방법, 이동평균선을 지지선과 저항선으로 활용하는 방식, 주가와 이동평균선 사이의 이격을 확인하는 방법, 배열도 분석, 크로스 분석, 밀집도 분석 등이 대표적입니다. 이 기법들은 각각 다른 관점을 제공하기 때문에 상황에 따라 유연하게 사용해야 합니다.

이동평균선의 방향성을 이용하세요

이동평균선의 방향성은 추세 전환을 확인하는 가장 기본적인 지표입니다. 시장이 하락장에서 상승장으로 돌아설 때는 주가가 먼저 바닥하고, 그다음 단기선이 위로 꺾이며, 이어서 중기·장기선이 순차적으로 상승반전합니다. 반대로 상승장에서 하락장으로 전환할 때도 동일한 순서로 이동평균선의 방향이 아래로 바뀝니다. 즉, 각 이동평균선이 상승 흐름인지 하락 흐름인지 확인하는 것만으로도 전체 시장의 추세를 비교적 명확하게 판단할 수 있습니다.

이동평균선 간의 배열도를 이용하세요

이동평균선 간의 배열도 역시 중요한 신호입니다. 주가가 가장 위에 있고 그 아래로 단기·중기·장기 이동평균선이 순서대로 배열되어 있다면 이를 정배열이라 하며, 전형적인 상승 구조로 해석합니다. 반대로 주가가 가장 아래에 있고 그 위로 단기·중기·장기선이 차례로 올라가는 형태는 역배열이라 부르며, 하락추세에서 흔히 나타나는 모습입니다. 배열의 질서는 추세의 강도를 보여주는 중요한 판단 기준입니다.

이동평균선을 이용해 지지선과 저항선을 분석하세요

이동평균선은 지지선과 저항선으로도 자주 활용됩니다. 이동평균 가격은 일정 기간 투자자들이 실제로 매수·매도한 평균 가격대이기 때문에 주가가 그 아래에 있으면 많은 투자자가 손실 상태가 되고, 그 지점은 자연스럽게 지지선 역할을 하게 됩니다. 상승장에서는 단기선에서 장기선까지 차례로 지지를 받으며 상승 흐름을 이어가고, 하락장에서는 이러한 이동평균선들이 차례로 저항선이 되어 주가의 회복을 막습니다. 다만 주가가 이동평균선을 일시적으로 이탈하는 경우도 있으므로, 이를 속임수 신호로 오해하지 않도록 각 이동평균선의 특성과 시장 흐름을 함께 살펴보는 것이 중요합니다.

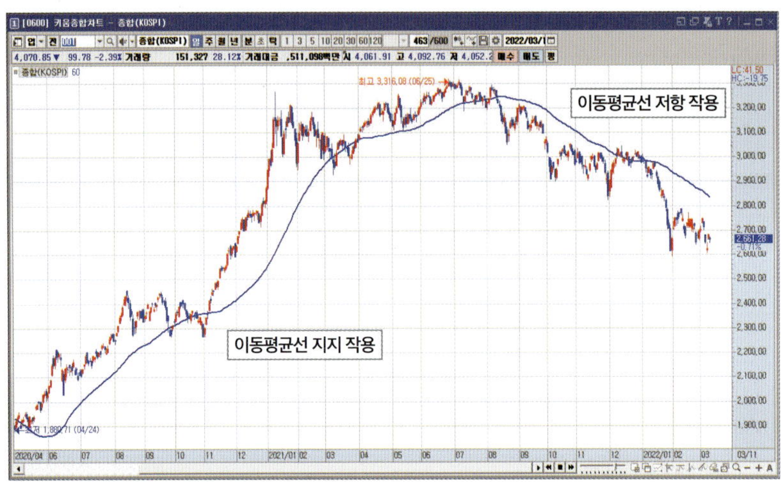

이동평균선과 주가와의 이격도를 이용하세요

주가와 이동평균선의 떨어져 있는 정도를 이격도라고 합니다. 주가가 이동평균선을 중심으로 움직이는 현상, 즉 평균회귀 현상을 보이는 점을 감안해서 이동평균선에서 위쪽이나 아래쪽으로 지나치게 멀리 떨어져 있는 경우에는 이동평균선을 향해서 상승 또는 하락한다는 점을 매매에 적용할 수 있습니다.

크로스분석으로 추세를 예측하세요

크로스분석은 이동평균선을 이용하여 분석할 때 가장 대표적으로 사용되는 방법입니다. 크로스분석에는 앞서 살펴본 바와 같이 단기 이동평균선이 장기 이동평균선을 아래에서 위로 상향 돌파하는 골든크로스와 단기 이동평균선이 장기 이동평균선을 위에서 아래로 하향 돌파하는 데드크로스가 있습니다. 이때 골든크로스에서는 매수를, 데드크로스에서는 매도를 하게 되는데 어떤 이동평균선 간의 크로스분석이냐에 따라서 분석이 달라집니다. 일반적으로 5일선과 20일선 사이의 크로스분석을 단기 크로스분석, 20일선과 60일선 사이의 크로스분석을 중기 크로스분석, 그리고 60일선과 120일선 사이의 크로스분석을 장기 크로스분석이라고 합니다. 분석가들이 가장 많이 사용하는 것은 20일선과 60일선 사이의 크로스분석입니다. 이는 달리 말하면 중기 골든크로스가 발생하면 향후 주가가 상승추세로 반전되는 것으로, 반대로 중기 데드크로스가 발생하면 향후 주가가 하락추세로 반전되는 것으로 판단한다는 것입니다.

다음 차트에서 볼 수 있듯이 골든크로스와 데드크로스는 추세의 반전을 암시하는 신호로 받아들일 수 있습니다. 하지만 일시적으로 골든크로스와 데드크로스가 반복되면서 속임수가 나타나는 구간이 있다는 점을 반드시 기억해야 합니다. 따라서 일단 크로스가 나타난 이후에도 주가를 지속적으로 관찰해나가면서 완전히 추세를 잡아나가는 것을 확인하는 노력이 필요합니다.

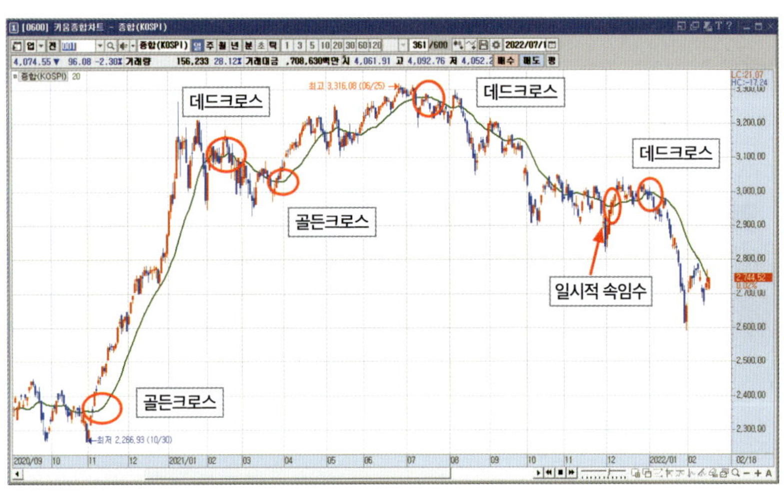

밀집과 확산을 이용해 밀집도를 분석하세요

이동평균선들은 한 곳으로 수렴하기도 하고 확산하기도 하는 등 수렴과 확산의 과정을 반복합니다. 이때 이동평균선의 수렴 또는 밀집 현상이 나타나면 이는 반드시 주가가 현재의 상태에서 변화하리라는 것을 의미합니다.

그럼 어떤 경우에 이동평균선이 한 곳으로 수렴하게 될까요? 바로 주가

가 별다른 변화 없이 같은 가격대에서 지속적으로 움직일 때 각각의 이동
평균값이 비슷하게 수렴하게 됩니다.

그런데 이런 수렴 과정은 영원히 지속되지 않습니다. 반드시 위로든 아
래로든 방향을 잡는데, 일반적으로는 수렴 이후 상승 쪽으로 방향을 잡아
나가는 경우가 많습니다. 그러므로 수렴 과정을 거치고 있는 이동평균선
들의 모습을 유심히 관찰할 필요가 있습니다.

이동평균선의 수로 매매 시점을 포착하세요

이동평균선을 활용한 매매 기법 중에서는 이동평균선의 개수를 달리
하여 신호를 해석하는 방법이 자주 사용됩니다. 각각의 방법은 난이도와
활용 목적이 다르므로, 자신에게 맞는 구조를 선택하는 것이 중요합니다.

우선 하나의 이동평균선만 사용하는 방법은 가장 단순하고 직관적입
니다. 주가가 이동평균선을 아래에서 위로 돌파하면 골든크로스로 보고
매수 신호로 해석하며, 반대로 위에서 아래로 떨어지면 데드크로스로 보

아 매도 신호로 판단합니다. 핵심은 이 교차가 발생하는 시점 자체가 매매 타이밍이라는 점입니다.

두 개의 이동평균선을 이용하는 방법은 단기선과 중·장기선을 함께 활용해 매매 타이밍과 추세를 동시에 판단하는 방식입니다. 단기 이동평균선은 가격 변화에 민감하게 반응해 전환 신호를 빠르게 알려주지만, 일시적인 속임수가 나타나기 쉽습니다. 반면 중기·장기 이동평균선은 변동에 둔감하지만, 추세를 보다 안정적으로 확인할 수 있습니다. 그래서 실전에서는 5일선과 20일선의 크로스를 매매 시점으로 활용하고, 20일선과 60일선의 크로스를 통해 전체 흐름이 상승인지 하락인지 판단합니다.

3개의 이동평균선을 사용하는 방법은 이동평균선이 기간에 따라 서로 다른 속도로 움직인다는 점에 착안한 기법입니다. 단기선은 주가와 가장 비슷한 속도로 움직이고, 중기선은 그보다 느리며, 장기선은 가장 완만하게 움직입니다. 이 3가지 이동평균선이 어떤 순서로 배열되고 어떤 형태로 벌어지거나 좁혀지는지에 따라 시장의 에너지와 추세 강도를 한층 더 입체적으로 파악할 수 있습니다.

> **고수의 팁** ▶ **3개의 이동평균선을 이용한 매매 전략**
>
> 3개의 이동평균선을 함께 활용하면 상승추세와 하락추세의 구조를 더욱 명확하게 파악할 수 있습니다. 상승추세에서는 단기 이동평균선이 중기와 장기 이동평균선을 차례로 상향 돌파하는 골든크로스가 나타날 때 매수 신호로 볼 수 있습니다. 이후 주가가 단기선, 중기선, 장기선의 순서로 위에서 아래로 배열된 정배열 구조가 유지된다면 강세 흐름이 이어지고 있다는 의미입니다. 다만 정배열이 일정 기간 지속된 뒤 단기 이동평균선의 기울기가 약해지거나 더 이상 상승하지 못할 경우에는 상승세가 막바지에 이르렀을 가능성을 염두에 두어야 합니다. 또한 이동평균선들이 서로 밀집해 방향성이 모호한 구간에서는 추세가 명확하지 않기 때문에 매매를 자제하는 것이 안전합니다.

반대로 하락추세에서는 단기 이동평균선이 중기와 장기 이동평균선을 차례로 아래로 돌파하는 데드크로스가 매도 신호로 작용합니다. 이때 장기선이 가장 위에 있고, 그 아래로 중기선과 단기선이 순서대로 배열된 역배열 구조가 지속되면 약세국면이 이어지고 있다고 판단할 수 있습니다. 그러나 역배열 상태가 오래 지속된 뒤 단기 이동평균선의 하락 폭이 줄거나 상승 방향으로 되돌아서는 모습이 나타나면 하락세가 끝나가고 있다는 징후로 해석할 수 있습니다.

이처럼 3개의 이동평균선을 조합하면 추세 방향과 강도를 더 정교하게 파악할 수 있으며, 매매 타이밍 또한 한층 안정적으로 찾을 수 있습니다.

그랜빌의 법칙으로 매매 신호를 찾으세요

미국의 주가분석가인 그랜빌J. E. Granville은 주가와 이동평균선을 이용하여 매수 시점과 매도 시점을 파악할 수 있는 8가지 투자 전략을 제시했는데, 이를 '그랜빌의 법칙'이라고 합니다. 그랜빌의 법칙은 이동평균선과 매일의 주가 움직임을 이용하는 것입니다. 이때 중·장기 이동평균선을 이용하면 더욱 유용합니다.

매수 신호

1. 이동평균선이 하락한 뒤 평행 또는 상승국면으로 진입할 때 주가가 이를 뚫고 위로 올라가는 경우로 이동평균선의 방향성을 이용한 것입니다.

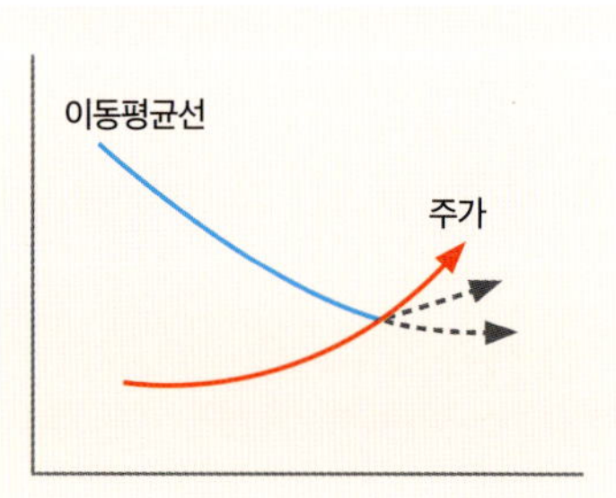

2. 이동평균선이 상승하고 있을 때 주가가 이동평균선 아래로 하락하는 경우는 일시적인 하락을 의미합니다.

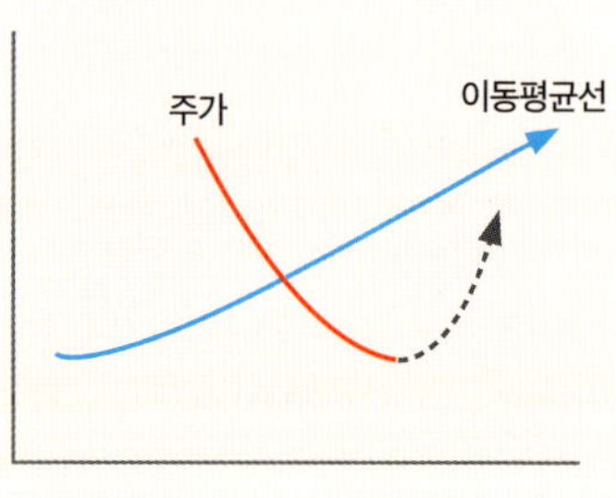

3. 주가가 이동평균선 위에 있을 때 이동
   평균선을 향해 하락하다가 다시 상승
   하는 경우는 이동평균선이 지지선의
   역할을 충실히 하고 있는 경우입니다.

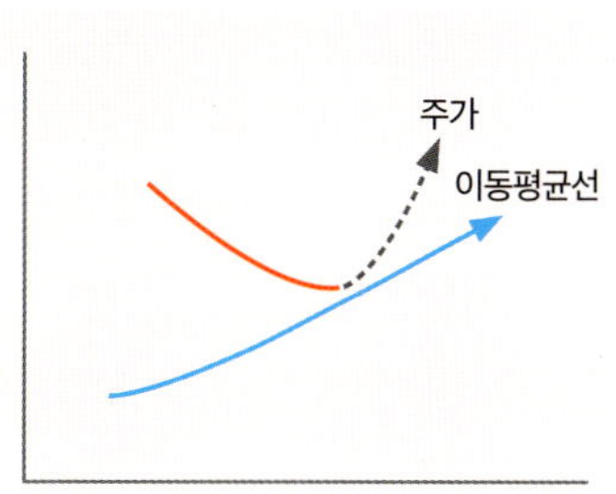

4. 주가가 이동평균선 아래에서 급속히
   하락하다가 이동평균선에 다가갈 때
   단기적인 이격도를 이용하는 것으로
   단기 매매 관점으로 접근해야 합니다.

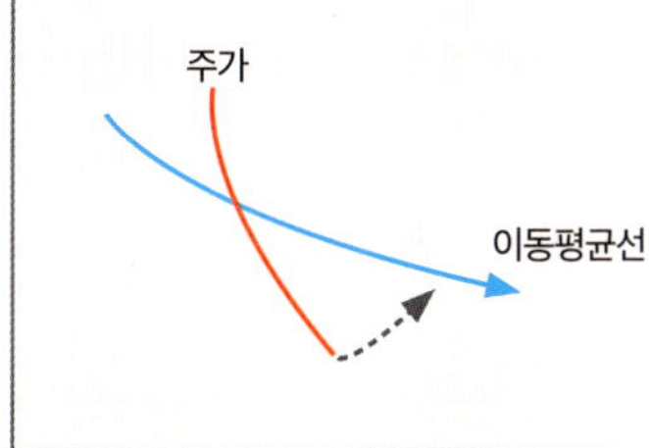

매도 신호

1. 이동평균선이 상승한 뒤 평행 또는 하
   락국면으로 전환될 때 주가가 이동평
   균선을 뚫고 아래로 내려가는 경우로
   이동평균선의 방향성을 이용한 매매
   전략입니다.

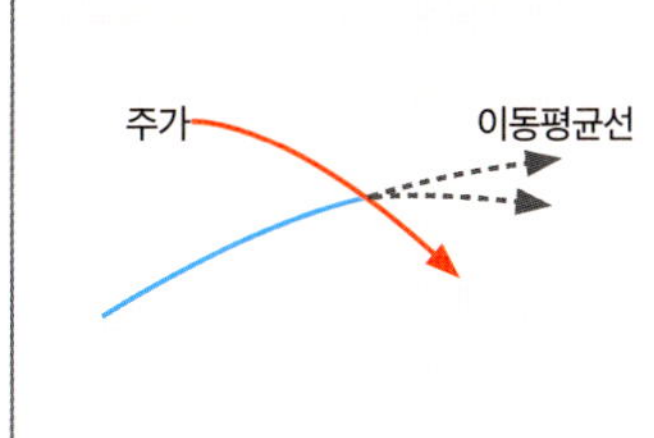

2. 이동평균선이 계속 하락하고 있을 때 주가가 이를 뚫고 올라가면 주가가 일시적으로 상승하는 것으로 재차 하락을 예상합니다.

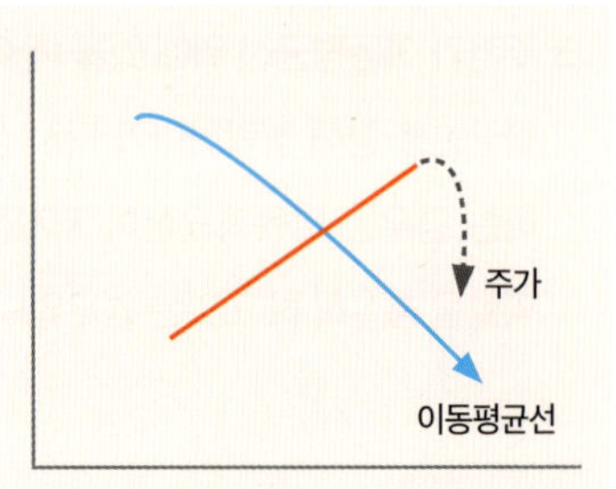

3. 주가가 이동평균선의 아래에서 위를 향해 계속 상승하다가 뚫지 못하고 다시 하락하는 경우는 이동평균선이 저항선의 역할을 굳건히 하고 있는 경우입니다.

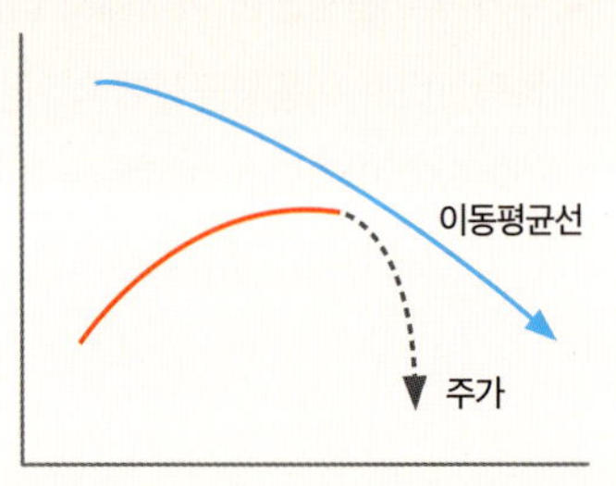

4. 주가가 상승하고 있는 이동평균선을 넘어 급등하다가 다시 하락할 기미를 보이는 경우는 단기적인 이격도를 이용하는 것으로 단기 매매 관점으로 접근해야 합니다.

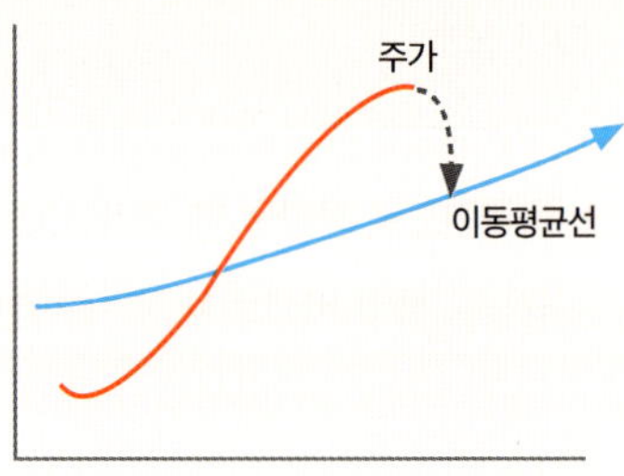

AI는 추세 분석을 어떻게 할까요?

차트를 볼 때 많은 투자자는 지금이 오를 자리인가, 아니면 끝난 자리인가를 직관에 의존해 판단합니다. 하지만 추세는 느낌이 아니라 가격의 구조와 거래의 흔적이 쌓여 만들어진 결과입니다. 이번에는 AI가 봉차트와 거래량을 통해 추세를 어떻게 해석하는지를 실제 사례로 살펴봅니다. AI는 '언제 사야 할까'를 예언하지는 않지만, 추세가 살아 있는지, 조정인지, 혹은 전환의 신호인지를 비교적 냉정하게 구분해줍니다. 챗GPT에게 차트를 보여주고 던진 질문과 그 답변을 통해 투자자가 추세를 예측의 대상이 아니라 대응의 기준으로 활용하는 방법을 구체적으로 정리해봅니다.

Q1) 다음 차트를 보고, 종합적으로 추세를 분석해줘. 동그라미 부분 전후 추세 분석을 집중적으로 해주고, 이 차트 이후의 상황에서 향후 전략을 어떻게 취하는 것이 좋을지 이해하기 쉽게 설명해줘.

[전문가 해설]

SK하이닉스 중간 조정: 추세가 꺾이지 않는 것은 조정 기간 중 거래가 늘어나지 않았다는 점입니다. 거래가 늘었으면 팔고 나간다는 뜻입니다. 다시 상승할 때 거래가 늘면서 올라가는 점을 봐야 합니다.

[챗GPT 분석]

이 차트는 전체적으로 보면 장기 횡보를 거친 뒤, 추세가 명확한 상승국면으로 전환된 전형적인 흐름입니다. 특히 동그라미 구간은 이 종목의 성격이 바뀌는 결정적인 분기점으로, 그 전과 후를 나눠서 보면 추세가 왜 살아났는지가 비교적 또렷하게 보입니다.

먼저 동그라미 이전의 흐름부터 살펴보면 가격은 오랜 기간 큰 방향성 없이 움직입니다. 오르긴 하지만 상승이 이어지지 않고, 내려오면 다시 회복되는 식의 반복입니다. 이 구간에서는 거래량도 들쑥날쑥하고, 상승 시에도 추격 매수보다는 차익실현이 먼저 나오는 모습이 보입니다. 즉, 시장의 인식은 이 종목을 "움직이긴 하지만 크게 기대할 대상은 아닌 상태"로 보고 있었던 국면입니다. 추세라기보다는 가격대 안에서의 박스 흐름에 가깝습니다.

그러나 동그라미 구간에 들어서면서 흐름이 분명히 달라집니다. 이 구간에서는 이전과 달리 가격이 밀릴 때마다 저점이 높아지고, 조정 이후에는 이전 고점을 자연스럽게 넘어섭니다. 특히 중요한 점은 상승과 함께 거래량이 살아나기 시작한다는 점입니다. 이는 단기 반등이 아니라, 중기 이상의 매수 주체가 본격적으로 포지션을 쌓기 시작했다는 신호로 해석할 수 있습니다. 다시 말해, 시장 참여자들이 이 종목을 관리 대상이 아니라 보유 대상으로 인식하기 시작한 시점입니다.

동그라미 이후에는 추세가 더욱 명확해집니다. 이동평균선이 빠르게 정배열되고, 조정이 나와도 이전 추세선을 크게 이탈하지 않습니다. 상승 속도는 빨라졌지만, 구조는 오히려 안정적입니다. 이런 흐름은 단기 급등주가 아니라, 추세가 살아 있는 상승 종목에서 자주 나타나는 모습입니다.

그렇다면 이 차트 이후의 상황에서 취할 전략은 무엇일까요. 이미 상당한 상승이 진행된 만큼 이 시점에서 중요한 것은 지금 사느냐 마느냐보다 어떻게 대응하느냐입니다. 이 종목은 추세가 살아 있기 때문에 무리한 고점 추격보다는 조정이나 눌림이 나올 때 추세선이나 주요 이동평균선 근처에서 대응하는 전략이 합리적입니다. 반대로, 거래량을 동반한 급락으로 추세선이 명확히 훼손된다면, 그때는 상승추세가 꺾일 가능성도 함께 점검해야 합니다.

정리하면 이 차트는 동그라미 이전에는 기대가 크지 않은 횡보 종목이었고, 동그라미 이후에는 시장이 방향을 인정한 상승추세 종목으로 성격이 바뀌었습니다. 따라서 향후 전략의 핵심은 단기 예측이 아니라, 추세를 존중하면서 리스크를 관리하는 대응 전략에 두는 것이 가장 현실적인 접근이라고 할 수 있습니다.

Q2) 다음 차트도 추세분석을 해주고, 거래량과 함께 종합적으로 봐줘. 향후 어떤 전략을 취해야 하는지도 함께 설명해줘.

[전문가 해설]

제일약품 상승: 제일약품의 경우는 거래량이 간헐적으로 크게 증가하는 모습이 보이고, 위 꼬리가 긴 봉의 움직임으로 늘 조정 가능성이 커 투자자들을 속이지만, 저점이 지속적으로 높아지는 점에서 추세가 우상향하고 있음을 알 수 있습니다.

[챗GPT 분석]

　이 차트는 전체적으로 보면 상승추세가 여러 번의 조정을 거치며 '확인'된 뒤 이어지고 있는 흐름으로 읽을 수 있습니다. 특히 동그라미로 표시된 구간들은 우연한 지점이 아니라, 이 종목의 추세가 어떻게 유지되고 있는지를 잘 보여주는 핵심 장면들입니다. 가격 흐름과 거래량을 함께 보면 왜 이 추세가 쉽게 꺾이지 않았는지도 비교적 명확하게 드러납니다.

　먼저 추세 관점에서 보면, 이 차트의 가장 중요한 특징은 고점과 저점이 전체적으로 우상향하고 있다는 점입니다. 상승 이후 조정이 나올 때마다 가격은 이전 저점 부근, 혹은 이동평균선 근처에서 멈추고 다시 반등합니다. 동그라미 구간들은 대부분 이런 자리로, 추세가 꺾이는 지점이 아니라 '지지받는 방식'으로 조정이 마무리된 자리입니다. 이는 단기적으로 흔들림은 있었지만, 중기 흐름에서는 매수 주체가 추세를 계속 지켜왔다는 뜻으로 해석할 수 있습니다.

　다음으로 거래량을 함께 보면 해석이 더 분명해집니다. 상승이 나올 때는 거래량이 이전보다 확연히 늘어나고, 반대로 조정 구간에서는 거래량이 눈에 띄게 줄어듭니다. 이는 차익실현 물량이 급격히 쏟아지는 모습이 아니라, 보유자들이 쉽게 던지지 않으면서 가격이 눌리는 '건강한 조정'의 전형적인 모습입니다. 특히 동그라미로 표시된 눌림 구간에서 거래량이 크게 터지지 않았다는 점은 이 추세가 내부적으로 안정적이라는 신호로 볼 수 있습니다.

　또 하나 주목할 부분은 거래량이 크게 실린 구간 이후에도 가격이 급락하지 않고 일정 가격대 위에서 정리되고 있다는 점입니다. 이는 단기 수급이 빠져나가더라도, 중기 이상의 매수 세력이 가격대를 방어하고 있다는 흔적으로 읽을 수 있습니다. 이런 종목은 추세가 살아 있는 동안 생각보다 오래 움직이는 경우가 많습니다.

　그렇다면 향후 전략은 어떻게 가져가는 것이 좋을까요. 이 차트는 지금 시점에서 무작정 고점을 쫓아가기보다는 기존 흐름을 존중하는 대응이 중요합니다. 가장 합리적인 전략은 이동평균선이나 이전 조정 저점 부근에서 나오는 눌림을 기다렸다가 분할로 접근하는 방식입니다. 반대로, 거래량을 동반한 급락으로 이 지지 구간들이 명확히 무너진다면 그때는 추세가 훼손될 가능성도 함께 점검해야 합니다.

정리하면 이 차트는 '거래량이 실린 상승 → 거래량이 줄어든 조정 → 다시 이어지는 상승'이라는 구조가 반복되고 있는 전형적인 추세형 차트입니다. 따라서 향후 전략의 핵심은 방향을 맞히는 데 있기보다, 이미 형성된 상승추세를 어떻게 안전하게 따라갈 것인가에 두는 것이 가장 현실적인 접근이라고 할 수 있습니다.

Q3) 다음 차트의 추세를 보면, 상승추세가 더 이어질지 아닐지가 가늠하기 어려워. 어떤 시나리오를 만들어볼 수 있을까?

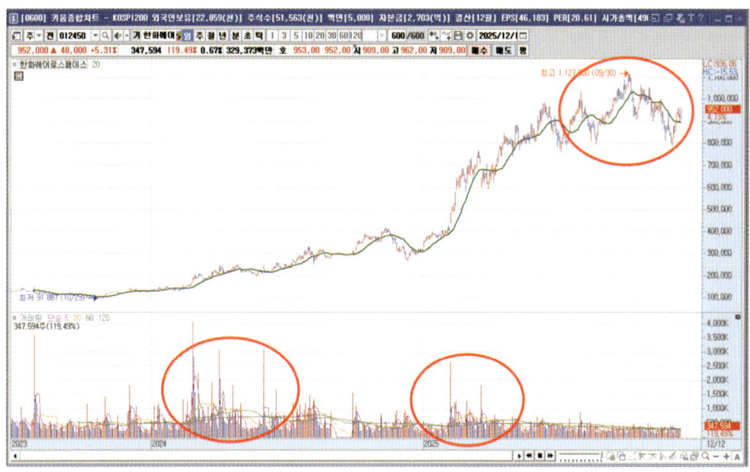

[전문가 해설]

한화에어로스페이스 향후 동향: 한화에어로스페이스는 주가가 10배 이상 상승한 상황에서 고점을 찍고 상승추세가 끝나는 것인지 주목해서 봐야 하는 종목입니다. 주가가 하락하면서 거래량이 급증하는 모습이 나오면 시세의 끝으로 봐야 합니다.

[챗GPT 분석]

이 차트는 질문하신 것처럼 상승이 끝났다고 단정하기도, 그렇다고 다시 힘 있게 이어진다고 말하기도 어려운 '갈림길 구간'에 놓여 있습니다. 이런 차트에서는 정답을 하나만 고르기보다 가능한 시나리오를 나눠서 대응 전략을 준비하는 것이 훨씬 현실적인 접근입니다.

전체 추세부터 정리해보면 큰 흐름에서는 의심의 여지 없이 강한 장기 상승추세입니다. 장기간에 걸쳐 고점과 저점이 꾸준히 높아졌고, 급등 이후에도 추세가 단번에 무너지지 않았습니다. 다만 최근 구간에 들어서면서 상승 속도가 둔화되고, 고점 부근에서 변동성이 커졌다는 점이 핵심 변화입니다. 특히 상단의 빨간 원 구간은 상승의 연장이 아니라 상승 이후의 조정 또는 재정렬 국면으로 해석하는 것이 자연스럽습니다.

시나리오 1: 상승추세가 이어지는 경우(확률이 가장 높은 기본 시나리오)

이 경우의 전제는 단순합니다. 지금의 조정이 하락의 시작이 아니라 속도 조절이라는 가정입니다. 가격은 고점 대비 조정을 받았지만, 이전의 핵심 상승추세선이나 주요 이동평균선은 아직 지켜지고 있습니다. 거래량을 보면, 하락 구간에서 과도하게 터지지 않습니다. 이는 공포성 매도보다는 차익실현 위주의 조정일 가능성을 높입니다. 이 시나리오에서는 가격이 일정 기간 횡보하거나 완만한 조정을 거친 뒤, 거래량이 다시 붙는 양봉과 함께 전고점 재도전이 나올 수 있습니다. 전략적으로는 지금 추격 매수보다는 조정이 마무리되는 지점(추세선·이동평균선 근처)을 기준으로 관찰하며 대응하는 쪽이 합리적입니다.

시나리오 2: 상승은 유지되지만 '시간 조정'이 길어지는 경우

두 번째는 상승추세는 살아 있으나, 가격 조정보다 시간이 더 필요한 경우입니다. 고점에서 매물이 계속 출회하며 위로 치고 올라갈 에너지가 부족한 상태, 거래량은 전반적으로 줄어들고, 가격은 박스권에 머무는 흐름 등 이 차트의 경우는 급락하지도, 급등하지도 않으며 지루한 횡보국면이 이어질 수 있습니다. 하지만 이 역시 추세가 꺾였다고 보기는 어렵습니다.

이 시나리오에서의 전략은 짧은 매매보다는 비중을 줄이거나, 기다리는 전략이 더 유리합니다. 상승추세선 이탈 여부가 관건입니다.

시나리오 3: 상승추세가 훼손되는 경우(경계 시나리오)

가장 조심해야 할 경우는 거래량을 동반한 하락으로 핵심 지지선이 무너지는 상황입니다. 단순한 조정이 아니라, 거래량이 크게 실리며 하락, 이전 조정 저점이나 중기 추세선을 명확히 이탈 등의 경우에는 상승이 잠시 쉬는 것이 아니라, 중기 추세 자체가 바뀌는 초기 신호일 수 있습니다. 이 시나리오에서는 추세 회복이 확인되기 전까지는 방어적 대응이나 관망이 최우선입니다.

정리하면 이 차트는 지금 당장 방향을 예측해야 할 차트가 아니라, 어느 쪽으로 움직일지를 확인하면서 대응해야 하는 차트입니다.

- 거래량 없는 조정 + 지지선 유지 → 상승지속 시나리오
- 거래량 감소 + 박스권 → 시간 조정 시나리오
- 거래량 동반 지지선 이탈 → 추세 훼손 시나리오

4장

시장 패턴을 이용한 매매 전략

차트 패턴은 경험의 깊이만큼 보입니다

일반투자자와 전문투자자의 가장 큰 차이는 투자 경험의 깊이에 있습니다. 경험이 부족한 일반투자자는 시장에서 잦은 실수를 저지르기 쉽습니다. 반면, 전문투자자들은 오랜 기간 수많은 시행착오를 거쳐 자신만의 투자 원칙과 노하우를 터득했기 때문에 실수를 최소화할 수 있습니다.

'1만 시간의 법칙'이 있습니다. 이 법칙은 한 분야에서 진정한 전문가가 되려면 1만 시간가량의 노력이 필요하다는 것을 의미합니다. 하루 3시간씩 투자한다고 가정하면 약 10년의 시간이 걸리는 셈입니다. 1만 시간이라는 절대적인 숫자가 아니더라도, 해당 분야에서 오랜 기간 끊임없이 노력해야 함을 강조하는 뜻으로 이해할 수 있습니다.

차트분석을 할 때는 다양한 형태의 패턴이 나타납니다. 문제는 이 패턴들이 교과서처럼 정형화된 모습이 아니라 변형되거나 혼합된 형태로 나타나는 경우가 훨씬 많다는 점입니다. 그렇기에 숙련된 전문가들조차도 숨겨진 주가 패턴을 즉시 파악하지 못하는 때가 있습니다. 전문가들도 찾기 힘든 패턴을 일반투자자가 '척 보면 안다'고 쉽게 말하기는 더욱 어렵습니다.

　따라서 패턴을 한눈에 파악하고 그 의미를 이해하려면 방대한 경험이 필수입니다. 전업 투자가가 아닌 이상 하루 종일 차트만 들여다볼 수는 없습니다. 하지만 차트분석을 처음 시작할 때는 최소 1년 정도는 매일 1시간씩이라도 꾸준히 차트를 관찰해야 합니다. 차트가 눈에 익어야만 그 속에서 주가 흐름과 거래량 변화에 대한 깊은 이해가 생겨납니다. 이러한 기본기가 갖춰진 바탕 위에서 비로소 차트 패턴이 명확하게 보이기 시작합니다.

　누구나 빨리 큰 수익을 얻고 싶어 하는 마음은 이해합니다. 하지만 '마음이 급하다고 바늘허리에 실을 묶어 바느질할 수 없다'는 옛말처럼 투기적인 급한 마음은 금물입니다. 차트 패턴의 기본을 착실히 습득하고, 그 후에 다양한 변형 패턴을 연구하면 차트를 통해 주가를 예측하는 능력을 한층 더 발전시킬 수 있습니다.

　"차트는 많이 보는 사람이 승자입니다."

주식시장에도 패턴이 있습니다

차트분석을 기초로 하는 기술적 분석은 과거의 주가와 거래량을 연구하는 것입니다. 특히 기술적 분석의 가정 가운데 하나가 '주가는 스스로 그 패턴을 반복하는 성질을 가지고 있다'입니다. 즉, 과거에 주가가 상승한 경우가 있다면 주가가 상승하기 전에 어떤 움직임이 있었는지, 그리고 주가가 하락한 경우가 있다면 하락하기 전에 어떤 움직임이 있었는지를 면밀히 조사·분석해서 정리해놓으면 앞으로 그와 비슷한 패턴의 주가 움직임이 있을 경우 과거 패턴을 바탕으로 향후 주가의 방향을 예측할 수 있다는 것입니다. 이것이 바로 패턴분석입니다.

따라서 패턴분석을 통해 주가가 변동하기 이전의 주가 흐름을 정형화해서 확률적으로 발생 가능성이 높은 주가 흐름을 예측할 수 있습니다.

패턴의 반전과 지속을 확인하세요

패턴분석에는 특정 패턴이 완성된 이후 주가의 흐름이 이전의 추세와 반대로 움직이는 반전형 패턴과 특정 패턴이 완성된 이후 주가의 흐름이 이전의 추세와 같은 방향으로 움직이는 지속형 패턴이 있습니다.

반전형 패턴 ▶ 주가가 상승추세에 있다가 패턴이 완성되고 나면 하락추세로 전환된다든지, 반대로 주가가 하락추세에 있다가 패턴이 완성되고 나면 상승추세로 전환되는 것을 말합니다.

지속형 패턴 ▶ 상승추세에 있던 주가가 잠시 쉬는 동안 상승지속형 패턴을 만들고, 패턴이 완성되고 난 이후 계속해서 상승추세를 이어가는 것을 말합니다. 반대로 하락추세에 있던 주가가 잠시 쉬는 동안에 하락지속형 패턴을 만들고 패턴이 완성된 이후에는 하락추세를 이어가는 것을 말합니다.

주가 움직임에서 이런 패턴을 확인하는 것은 향후 주가의 향방을 가늠할 수 있는 중요한 잣대가 될 수 있습니다. 때문에 시장에서 주가의 움직임이 어떤 패턴을 만들어가고 있는지를 항상 눈여겨봐야 합니다.

고수의 팁 ▶ 패턴분석의 한계

패턴분석은 많은 투자자가 매매 시점을 판단하는 근거로 사용합니다. 하지만 패턴분석의 단점은 과거의 패턴이 앞으로도 똑같이 되풀이되지 않는 경우가 많다는 것입니다. 따라서 패턴분석은 독자적인 분석 방법으로 사용하기보다 거래량 분석과 함께 해야 더욱 유용합니다. 즉, 미래의 주가 움직임을 예측할 때는 기본적인 봉차트, 추세선, 이동평균선 등을 우선적으로 보고 패턴은 참고로 보는 것이 좋습니다. 여기에 보조지표를 함께 보면 신뢰도를 더욱더 높일 수 있습니다.

주가 움직임이 반대로 움직인다면?

02

반전형 패턴은 앞서 살펴본 바와 같이 이전의 주가 움직임과는 반대 방향으로 전환되는 주가 패턴을 말합니다. 삼중천장형과 삼중바닥형의 헤드앤숄더 패턴, 이중천장형과 이중바닥형의 이중형 패턴, 원형천장형과 원형바닥형의 원형 패턴, 주가가 발산되는 모양의 확대형 패턴, 급격한 등락이 나타나는 V자형 패턴, 그리고 주가가 횡보하는 선행 패턴 등이 있습니다.

한 걸음 더

반전형 패턴은 '형태'보다 '과정'을 봅니다

반전형 패턴은 모양이 완성되었는지가 아니라, 형성되는 과정에서 힘이 어떻게 약해지는지를 보는 것이 핵심입니다. 특히 고점이나 저점이 갱신되지 않으면서 거래량이 줄어드는 흐름이 반복된다면, 이는 추세 전환의 신호로 해석할 수 있습니다. 반전은 항상 서서히 준비됩니다.

헤드앤숄더형 패턴

헤드앤숄더 패턴, 즉 삼중천장형은 대표적인 반전형 패턴으로, 완성될 경우 주가가 상승추세에서 하락추세로 전환될 가능성이 높아집니다. 이름 그대로 왼쪽 어깨, 머리, 오른쪽 어깨의 세 봉우리로 구성되며, 상승과 하락이 3차례 반복되는 구조를 보입니다. 가운데 가장 높은 봉우리를 머리라 하고, 그 좌우의 봉우리를 각각 왼쪽 어깨와 오른쪽 어깨라고 부릅니다.

이 패턴이 형성되는 과정에는 몇 가지 뚜렷한 특징이 있습니다. 먼저 왼쪽 어깨는 주가가 주추세선을 따라 큰 폭으로 상승하면서 거래량이 크게 증가하는 구간으로, 세 봉우리 중 가장 많은 거래량이 동반되는 경우가 많습니다. 이는 상승 에너지가 아직 충분히 살아 있음을 의미합니다.

머리 부분은 두 번째 상승으로, 왼쪽 어깨보다 더 높은 고점을 형성하지만 하락 시에는 대체로 왼쪽 어깨의 저점 수준까지 밀리는 특징을 보입니다. 이 구간에서도 거래량은 증가하지만, 왼쪽 어깨 때보다는 줄어드는 경우가 일반적입니다. 이는 상승 힘이 점차 약해지고 있음을 시사합니다. 오른쪽 어깨는 세 번째 상승 구간으로, 주가가 머리의 고점을 넘지 못

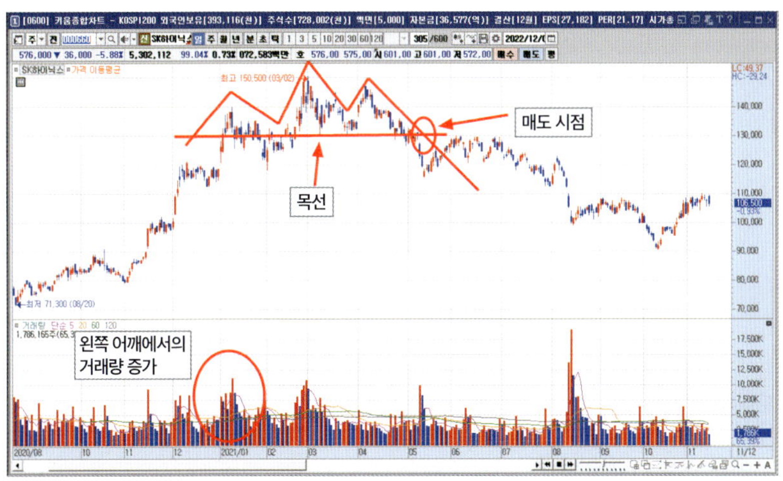

헤드앤숄더: 오른쪽 어깨가 목선을 하향 돌파할 때가 매도 시점입니다.

하고 이전 하락 폭의 절반 또는 3분의 2 수준까지만 반등한 뒤 다시 하락합니다. 이때 가장 두드러지는 특징은 상승 과정에서 거래량이 현저히 감소한다는 점입니다. 거래량의 감소는 주가를 끌어올릴 에너지가 거의 소진되었음을 의미하며, 이후 하락전환 가능성을 강하게 암시합니다.

역헤드앤숄더 패턴, 즉 삼중바닥형은 삼중천장형을 거꾸로 뒤집은 모습으로, 주가가 하락추세에서 상승추세로 전환될 때 나타나는 대표적인 반전 패턴입니다. 구조는 동일하지만 방향이 반대이며, 가장 큰 차이는 거래량의 흐름에 있습니다.

삼중바닥형에서는 왼쪽 어깨에서 머리, 그리고 오른쪽 어깨로 갈수록 거래량이 점차 증가하는 경향을 보입니다. 특히 오른쪽 어깨 구간에서 가장 많은 거래량이 발생하는 경우가 많은데, 이는 이 패턴에서 중요한 저항선인 목선neckline을 돌파하기 위해 강한 매수 에너지가 필요하기 때문입니다. 따라서 거래량을 동반한 목선 돌파는 삼중바닥형이 실제 상승반전으로 이어질 가능성을 높여주는 핵심 신호로 해석됩니다.

역헤드앤숄더: 오른쪽 어깨가 목선을 상향 돌파할 때가 매수 시점입니다.

이중형 패턴

이중형 패턴은 주가가 2개의 고점이나 저점을 형성하며 추세 전환을 암시하는 대표적인 반전 패턴입니다. 먼저 이중천장형은 2개의 봉우리가 만들어지는 형태로, 상승추세가 마무리 국면에 접어들었음을 알려주는 신호로 해석됩니다.

이중천장형: 첫 번째 봉우리의 저점을 하향 돌파할 때 매도합니다.

일반적으로 첫 번째 고점이 두 번째 고점보다 높게 형성되며, 거래량 역시 첫 번째 봉우리에서 더 많이 나타나는 경우가 많습니다. 이는 초기 상승 에너지가 점차 약해지고 있음을 의미합니다. 이중천장형에서는 첫 번째 봉우리의 저점을 하향 돌파할 때를 매도 시점으로 판단하며, 하락 목표치는 두 봉우리의 높이 차이, 즉 첫 번째 봉우리의 길이만큼을 기준으로 설정할 수 있습니다. 이 패턴은 2개의 봉우리를 형성하는 데 1개월 이상 비교적 긴 시간이 소요되거나, 주가의 변동 폭이 클수록 신뢰도가 높다고 평가됩니다.

이중천장형을 거꾸로 뒤집은 형태가 바로 이중바닥형입니다. 이 패턴은 하락추세에서 상승추세로의 전환 가능성을 보여주며, 두 번째 바닥이 첫 번째 바닥보다 높게 형성되고 기울기도 보다 완만한 것이 특징입니다. 특히 두 번째 바닥에서 반등이 시작될 때 거래량이 뚜렷하게 증가하는데, 이는 위쪽 저항을 돌파하기 위한 매수 에너지가 충분히 유입되고 있음을 의미합니다.

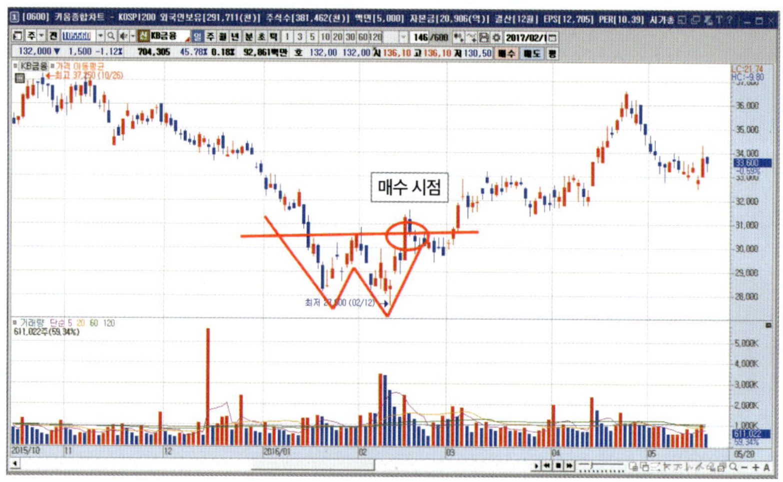

이중바닥형: 첫 번째 봉우리의 고점을 상향 돌파할 때 매수합니다.

이중바닥형에서는 첫 번째 바닥이 비교적 날카롭게 형성되는 반면, 두 번째 바닥은 완만하게 만들어지는 경우가 많아 시장에서는 흔히 '짝궁둥이 패턴'이라고도 부릅니다. 매수 시점은 첫 번째 고점, 즉 중간 고점을 상향 돌파하는 순간으로 판단하며, 상승 목표치는 첫 번째 바닥에서 고점까지의 폭만큼을 기준으로 설정하는 것이 일반적입니다.

반전형 패턴은 늦게 들어가도 늦지 않습니다
반전형 패턴은 대부분 형성 시간이 길기 때문에 초반 신호를 놓쳤다고 해서 기회를 잃는 것은 아닙니다. 오히려 패턴이 명확해진 뒤 진입해도 충분한 추세 구간이 남아 있는 경우가 많습니다. 반전형 패턴에서는 속도보다 확신이 더 중요합니다.

원형 패턴

원형바닥형은 접시 모양을 하고 있는 패턴입니다. 거래량의 움직임이 주가의 모양과 비슷하게 원형바닥을 이룬다는 게 특징입니다. 원형천장형은 원형바닥형을 뒤집어 놓은 모양으로 생각하면 됩니다.

원형 패턴은 확인이 쉬우며, 주가 이동 방향과 추세 전환 시점을 서서히 그리고 정확하게 가르쳐줍니다. 따라서 매매 전략을 수립하는 데 충분한 시간적 여유를 준다는 장점이 있습니다. 하지만 선도주처럼 탄력적으로 움직이는 종목에서는 좀처럼 나타나지 않는 패턴입니다. 원형 패턴은 완성되는 시간이 길다 보니 가장 신뢰할 만한 패턴으로 평가받습니다.

원형바닥형

확대형 패턴

확대형은 좁은 폭으로 움직이던 주가의 등락 폭이 점점 확대되는 패턴을 말합니다. 즉, 주가의 고점은 더 높아지고 저점은 더 낮아지는 모습을 보입니다.

이는 주가 변동이 발산하는 형태를 보인다는 뜻인데요. 대체로 투자심리가 불안해질수록 그 변동 폭이 커집니다. 확대형이 진행되는 과정에서 주가의 변동 폭뿐만 아니라 거래량도 증가하는데 이는 투자자들의 심리가 매우 불안한 상태를 보여주는 것입니다. 일반적으로 확대형은 거래량이 활발하면서 시장이 상승추세를 보이고 있을 때 주로 나타나는 경향이 높기 때문에 상승추세의 말기적 현상으로 이해하면 됩니다. 따라서 확대형이 나타난 이후에는 대부분 주가가 큰 폭으로 하락합니다.

확대형: 확대형 증세가 나타나면 주가가 큰 폭으로 하락하므로 매도합니다.

V자형 패턴

V자형은 상승 혹은 하락의 급격한 모멘텀 변화에 의해 발생하여 강세장과 약세장에서 예고도 없이 급격하게 추세의 전환이 나타납니다. 이 패턴은 너무 급하게 나타나기 때문에 시간이 흐른 뒤에 확인되는 경향이 있습니다. V자 바닥형은 올라갈 때의 기울기가 좀 더 완만하고 V자 천장형은 떨어질 때의 기울기가 더 가파르다는 특징이 있습니다. 왜냐하면 떨어질 때는 급하게 떨어지고, 반대로 올라갈 때는 매물을 소화하느라 상대적으로 힘에 부치기 때문입니다.

V자 천장형

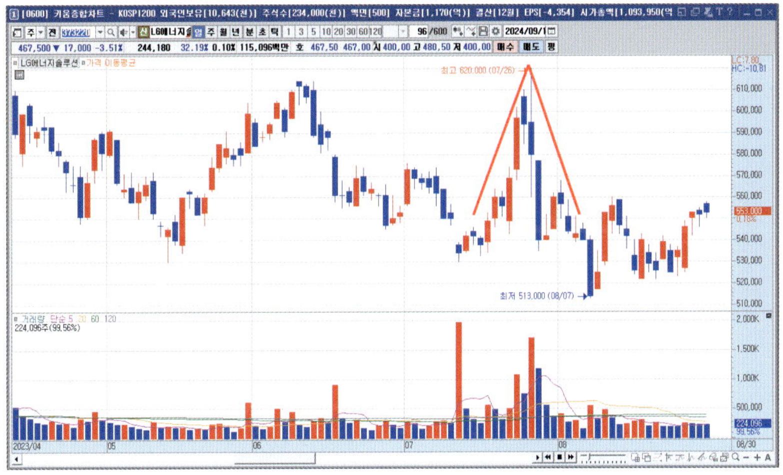

V자 바닥형

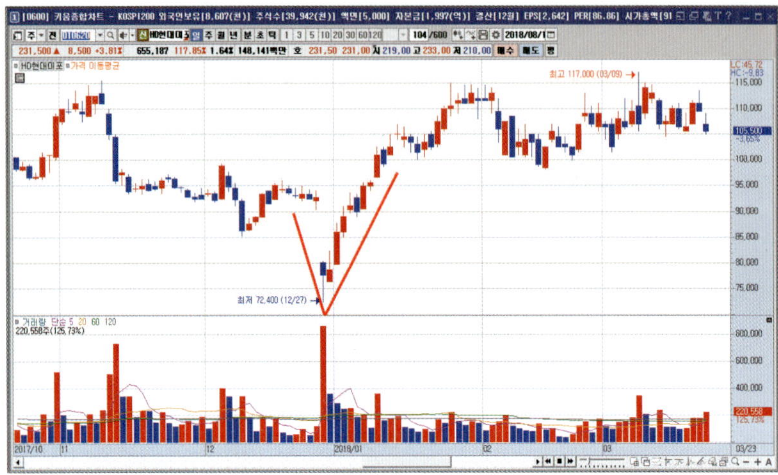

지속형 패턴 매매 전략
이전의 추세가 이어진다면?

지속형 패턴은 패턴이 완성된 이후 이전의 추세를 계속해서 이어가는 패턴입니다. 즉, 상승하던 주가가 지속형 패턴이 완성되고 나면 재차 상승하고, 하락하던 주가가 지속형 패턴이 완성되고 나면 재차 하락하는 모습을 보이는 것입니다. 지속형 패턴에는 상승삼각형, 하락삼각형, 대칭삼각형의 삼각형 패턴, 단기간에 주가의 급등락 이후 나타나는 깃발형과 페넌트형 패턴, 저항선과 지지선이 한곳으로 모이는 쐐기형 패턴, 일정한 변동을 보이다가 모형을 돌파하는 직사각형 패턴, 확산형과 삼각형이 결합한 형태인 다이아몬드형 패턴 등이 있습니다.

한 걸음 더

지속형 패턴은 에너지 축적을 봅니다
지속형 패턴은 추세가 멈춘 것이 아니라 잠시 숨을 고르는 과정입니다. 이 구간에서는 방향을 예측하기보다 변동 폭이 줄어들고 거래량이 감소하는지를 확인하는 것이 중요합니다. 에너지가 충분히 축적된 이후에야 기존 추세가 다시 힘을 얻습니다.

삼각형 패턴

삼각형은 차트상에서 가장 빈번하게 나타나는 지속형 패턴 가운데 하나입니다. 삼각형은 반복적인 등락을 하는 동안 점점 그 등락 폭이 줄어들어 전체적인 주가의 움직임이 삼각형 모양을 이루게 됩니다. 즉, 주가의 변동성이 점차 줄어들어 하나의 꼭짓점으로 수렴하는 모습을 보이는 패턴으로 시장에서는 주가가 에너지를 축적하는 과정으로 봅니다.

삼각형에서 고점들을 이은 추세선은 저항선, 저점들을 이은 추세선은 지지선으로서의 역할을 하게 되는데 결국 마지막에는 내려오는 저항선과 올라가는 지지선이 하나의 점에서 만나게 됩니다. 삼각형 패턴에는 대칭삼각형, 상승삼각형, 하락삼각형이 있습니다. 실제 차트를 통해 하나씩 살펴봅시다.

대칭삼각형

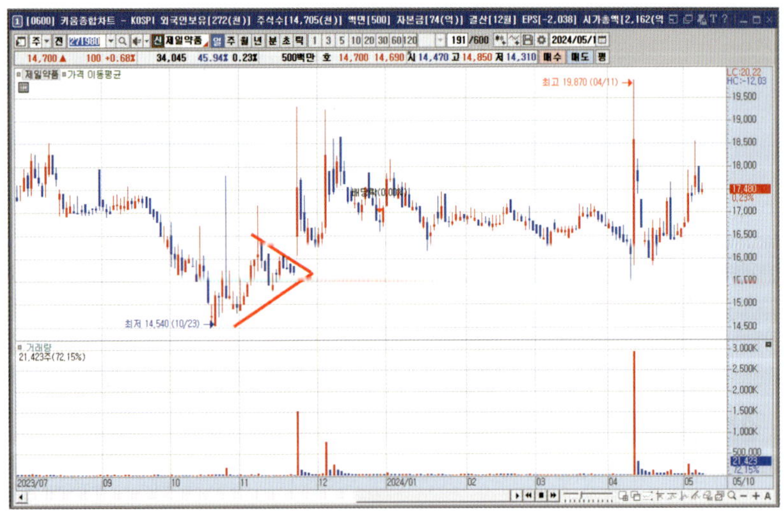

삼각형을 돌파하는 시점에서 매수하면 됩니다.

대칭삼각형은 매도세와 매수세가 균형을 이루어 고점들은 낮아지고 저점들은 높아지지만, 종국에는 기존의 추세와 같은 방향으로 진행되는 추세지속형 패턴입니다.

상승삼각형은 고점의 저항에 직면하지만, 저점을 높이면서 매수세가 강화되는 패턴입니다. 주가가 상승하는 도중에 자주 나타나기 때문에 향후 주가의 지속적인 상승을 예고하는 신호로 받아들입니다. 상승삼각형이 확인되면 이전 상승분만큼 추가 상승이 예상됩니다.

상승삼각형

삼각형을 돌파하는 시점에서 매수하면 됩니다.

하락삼각형은 저점이 지지선을 형성하지만 고점들은 낮아지면서 매도세가 강화되는 패턴으로, 주가 하락을 예고하는 신호로 받아들입니다. 하락삼각형이 확인되면 이전 하락분의 길이만큼 추가 하락이 예상됩니다.

하락삼각형: 삼각형을 돌파하는 시점에서 매수하면 됩니다.

깃발형과 페넌트형 패턴

깃발형Flag Pattern과 페넌트형Pennant Pattern은 주가가 급등락한 이후 주가의 움직임이 일시적으로 이전과 반대 방향으로 움직이면서 잠시 횡보하는 국면에서 나타나는 패턴입니다. 즉, 주가가 수직에 가깝게 급등한 이후 살짝 조정을 받는다든지, 주가가 수직에 가깝게 떨어지다가 잠시 반등하는 국면에서 나타납니다. 이들 패턴은 수직에 가까운 깃대가 나타나고 중간에 깃발이 나부끼는 보양을 하고 있습니다. 앞으로 주가의 예상 목표치는 이전의 깃대 길이만큼 더 움직일 것으로 예상할 수 있습니다.

깃발형과 페넌트형에는 상승형과 하락형이 있습니다. 상승형은 수직에 가까운 상승 이후 잠시 반락이 나타나는 것으로 패턴이 완성된 이후에는 재차 상승할 것으로 예상됩니다. 하락형은 수직에 가까운 하락 이후 잠시 반등이 나타나는 것으로, 패턴이 완성된 후 재차 하락할 것으로 예상됩니다.

상승형(위), 하락형(아래): 상승돌파 또는 하락돌파하는 시점에서 매매하면 됩니다.

쐐기형 패턴

쐐기형은 고점을 연결하는 저항선과 저점을 연결하는 지지선이 서로 평행하지 않고 두 선이 점점 좁아져 한곳으로 모이는 형태를 나타냅니다. 자칫 삼각형 모형과 혼동할 수 있는데 쐐기형과 삼각형은 차이가 있습니다. 먼저 대칭삼각형의 경우 두 추세선의 방향이 서로 다르고 상승삼각형이나 하락삼각형의 경우는 어느 한쪽의 추세선이 거의 수평을 이룹니다. 하지만 쐐기형은 깃발형처럼 아래위 두 추세선이 모두 같은 방향을 향하고 있다는 것입니다. 쐐기형은 상승쐐기형과 하락쐐기형으로 구분됩니다.

하락쐐기형은 상승추세 이후 조정 과정에서 쐐기형이 만들어지고 나서 재차 상승하는 상승지속 패턴입니다. 급상승에 대한 경계심리, 이익 실현, 저가 매수 등으로 저항선의 기울기가 지지선의 기울기보다 더 급하게 하락하며 이 패턴이 완성된 이후에는 계속 상승하게 됩니다.

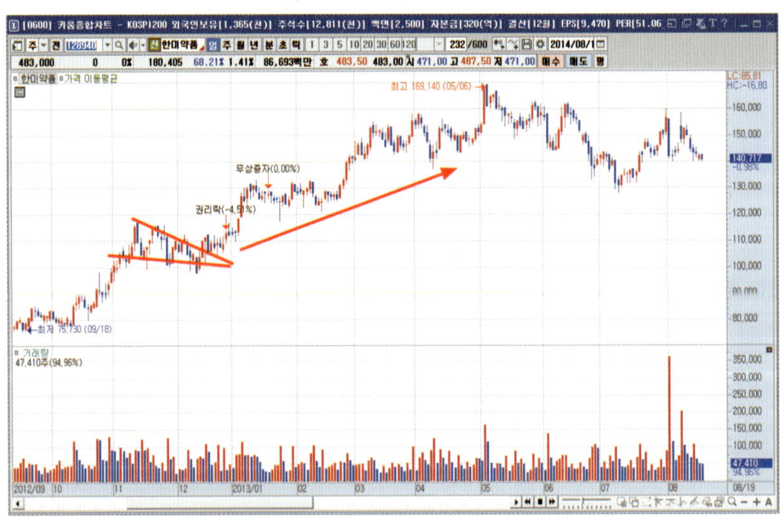

하락쐐기형: 쐐기패턴을 상향돌파하는 시점에서 매수하면 됩니다.

상승쐐기형은 하락추세 이후 반등 과정에서 쐐기형이 만들어지고 나서 재차 하락하는 하락지속 패턴입니다.

상승쐐기형: 쐐기패턴을 하향돌파하는 시점에서 매도하면 됩니다.

거래량의 경우 일반적으로 쐐기형의 진행 도중에는 감소하는 경향이 있으며, 패턴이 완성된 이후 추세선 돌파 시점에 다시 거래량이 증가하는 경향이 있습니다.

직사각형 패턴

직사각형은 매도 세력과 매수 세력이 서로 균형을 이루고 있으나 거래가 활발하지 못한 경우에 나타납니다. 수 주일에서 수개월에 걸친 장기간 동안 매수와 매도 세력이 서로 균형을 이루면서 횡보하는 모양으로, 위쪽과 아래쪽의 저항선과 지지선이 수평으로 평행선을 이루고 있습니다.

직사각형은 지속형 패턴으로 거의 모든 경우에 기존 추세가 그대로 유지됩니다. 주가의 위쪽 수평선은 강력한 저항선으로, 아래쪽 수평선은 강력한 지지선으로 작용하며 주가가 뚜렷한 방향을 찾지 못하고 소폭의 등락만을 거듭하면서 거래량이 감소하는 형태를 보입니다. 직사각형은 박스권 움직임이라고도 합니다. 저항선에 접근 시 매도, 지지선에 접근 시 매수하는 전략을 세우는 것이 좋으며, 저항선을 상향 돌파하거나 지지선을 하향 돌파하는 경우 추세 매매를 시도하면 됩니다.

다이아몬드형 패턴

다이아몬드형은 확대형과 대칭삼각형이 서로 합쳐진 모양으로, 주가에 큰 변동이 있고 난 후 많이 나타나는 패턴입니다. 다이아몬드형이 형성되는 동안 주식시장은 과열된 상황에서 점차 안정되는 과정을 보여줍니다.

다이아몬드형은 패턴이 형성된 초기에는 거래량이 크게 증가하지만 점차 주가가 수렴하면서 거래량도 감소합니다. 이는 불안정한 투자심리가 점차 안정되면서 이전의 추세 방향과 같은 방향으로 주가가 지속되는 것입니다. 다이아몬드형이 완성되면 대체로 상승하는 경우가 많은데, 수렴하는 삼각형을 상향돌파할 때 매수하면 됩니다.

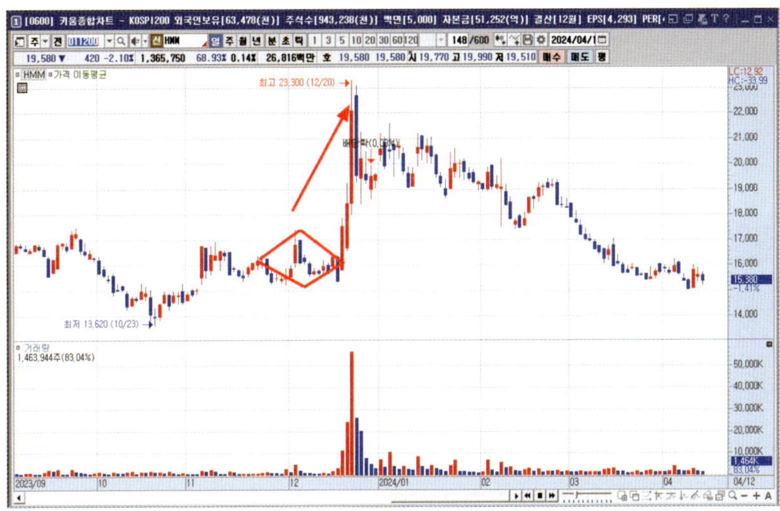

[HTS에서 자동 패턴 검색하기]

HTS에서는 차트의 패턴을 자동으로 살펴볼 수 있는 기능이 있습니다. 정형화된 패턴을 자동으로 그려주는 기능으로 다음과 같이 설정할 수 있습니다. 다음 화면의 오른쪽 차트 툴바에 표시된 버튼(❶)을 누르면 차트에서 보이는 것처럼 패턴을 자동으로 알려줍니다.

　다만, 이 기능의 단점은 현재 주가가 진행 중일 때는 그 패턴을 표시해
주지 못한다는 것입니다. 따라서 과거의 패턴을 이용해서 미래를 예측하
는 참고 자료로만 사용해야 합니다.

상승과 하락의 분기점에서 읽어낸 차트의 진짜 신호

차트에서 같은 모양을 봐도, 누군가는 기회를 보고 누군가는 위험을 봅니다. 그 차이를 만드는 것은 패턴 자체가 아니라, 그 패턴이 어떤 맥락에서 등장했는지를 읽어내는 능력입니다. 이번에는 챗GPT가 상승깃발형, 헤드앤숄더형, V자 천장형 이후의 움직임처럼 서로 다른 패턴들을 어떻게 구분하고 해석하는지를 살펴봅니다. AI는 "이 패턴이 맞다"라고 단정하기보다는 가격의 흐름과 거래량, 추세의 위치를 함께 보며 지금이 추세의 연장인지, 전환의 시작인지를 판단합니다. 실제 사례를 통해 패턴을 외우는 분석이 아니라 패턴을 활용해 대응 전략을 세우는 사고방식이 어떻게 만들어지는지를 구체적으로 정리해봅니다.

Q1) 다음 차트에서 표시한 부분 이후 상승하는 힘이 커진 것 같아. 이 부분에 해당하는 패턴이 있는지, 또 그 패턴을 통해 전반적인 차트의 흐름을 분석해주고, 해당 종목에 대한 종합적인 의견을 말해줘.

[전문가 해설]

알테오젠 상승깃발형: 최근 주가 상승 과정에서 상승깃발형이 나오는 종목이 많습니다.

[챗GPT 분석]

이 차트에서 동그라미로 표시된 구간은 전형적인 상승깃발형 패턴으로 해석할 수 있습니다. 이 패턴을 중심으로 차트의 흐름을 살펴보면, 이 종목이 단기 반등을 넘어 추세 속에서 움직이고 있는 종목이라는 점이 비교적 분명하게 드러납니다.

먼저 패턴 이전의 흐름을 보면, 가격은 한 차례 힘 있는 상승을 보여줍니다. 이 구간은 단순히 가격이 오른 것이 아니라, 이전 고점을 돌파하며 상승 에너지가 명확히 분출된 국면입니다. 상승깃발형 패턴은 이런 강한 상승이 먼저 나와야만 성립하는데, 이 차트는 그 전제 조건을 충분히 갖추고 있습니다.

이후 동그라미 구간에서는 가격이 급락하지 않고, 비교적 좁은 범위 안에서 완만하게 밀리거나 옆으로 움직입니다. 중요한 점은 이 조정이 하락추세로 이어지지 않았다는 것입니다. 고점에서 급하게 무너지는 대신, 고점 아래에서 가격을 정리하며 에너지를 다시 모으는 모습입니다. 이는 상승 이후 차익실현 매물이 나오긴 했지만, 매도 물량을 받아주는 수요가 여전히 존재했음을 의미합니다. 상승깃발형 패턴의 핵심인 시간 조정이 비교적 안정적으로 진행된 구간이라고 볼 수 있습니다.

이 패턴 이후 차트는 다시 위쪽으로 방향을 잡으며 상승을 이어갑니다. 이는 앞선 상승이 일회성 이벤트가 아니라, 추세의 일부였다는 점을 확인시켜주는 움직임입니다. 특히 패턴 이후의 상승이 이전 고점을 다시 시험하고, 가격대를 한 단계 위로 끌어올렸다는 점에서 이 종목은 단기 테마주보다는 중기 추세형 종목에 가까운 성격을 보여줍니다.

종합적으로 보면, 이 차트는 '강한 상승 → 상승깃발형 조정 → 추세 재개'라는 교과서적인 흐름을 따르고 있습니다. 이는 시장이 이 종목을 단기 매매 대상으로 소비한 것이 아니라, 상승 흐름을 전제로 가격을 재평가하고 있는 과정으로 해석할 수 있습니다.

해당 종목에 대한 종합적인 의견을 정리하면, 이미 상승이 상당 부분 진행된 만큼 무리한 추격 매수는 부담스러울 수 있습니다. 다만 추세 자체는 아직 살아 있기 때문에 향후에도 접근한다면 급등을 좇기보다는 조정이나 눌림이 다시 나타나는 구간에서 추세 훼손 여부를 확인하며 대응하는 전략이 보다 합리적입니다.

Q2) 다음 차트에 적용할 수 있는 패턴과 이 차트의 전반적인 흐름, 주목해야 할 포인트를 전문가의 관점에서 짚어줘.

[전문가 해설]

엔켐 변형된 헤드앤숄더: 삼봉형 또는 헤드앤숄더형은 반전형인데, 엔켐의 경우 조금 변형된 모습입니다. 여기서 주목해야 하는 포인트는 거래량입니다. 거래량은 전형적인 하락반전 패턴을 보여줍니다.

[챗GPT 분석]

이 차트는 헤드앤숄더형 패턴이 완성되면서 상승추세가 하락추세로 전환된 흐름을 보여주고 있습니다. 전문가의 관점에서 보면, 이 패턴은 단순한 모양이 아니라 시장 힘의 균형이 어떻게 바뀌었는지를 비교적 명확하게 드러내는 구조입니다.

먼저 패턴 형성 이전을 보면, 가격은 강한 상승을 거치며 고점과 저점이 빠르게 높아집니다. 이 구간에서는 거래량도 활발해 시장의 관심과 매수 에너지가 충분히 실려 있었음을 알 수 있습니다. 즉, 이 종목은 한동안 상승추세의 중심에 있었던 상태입니다.

이후 왼쪽 어깨와 머리 구간을 거치면서 중요한 변화가 나타납니다. 머리 부분에서 이전 고점을 넘기기는 했지만, 상승 탄력이 둔화하고 고점 부근에서 변동성이 커집니다. 이는 새로운 매수세가 더 높은 가격을 받아주기보다는 기존 보유자들의 차익실현이 늘어나기 시작했음을 의미합니다. 다시 말해, 가격은 올랐지만 내부적으로는 매수 우위가 약해지고 있던 국면입니다.

오른쪽 어깨 구간에서는 이 변화가 더욱 분명해집니다. 가격이 다시 반등을 시도하지만, 머리에서 만든 고점을 넘지 못하고 더 낮은 고점에서 막히는 모습을 보입니다. 이는 상승추세가 더 이상 이어지기 어렵다는 신호로, 시장의 시선이 추가 상승에서 이탈 가능성으로 이동했음을 보여줍니다.

이 패턴에서 가장 주목해야 할 포인트는 목선 이탈 이후의 흐름입니다. 차트에서도 목선이 무너진 뒤 반등 시도가 매우 제한적이며, 이후 가격은 점차 낮은 고점과 낮은 저점을 만들며 하락추세로 진입합니다. 특히 거래량이 상승구간보다 점차 줄어드는 모습은 상승에 대한 기대가 상당 부분 소진되었음을 뒷받침합니다.

종합적으로 보면, 이 헤드앤숄더형 패턴은 '강한 상승 → 고점에서의 힘 약화 → 반등 실패 → 추세 전환'이라는 흐름을 보여줍니다. 이런 패턴이 완성된 이후에는 상승 관점보다는 방어적 시각에서 추세를 재평가하는 전략이 훨씬 합리적인 대응이라고 할 수 있습니다.

Q3) 다음 차트를 종합적으로 분석해서 어떤 패턴을 보이고 있는지, 향후 어떤 전략을 취할 수 있는지 설명해줘.

[전문가 해설]

고려아연 V자 천장형 이후 주가 상승 이유: 고려아연은 V자 천장형을 만든 이후 주가가 조정을 받지 않고 상승하는 모습을 보여주는데, 이는 MACD상 시그널 선의 골든크로스와 지표의 양 전환이 나타나면서 조정이 길어지지 않고 상승하는 모습을 보이는 것이 핵심입니다.

[챗GPT 분석]

이 차트는 종합적으로 보면 장기 박스권(바닥) → 거래량 폭발을 동반한 추세 전환 돌파 → 고점권 조정(재정렬) → 재상승 시도라는 흐름을 보여줍니다. 즉, 단기 반등이라기보다 상승추세가 새로 만들어진 뒤 2차 파동을 준비하는 전형적인 구조에 가깝습니다.

먼저 왼쪽 구간을 보면 오랜 기간 큰 방향성 없이 움직이며 에너지를 축적합니다. 그러다 빨간 박스 구간에서 장대양봉과 함께 거래량이 비정상적으로 급증하면서 가격대가 한 단계 점프합니다. 이런 장면은 보통 시장에서 평가가 바뀌는 순간입니다.

수급이 한 번에 쏠리면서 기존 매물대를 단숨에 넘어섰고, 이 시점부터는 차트의 성격이 박스권 종목에서 추세형 종목으로 전환됩니다.

돌파 이후가 더 중요합니다. 급등 다음에 곧바로 무너지는 대신, 가격이 고점권에서 내려왔다가 다시 정리되며 높은 가격대에서 버티는 조정이 나타납니다. 이는 상승깃발(또는 컵-핸들에 가까운 고점권 핸들) 성격으로 볼 수 있습니다. 즉, 상승을 끝내는 분배라기보다는 급등의 과열을 식히고 물량을 소화하는 과정에 가깝습니다. 차트 하단의 MACD(표시한 원 부분)도 저점에서 회복해 올라오는 모습이라면, 기술적으로도 중기 추세가 재가속될 여지를 뒷받침합니다.

다만 이런 차트는 전략을 예측이 아니라 대응으로 짜는 편이 좋습니다. 이미 급등이 있었기 때문에 지금 자리에서 무리하게 추격하면 흔들릴 때 스트레스를 받기 쉽습니다. 가장 합리적인 시나리오는 2가지입니다.

첫째, 전고점 부근을 돌파하며 거래량이 다시 붙는 재상승 시나리오입니다. 이 경우에는 돌파가 확인된 뒤 일부 비중으로 따라가되, 다음 눌림에서 추가하는 방식이 안정적입니다.

둘째, 고점권에서 한 번 더 조정이 깊어지는 시나리오입니다. 이때는 급등이 시작된 구간(돌파 지점)이나 주요 이동평균선 근처에서 지지 여부를 확인한 뒤 분할 접근하는 전략이 더 유리합니다.

5장

매매 시점을 결정하는 보조지표 완전정복

결자해지, 기술적 분석의 원칙

주식 차트분석의 기본 자료는 일봉과 거래량입니다. 그러나 이 2가지 자료만으로는 주가 예측에 한계가 생기면서, 주가와 거래량을 특정 원칙에 따라 조합하여 보조적인 지표들을 만들어내기 시작했습니다. 이 때문에 기술적 지표를 보조지표라고 부릅니다.

기술적 지표는 그 종류가 매우 많습니다. 현재 사용되는 지표만 해도 100가지가 넘는 상황입니다. 이 모든 지표를 다 알 필요는 없지만, 시장에서 자주 사용되는 기본적인 지표들은 숙지할 필요가 있습니다.

중요한 것은 이 지표들을 어떻게 사용하느냐입니다. 여기에 결자해지 結者解之라는 사자성어의 의미가 적용됩니다. '문제를 일으킨 사람이 해결해야 한다'는 뜻처럼, 기술적 분석에도 원칙이 있어야 합니다. 예를 들어 MACD라는 지표에서 매수 신호가 나와 주식을 매수했다면, 반드시 MACD에서 나오는 매도 신호에 따라 매도해야 합니다.

주식투자는 심리적인 요소가 강합니다. 특히 기술적 분석은 시장의 심리를 간파하는 데 도움을 주는데, 많은 투자자가 수익을 더 얻고 싶은 욕심이나 손실 확정을 두려워하는 성향 때문에 주식을 쉽게 매도하지 못합니다. 예를 들어 MACD를 통해 매수했더라도, 매도 신호가 뜨면 이를 무시하고 '혹시 더 보유하라는 다른 신호는 없을까?' 하고 다른 정보를 찾아 헤매기 쉽습니다. 그러다가 적절한 매도 시점을 놓치고 낭패를 보는 경우가 많습니다.

기술적 분석 지표를 활용한 매매에도 원칙이 존재합니다. 그것은 매수 신호를 보냈던 바로 그 지표가 매도 신호를 보낼 때, 그 신호에 맞춰 매매를 실행해야 한다는 것입니다.

결자해지, 즉 매수 신호를 준 지표를 통해 매도까지 완성해야 흔들림 없이 기술적 지표를 올바르게 사용하는 방법이 됩니다. 상황에 따라 이리저리 우왕좌왕하는 방식으로는 결코 시장을 이길 수 없습니다. 변수가 많은 주식시장에서 살아남는 길은 원칙을 지키는 것임을 항상 기억해야 합니다.

다양한 보조지표 200% 활용법

기술적 분석에서 가장 중요한 자료는 주가와 거래량 자료입니다. 그래서 그래프의 일봉, 주봉, 월봉과 각각의 거래량을 보면서 주식시장을 예측하는 것입니다. 그러나 시장에서는 매매하다 보면 속임수가 나온다든지, 아니면 정확한 예측을 하기 어려운 경우가 발생합니다.

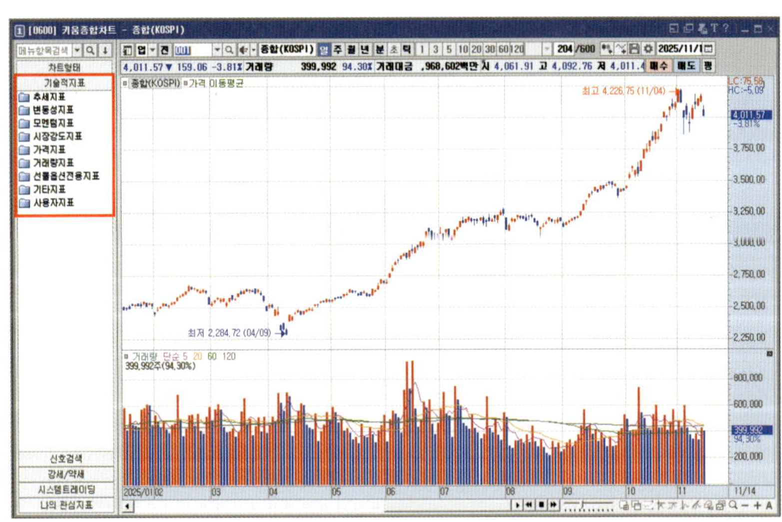

따라서 주가 차트에 더해서 보조적으로 평가할 수 있는 지표들이 필요한 경우가 많습니다. 현재 HTS상에서 제공되고 있는 각종 보조지표에는 추세지표, 변동성지표, 모멘텀지표, 시장강도지표, 가격지표, 거래량지표 등의 범주가 있고, 그 안에 들어가면 매우 많은 지표가 있습니다.

보조지표의 기본 원칙을 이해하세요

처음 HTS를 접하는 초보자들은 수많은 지표를 어떻게 이해하고 매매에 적용할 것인지를 두고 많이 고민하게 됩니다. 그러나 알고 보면 각 지표를 사용하는 방법에는 간단한 원칙이 있습니다. 그 원칙들만 익히면 각 지표가 만들어지는 원리에 따라서 기계적으로 적용할 수 있습니다.

1. '0'선을 기준으로 합니다

지표를 만들 때 (-)값과 (+)값이 교차로 나타나는데, 이때 '0'선을 기준으로 (-) → (0) → (+)로 움직이는 경우에는 '0'에서 매수합니다. 반대로 (+) → (0) → (-)로 움직이면 '0'에서 매도합니다.

2. 일정한 범위를 만들어서 분석합니다

지표들의 값이 0에서부터 100까지의 값을 갖도록 강제로 조정하는 경우가 많습니다. 이때는 75 이상에서는 과열 상태로 보고 매도를, 25 이하에서는 침체 상태로 보고 매수합니다. 그러나 만약 0에서 100까지의 값이 아니고 일정한 주가 범위가 정해지면 상한선에서 매도, 하한선에서 매수합니다.

3. 크로스분석을 합니다

크로스분석으로 단기선과 장기선을 만들어 단기선이 장기선을 아래에서 위로 상향 돌파하는 경우 골든크로스로 판단해서 매수합니다. 반대로 위에서 아래로 하향 돌파하는 경우 데드크로스로 판단해서 매도합니다.

수많은 기술적 지표가 있지만 대체로 이런 기준으로 판단하면 틀림이 없다고 보면 됩니다. 이를 확인하기 위해서 이제부터 각각의 해석 방법에 따라 그에 해당하는 기술적 지표의 작성 방법, 그리고 실제 해석 방법을 같이 설명해보겠습니다. 특히 기준선을 이용하거나 일정한 범위를 설정해서 만든 기술적 지표의 경우 이동평균선을 만들어 크로스분석이 동시에 가능하도록 만든 지표들이 있으므로, 크게 기준선 설정과 범위 설정의 방법을 중심으로 살펴보겠습니다.

[HTS에서 지표 이해하기]

HTS상에서 각각의 지표가 어떻게 구성되어 있는지, 그리고 그 지표들을 이용해서 어떤 해석을 해야 하는지 알아볼 방법이 있습니다.

❶ 차트에서 기술적 지표를 선택합니다.
❷ 선택된 기술적 지표에 마우스를 대고 더블클릭합니다.
❸ 다음과 같은 화면이 나타나면 [설명] 탭을 누릅니다.

이렇게 지표에 대한 설명을 보고 기술적 지표를 자유롭게 사용한다면 지표를 조정하면서 살펴볼 수 있습니다.

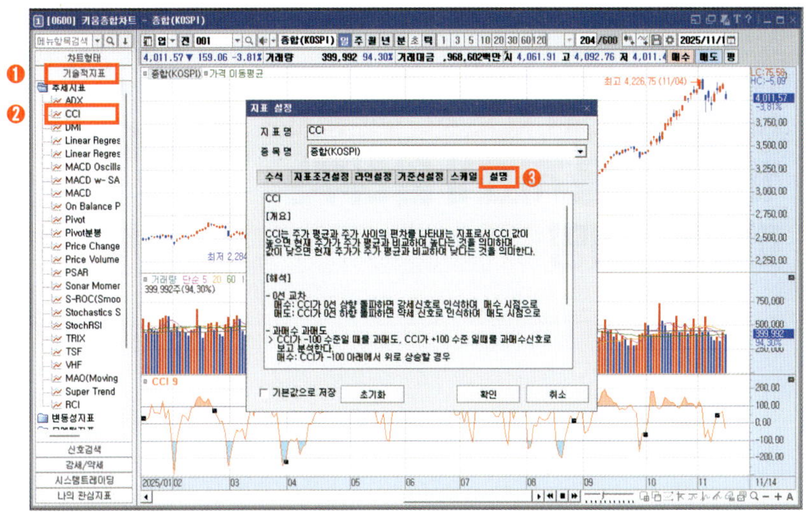

02

기준선 이용 지표가 알려주는 매매 타이밍

기준선을 이용한 지표로 매매 시점을 포착하세요

CCI - 추세지표

CCI Commodity Channel Index는 일정 기간 동안의 주가 평균과 현재 주가의 차이를 측정해, 현재 가격이 평균 대비 어느 수준에 위치해 있는지를 보여주는 지표입니다. 값이 높게 나타나면 주가가 평균보다 높은 상태임을 의미하고, 반대로 값이 낮게 나오면 평균보다 낮은 수준에 있다는 뜻입니다. 이런 특성 때문에 CCI는 주가가 적정 범위에 있는지를 판단하는 데 유용하게 활용됩니다.

CCI는 일반적으로 +100과 -100 사이에서 움직이며, 이 구간을 기준으로 매매 신호를 해석합니다. 0선을 중심으로 CCI가 위로 돌파하면 매수 신호로, 아래로 이탈하면 매도 신호로 보는 것이 기본적인 활용 방식입니다. 또한

> **한 걸음 더**
>
> **CCI는 횡보장에서 줄이고, 추세장에서 늘립니다**
>
> CCI는 추세가 분명할수록 신뢰도가 높아지는 지표입니다. 주가가 박스권에 머물러 있을 때는 잦은 신호가 발생해 혼란을 줄 수 있는데요. 이런 구간에서는 사용을 줄이고, 추세가 형성된 이후에 보조 확인용으로 활용하는 것이 가장 효과적입니다.

+100과 -100 범위 내에서 발생하는 상향·하향 교차는 시세의 전환 지점을 비교적 명확하게 보여줍니다.

실전에서는 CCI가 기준선을 상향 돌파할 때 매수하고, 다시 하향 돌파할 때 매도하는 방식으로 매매 구간을 설정할 수 있습니다. 다만 CCI는 추세가 형성된 구간에서 효과가 더 큰 지표이므로 횡보 구간보다는 상승이나 하락 흐름이 분명한 시장에서 활용하는 것이 바람직합니다.

CCI는 도널드 램버트가 상품선물의 주기적인 흐름을 파악하기 위해 만든 것입니다. 선물, 옵션 등의 파생시장에서 특히 활용도가 높은 기술적 지표입니다. CCI는 다음과 같은 식으로 구할 수 있습니다.

CCI=(M-m)/(d×0.015)
여기서,
M=(고가＋저가＋종가)/3

m=M의 n일 동안의 단순평균=M/n

d=절댓값(| M-m |)의 n일 단순평균=(| M-m |)/n

이 식에서 0.015는 램버트가 사용한 값으로, CCI가 -100에서 +100 사이를 크게 벗어
나지 않게 하기 위한 상수입니다. 실제로 계산해보면 CCI 값의 약 70~80%가 ±100상
에 있다는 것을 알 수 있습니다. 또한 기간을 표시하는 n은 HTS에서는 9일을 사용하
고 있습니다.

MACD - 추세지표

MACDMoving Average Convergence Divergence는 단기 이동평균선과 장기 이
동평균선 사이의 관계를 통해 추세의 방향과 강도를 파악하는 지표입니
다. 이 지표의 핵심 원리는 단기선과 장기선이 멀어질수록 다시 가까워지
려는 성질에 있습니다. 즉, 두 이동평균선이 가장 멀어지는 지점과 다시
수렴하며 교차하는 지점을 통해 추세 변화의 단서를 찾는 방식입니다.

MACD는 단기 지수이동평균 값에서 장기 지수이동평
균 값을 뺀 값으로 계산되며, 여기에 MACD 값의 지수이
동평균을 다시 계산한 것이 시그널선입니다. 단기 지수이
동평균이 장기 지수이동평균보다 높으면 MACD는 (+)값
을, 반대로 낮으면 (-)값을 갖게 됩니다. 따라서 해석의 기
준은 0선이 되며, MACD가 0선 위에 있으면 상승추세, 아
래에 있으면 하락추세로 판단할 수 있습니다.

MACD는 이동평균선을 직접 겹쳐 보지 않아도 추세의
방향과 전환 가능성을 한눈에 보여주기 때문에 중기적인
흐름을 판단하는 데 특히 유용한 지표로 활용됩니다.

　MACD에 시그널선을 더하면 크로스분석을 추가해볼 수 있습니다. 그러면 MACD만을 보는 것보다는 좀 더 정확한 매매 시점을 포착할 수 있습니다.

TRIX - 추세지표

TRIX_{Triple Smoothed Moving Average}는 특정 기간의 지수이동평균을 3차례 연속으로 평활화한 뒤, 그 변화율을 계산한 추세지표입니다. 여러 번의 평활 과정을 거치기 때문에 단기적인 잡음은 제거되고, 비교적 중요한 추세 변화만 부각되는 특징이 있습니다.

TRIX는 0선을 기준으로 위아래로 진동하며 표시됩니다. 3번의 지수이동평균을 적용하는 이유는 설정된 기간보다 짧고 불필요한 가격 변동을 걸러내기 위해서입니다. 그 결과, TRIX는 단기적인 흔들림보다는 중기적인 추세의 방향과 전환 시점을 보다 부드럽게 보여줍니다.

실전에서는 TRIX가 0선을 상향 또는 하향 돌파하는 시점, 일정 범위를 경계로 변곡이 나타나는 구간, 또는 TRIX에 시그널선을 함께 적용해 매매 시점을 판단하는 방식으로 활용합니다. 예를 들어 TRIX가 시그널선 위로 올라서면 매수 신호로, 아래로 내려오면 매도 신호로 해석하는 것이 일반적입니다.

TRIX는 계산 과정이 복잡해 보이지만 원리는 단순합니다. 종가를 기준으로 일정 기간의 지수이동평균을 구한 뒤, 그 값을 다시 2차례 더 지수이동평균으로 평활하고, 마지막으로 그 변화율을 계산해 TRIX 값을 산출합니다. 시그널선은 보통 TRIX의 9일 이동평균을 사용하며, TRIX 자체의 기준 기간은 12일로 설정하는 경우가 가장 많이 활용됩니다.

시그마 - 변동성지표

시그마Sigma는 표준편차에 계산되는 STDEV를 표준정규분포상의 위치로 변환하여 추세의 이탈 여부를 확인하는 지표입니다. 즉, 변동성이 상승추세에서 확대되는 것인지, 아니면 하락추세에서 축소되는 것인지에 따라서 매매 시점을 찾는 지표입니다. 시그마는 다음과 같이 계산할 수 있습니다.

$$Sigma = (종가 - 이동평균)/STDEV$$

이 지표의 활용 방법은 상승추세에서 기준점을 상향 돌파하면서 확대되는 시점이 매수 시점이고, 하락추세에서 기준점을 하향 돌파하면서 축소되는 시점을 매도 시점으로 판단하는 것입니다.

차이킨 오실레이터 - 모멘텀지표

차이킨 오실레이터Chaikin's Oscillator는 그랜빌의 OBVOn Balance Volume 개념을 보완해 발전시킨 거래량 기반 지표입니다. 기존 OBV는 주가의 변동 폭과 관계없이 거래량을 단순 누적한다는 한계가 있었고, 시작 시점에 따라 값이 달라져 절대적인 수치 자체로는 의미가 약하다는 문제가 있었습니다.

이러한 단점을 보완하기 위해 차이킨 오실레이터는 당일 종가가 하루 가격 범위 내에서 어느 위치에 있는지를 거래량에 반영합니다. 즉, 단순히 거래량의 크기만 보는 것이 아니라, 주가 움직임의 질과 방향을 함께 고려해 수급의 흐름을 보다 정교하게 파악하는 지표입니다.

차이킨 오실레이터는 먼저 차이킨의 ADAccumulation/Distribution 값을 계산한 뒤, 이 값의 단기 이동평균과 중기 이동평균의 차이를 통해 산출합니

240

다. 일반적으로 AD의 3일 이동평균에서 10일 이동평균을 뺀 값을 사용하며, 이로써 단기 수급 변화가 중기 흐름 대비 강화되고 있는지, 약화되고 있는지를 확인할 수 있습니다.

이 지표의 해석 방법은 크게 2가지로 나뉩니다.

첫째는 주가와 지표 간의 괴리도 분석입니다. 주가는 고점을 높이고 있지만 차이킨 오실레이터가 이전보다 낮은 고점을 만들 경우 이는 약세 괴리로 해석하며 매도 신호로 판단합니다. 반대로 주가는 저점을 낮추고 있지만 지표는 이전보다 높은 저점을 형성하면 강세 괴리로 보고 매수 신호로 해석합니다.

둘째는 지표 자체의 방향 전환을 이용한 분석입니다. 이 방법을 적용할 때는 반드시 주가의 중·장기 추세를 먼저 확인해야 합니다. 중·장기 추세가 상승일 때는 차이킨 오

차이킨 오실레이터는 '거래량의 방향'을 읽는 지표입니다

차이킨 오실레이터는 거래량의 많고 적음보다 매집인지 분산인지를 구분하는 데 초점을 맞춘 지표입니다. 주가가 크게 움직이지 않더라도 지표가 먼저 방향을 바꾸는 경우가 많기 때문에 가격보다 수급의 변화를 먼저 확인하고 싶을 때 유용합니다.

실레이터가 0선 아래에서 위로 올라오는 신호만 매수로 받아들이고, 중·
장기 추세가 하락일 때는 반대로 매도 신호만 취하는 것이 원칙입니다.
예를 들어 지표가 0선을 상향 돌파하더라도 중·장기 추세가 하락이라면
그 신호는 무시하는 것이 바람직합니다.

ROC

ROCRate of Change는 오늘의 주가와 n일 전의 주가 사이의 차이를 나타
내주는 지표입니다. 보통 12일 전의 주가와 비교하는 것으로 정해져 있
습니다. ROC를 구하는 공식은 다음과 같습니다.

$$ROC = \frac{당일\ 종가 - n일\ 전\ 종가}{n일\ 전\ 종가} \times 100$$

이 식을 통해서 보면 당일의 종가가 n일 전 종가보다 더 높다면 ROC는
(+)값을, 당일의 종가가 n일 전 종가보다 낮다면 (-)값을 갖게 됩니다. 그
렇다면 ROC가 기준선인 0선을 상향 돌파하는 시점에서 매수를, 기준선
인 0선을 하향 돌파하는 시점에서 매도하면 됩니다.

다음 차트를 통해서 ROC가 실제로 어떻게 쓰이는지 살펴보겠습니다.

소나 모멘텀지표

소나Sonar 모멘텀지표는 주가 사이클의 전환점을 파악하기 위해 개발되었습니다. 기울기의 변화를 통해 주가의 상승과 하락의 강도를 사전에 알 수 있게 해줍니다. 즉, 주가의 이동평균선을 이용하여 이동평균선의 한계 변화율을 나타내는 지표로 사이클의 전환점을 파악하는 데 유용합니다.

모멘텀이란 곡선의 한 점 기울기를 계산하는 것으로 주가의 상승이나 하락의 강도를 미리 알려고 하는 기술적 기법을 말합니다. 주가가 상승을 지속하더라도 모멘텀의 기울기가 둔화하면 향후 주가 하락을 예상할 수 있습니다.

소나 모멘텀은 다음과 같이 구합니다. 여기서 n일은 25일로 설정되어 있습니다.

$$\text{Sonar} = \frac{\text{오늘의 지수이동평균}-n\text{일 전 지수이동평균}}{n\text{일 전 지수이동평균}}$$

소나 모멘텀지표를 이용한 매매 방법은 다음과 같습니다.

1. 소나 값이 0을 기준으로 상향 돌파하면 매수 신호로, 하향 돌파하면 매도 신호로 판단합니다.

2. 상승하던 소나 값이 0선 이하의 수준에서 상승세로 반전되는 시점을 매수 신호로, 0선 이상의 수준에서 하락세로 반전되는 시점을 매도 신호로 판단합니다.

3. 소나가 소나이동평균을 아래에서 위로 상향 돌파할 경우 매수 신호로, 위에서 아래로 하향 돌파하는 경우 매도 신호로 판단합니다.

4. 추세 역전을 이용하는 경우 주가가 상승할 때 소나 값이 하락한다는 것은 비록 현재의 추세가 상승국면일지라도 그 상승 폭이 이전만 못하다는, 즉 점차 추세가 약화된다는 것을 의미합니다. 따라서 이는 중요한 매도 신호가 됩니다. 반대로 주가가 하락할 때 소나 값이 상승하는 경우는 중요한 매수 신호가 됩니다.

바이너리 웨이브 MACD

바이너리 웨이브Binary Wave는 지수이동평균선, ROC, 스토캐스틱Stochastic, MACD 등 4개의 지표를 하나의 지표로 수치화한 것을 말합니다. 바이너

리란 (0, 1) 또는 (-1, +1) 등 2개의 값만을 갖는 상태를 말합니다. 다음에 제시된 각 지표의 값을 정해서 최대 +4에서 최소 -4까지 합산되는 지표입니다.

개별 지표	기본 값	강세시장 조건(+1)	약세시장 조건(-1)
ROC	종가, 12일	0보다 클 때	0 이하일 때
지수이동평균	종가, 20일	20일 이동평균 상향	20일 이동평균 하향
MACD	12일, 26일, 9일	시그널곡선 위에 위치	시그널곡선 아래 위치
스토캐스틱	5일, 3일	50보다 클 때	50 이하일 때
바이너리 웨이브		+4	-4

이렇게 계산된 경우 바이너리 선이 0을 상향 돌파할 때 매수 시점으로, 0선을 하향 돌파할 때 매도 시점으로 포착합니다.

바이너리 웨이브

바이너리 웨이브는 종합 판단에 강합니다

바이너리 웨이브는 여러 지표를 하나로 묶어 단순화한 지표입니다. 그래서 개별 지표가 서로 엇갈릴 때보다 시장 방향을 빠르게 정리해 판단해야 할 때 유용합니다. 단기 매매보다는 추세 초입이나 방향 확인용으로 활용하는 것이 안정적입니다.

바이너리 웨이브 MACD는 바이너리 웨이브를 MACD 타입으로 변형하여 응용한 것입니다. MACD 방식대로 바이너리 웨이브의 단기와 장기 이동평균의 차이를 구합니다. 매매 방식은 MACD와 동일합니다. 0선을 상향 돌파 시 매수, 하향 돌파 시 매도합니다. 또한 시그널선을 상향 돌파 시 매수, 하향 돌파 시 매도합니다.

바이너리 웨이브 MACD

범위 설정 지표가 알려주는 매매 타이밍

범위 설정으로 매매 시점을 포착하세요

범위 설정은 대체로 0에서 100까지의 범위를 정하는 것이 일반적이지만 이동평균선을 이용하거나 주가의 변동성을 이용한 지표도 있습니다. 먼저 이동평균선이나 주가의 변동성을 이용한 지표의 이용 방법을 살펴보겠습니다.

볼린저 밴드

볼린저 밴드Bollinger Band는 주가의 변동성을 시각적으로 보여주는 대표적인 지표입니다. 일정 기간의 이동평균선을 중심선으로 삼고, 이 평균값에 표준편차의 일정 배수(일반적으로 ±2σ)를 더하고 빼 상한선과 하한선을 설정합니다. 이 범위 안에 주가가 머물 확률은 통계적으로 약 95% 수준이기 때문에 볼린저 밴드는 주가가 어느 정도의 범위 안에서 움직이는지를 판단하는 기준이 됩니다.

볼린저 밴드

볼린저 밴드의 기본 개념은 주가가 상한선과 하한선을 경계로 등락을 반복한다는 데 있습니다. 따라서 이 지표를 활용할 때는 밴드의 폭과 주가의 위치를 함께 살펴보는 것이 중요합니다. 일정 기간 주가 움직임이 크지 않으면 밴드 폭은 점점 좁아지는데, 이는 변동성이 축소되고 있다는 의미이며 곧 가격 변화가 나타날 가능성이 커졌다는 신호로 해석됩니다.

또한 주가가 밴드 안에서 움직이다가 상한선이나 하한선을 강하게 이탈해 바깥에서 흐름을 이어갈 경우에는 현재의 추세가 지속되고 있다고 판단할 수 있습니다. 반면 밴드 안에서 형성된 고점이나 저점이 이후 밴드 밖에서 새롭게 만들어질 경우에는 기존 흐름이 바뀌고 있다는 신호로 해석할 수 있습니다.

한 걸음 더

'밴드 상단=무조건 매도'는 아닙니다

볼린저 밴드 상단에 주가가 닿았다고 해서 반드시 매도해야 하는 것은 아닙니다. 강한 상승추세에서는 주가가 상단 밴드를 따라 움직이는 경우도 많기 때문입니다. 이럴 때는 밴드 위치보다 밴드 폭이 확장되고 있는지, 그리고 거래량이 동반되는지를 함께 확인하는 것이 중요합니다.

볼린저 밴드의 또 다른 특징은 주가가 한쪽 밴드로 크게 움직인 이후에는 반대쪽 밴드를 향해 되돌아가려는 성향을 보인다는 점입니다. 특히 밴드 폭이 좁아진 상태에서 오랜 시간 머무를수록, 이후 주가가 크게 움직일 가능성은 더욱 높아집니다. 이러한 특성을 바탕으로 실제 매매 신호는 앞의 차트에서 확인할 수 있습니다. 차트상에서 볼린저 밴드의 상단에서는 매도, 하단에서는 매수하는 포인트들이 나타나는 것을 알 수 있습니다.

볼린저 밴드를 이용할 경우 보조적으로 밴드위스Band Width지를 같이 사용하기도 합니다. 밴드위스는 상한밴드와 하한밴드의 거래를 중간밴드로 나누어 구하는 지표로 다음과 같이 계산할 수 있습니다.

$$\text{밴드위스} = \frac{\text{상한밴드값} - \text{하한밴드값}}{\text{중간밴드값}} \times 100$$

밴드위스의 값이 커진다는 것은 볼린저 밴드의 폭이 커짐에 따라 가격 변동성이 커짐을 뜻합니다. 반대로 값이 작아지면 밴드의 폭이 작아지며 조정장의 가능성을 암시합니다. 일반적으로 이 지표가 아래에서 위로 전환할 때를 매수 시점으로, 위에서 아래로 전환할 때를 매도 시점으로 잡습니다.

다음 차트를 통해 밴드위스가 상승전환하거나 하락전환할 때의 매매 시점을 확인해보세요.

밴드위스

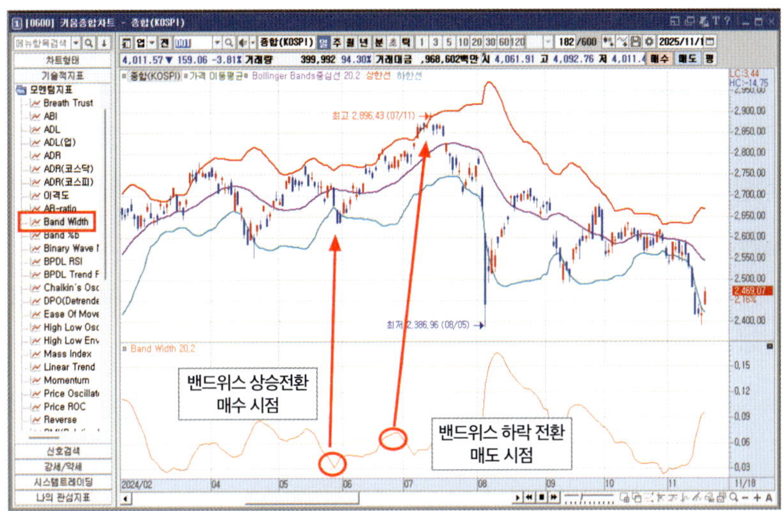

엔벨로프

엔벨로프Envelope는 봉투라는 뜻으로, 이동평균선을 중심으로 일정 비율의 상한선과 하한선을 설정해 주가의 정상적인 변동 범위를 가정하는 지표입니다. 예를 들어 이동평균선 대비 위아래로 5%씩 범위를 설정하면 주가는 대체로 그 안에서 움직인다고 보고 매매 판단에 활용합니다.

엔벨로프의 기본적인 활용 원리는 단순합니다. 주가가 상단 밴드에 가까워질수록 매도 압력이 커질 가능성이 있고, 하단 밴드에 가까워질수록 매수 관점에서 접근할 수 있다는 판단입니다. 다만 이때 중요한 것은 등락 폭의 설정입니다. 주가의 변동성이 커질수록 상·하단 폭도 함께 넓혀야 하며, 변동성이 작은 종목에 과도하게 넓은 폭을 적용하면 신호의 의미가 약해집니다.

실전에서는 엔벨로프를 2가지 방식으로 활용합니다. 하나는 주가가 가운데 이동평균선을 위로 돌파할 때 매수 시점으로, 아래로 이탈할 때 매도 시점으로 인식하는 방법입니다. 다른 하나는 주가가 엔벨로프 바깥으로 벗어났다가 다시 밴드 안으로 복귀하는 지점을 매매 시점으로 보는 방식입니다. 또는 하단 지지선 부근에서 매수하고 상단 저항선 부근에서 매도하는 범위 설정 매매 전략으로도 활용할 수 있습니다. 이러한 방식은 볼린저 밴드의 활용법과 유사하다고 이해해도 무방합니다.

엔벨로프는 중심선으로 n일 이동평균선을 사용하고, 여기에 일정 비율(α%)을 더해 상한선과 하한선을 설정합니다. 현재 HTS에서는 일반적으로 20일 이동평균선을 기준으로 상하 6% 범위를 기본값으로 제공하는 경우가 많습니다.

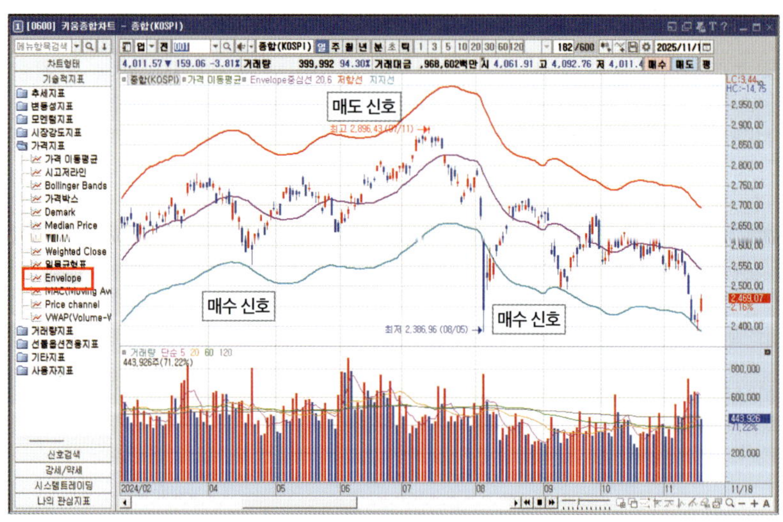

252

한편, 엔벨로프를 포함해 범위를 이용하는 일부 기술적 지표들은 0에서 100 사이로 값을 강제 변환해 표시하기도 합니다. 이런 경우에는 대체로 75 이상을 과열구간으로 보고 매도 관점으로, 25 이하를 침체 구간으로 보고 매수 관점으로 해석하는 방식이 활용됩니다.

RSI - 모멘텀지표

RSI_{Relative Strength Index}는 상대강도지수로 특정 기간의 상승 폭과 하락 폭을 비교해서 주가의 에너지를 예측하는 지표입니다. RSI는 다음과 같이 구합니다.

$$RSI = \frac{14일간\ 상승\ 폭\ 합계}{14일간\ 상승\ 폭\ 합계 + 14일간\ 하락\ 폭\ 합계} \times 100$$

이 공식에서 만약 14일간 매일 주가가 올랐다면 RSI 값은 100이 될 것입니다. 또한 14일간 매일 주가가 내렸다면 RSI 값은 0이 될 것입니다. RSI 값은 공식에 따라 100을 넘지 못하고 (-)값이 나오지도 못합니다. 따라서 RSI를 해석하는 기준은 0과 100 사이의 범위이므로 75% 이상에서는 과열로 판단해서 매도하고, 25% 이하에서는 침체로 판단해서 매수하면 됩니다. HTS에서는 그 기간이 14일로 지정되어 있지만 이는 변경할 수 있는 숫자입니다.

RSI를 이용할 때 다이버전스_{Divergence}를 확인하는 것도 중요합니다. 다이버전스란 가격은 상승하지만 보조지표의 추세는 하락한다든지, 아니면 가격은 하락하지만 보조지표의 추세는 상승하는 것을 뜻합니다. 이렇게 가격과 기술적 지표가 반대 방향으로 움직이는 다이버전스가 발생한다는 것은 모멘텀이 소진되었다는 증거입니다.

스토캐스틱

스토캐스틱은 Stock+Forcast의 합성어로 알려져 있습니다. 즉, 주가를 예측하는 지표라는 뜻입니다. 이는 주가의 움직임을 잘 반영하는 지표 가운데 하나로 일정 기간의 주가 변동 폭에서 당일 종가의 위치를 백분율로 나타낸 것입니다.

$$\%K = \frac{\text{당일 종가} - \text{최근 n일 중 최저가}}{\text{최근 n일 중 최고가} - \text{최근 n일 중 최저가}} \times 100$$

%D : %K의 이동평균

주가가 상승 중일 때는 당일 종가가 주가 변동 폭의 최고가 부근에, 하락 중일 때는 당일 종가가 주가 변동 폭의 최저가 부근에 형성됩니다.

먼저 %K를 살펴볼 때 당일의 종가가 n일에서 최고가를 형성하면 분모와 분자가 같아져 100이 됩니다. 그리고 당일의 종가가 n일에서 최저가를 형성하면 분자가 0이 되어 그 값이 0이 됩니다. 따라서 %K의 움직임은 0에서 100까지의 범위에서 움직입니다. 그러므로 25%와 75%를 기준으로 매매하면 됩니다. 그리고 %D가 %K의 이동평균이므로 이들 두 선 간의 크로스분석을 동시에 살펴보겠다는 의미도 됩니다. 그렇다면 두 기준에 따라 매매 신호를 파악하면 됩니다.

HTS에서 보면 스토캐스틱의 경우도 다른 지표들과 마찬가지로 침체권에서는 청색으로 나타나고, 과열권에서는 적색으로 나타납니다. 그리고 %K와 %D의 교차 모습도 확인할 수 있습니다. 따라서 각각의 상황에서 매수와 매도에 대한 판단을 하면 됩니다.

투자심리선

기술적 분석의 유용성 가운데 하나는 시장에서 나타나는 투자자들의 심리 상태를 파악할 수 있다는 것입니다. 그중 투자심리도는 심리도를 직접적으로 측정한 것이고, 이러한 투자심리도를 선으로 이은 것이 투자심리선입니다. 투자심리선은 최근 10일의 주가 상승 일수로 측정합니다. 즉, 최근 2주일 동안 주가가 며칠간 올랐는지를 통해서 살펴보면 됩니다.

$$\text{투자심리도} = \frac{\text{최근 10일 중 주가상승일수}}{\text{10일}} \times 100$$

10일간 매일 주가가 올랐다면 100%가 되고 10일간 주가가 하루도 오르지 않았다면 0이 됩니다. 투자심리도가 70 이상일 때 과열 상태로 판단해서 매도로, 30 이하일 때 침체 상태로 판단해서 매수로 대응하면 됩니다. HTS에서는 75%와 25%를 기준선으로 설정하고 있습니다. 각각 과열권

에서는 적색으로, 침체권에서는 청색으로 구분합니다.

강세장과 약세장에서 기준은 달라집니다
강한 상승장에서는 투자심리선이 과열권에 오래 머무를 수 있고, 약세장에서는 침체권에 장기간 머무는 경우도 많습니다. 따라서 단순히 수치만 보지 말고 현재 시장의 추세가 상승인지 하락인지를 먼저 확인한 뒤 해석해야 합니다. 심리는 방향보다 속도를 보여주는 지표입니다.

윌리엄스 R

윌리엄스 R Williams R은 주가가 상승추세에서는 최근 주가 움직임(고가-저가)의 고점 근처에서 끝나고, 하락추세에서는 저점 근처에서 끝나는 경향이 있다는 사실을 기초로 만들어집니다. 즉, 매일의 종가와 최근 일정 기간의 고가-저가 범위의 어느 곳에 위치하는지를 관찰함으로써 시장의 강약을 파악하려고 하는 지표입니다.

$$\text{윌리엄스 R} = \frac{\text{최근 n일 중 최고가-당일 종가}}{\text{최근 n일 중 최고가-최근 n일 중 최저가}} \times 100$$

이 식으로 계산해보면 일반적인 지표와는 반대로 지표 차트의 아래쪽에서 과매수 영역이 나타나고, 위쪽에서 과매도 영역이 나타납니다. 윌리엄스 R을 이용한 매매 방법은 다음과 같습니다. 윌리엄스 R은 0~100 사이를 움직이는데 윌리엄스 R이 25 이하에서는 과매수로, 75 이상에서는 과매도로 판단합니다.

추세가 강할수록 과매수·과매도는 오래 지속됩니다
강한 상승장에서는 윌리엄스 %R이 과매수 구간에 오래 머물 수 있고, 하락장에서는 과매도 구간에 장기간 머무를 수 있습니다. 따라서 수치만 보고 역매매를 하기보다는 현재 추세 방향과 함께 해석하는 것이 중요합니다. 윌리엄스 %R은 타이밍보다 환경을 점검하는 지표입니다.

258

04

DMI, ADX, TR, ATR, 이격도
보조지표로 신뢰도를 높이세요

기타 보조지표를 유용하게 활용하세요

DMI와 ADX

DMI Directional Movement Indicator는 현재 시장이 상승추세라면 오늘의 고가는 어제의 고가보다 높아야 하고, 하락추세라면 오늘의 저가는 어제의 저가보다 낮아야 한다는 기본 가정에서 출발합니다. 따라서 DMI는 '어제의 가격 등락 폭을 벗어난 오늘의 가격 등락'으로, 이를 (+)DM과 (-)DM이라는 개념으로 정리합니다.

① (+)DM / (-)DM

(+)DM은 (오늘의 고가-어제의 고가)입니다. 그리고 (-)DM은 (오늘의 저가-어제의 저가)입니다. 단, (+)DM과 (-)DM은 하루에 한 가지만 발생해야 하는데 만약 오늘의 가격 등락 폭이 커서 (+)DM과 (-)DM이 동시에 발생하는 경우에는 두 값 가운데 큰 값을 택합니다.

② TR

DM이 구해지면 다음 과정은 매일매일의 DM의 백분율을 정하는 것입니다. TR_{True Range}은 전일 종가와 당일 고가와 저가의 차이, 그리고 당일의 고가와 저가의 차이 등을 비교하여 이 값들 가운데 절댓값이 최대인 것을 취합니다. 다음 3가지 가운데 가장 큰 값을 의미합니다.

a. 당일의 고가 - 당일의 저가

b. 당일의 고가 - 전일의 종가

c. 당일의 저가 - 전일의 종가

③ DI의 계산

앞의 과정을 거쳐서 DM과 TR이 구해지고 나면 방향성 지표인 DI_{Direction Indicator}를 구할 수 있습니다. 단, 각각은 14일간의 평균값을 사용하도록 정해져 있습니다.

DI = DM / TR

(+)DI = (+)DM / TR

(-)DI = (-)DM / TR

한 걸음 더

DMI는 '방향', ADX는 '힘'을 봅니다

DMI는 어느 쪽이 우세한지를 보여주는 지표이고, ADX는 그 추세가 얼마나 강한지를 알려주는 지표입니다. 따라서 (+)DI와 (-)DI의 교차만 보고 매매하기보다는 ADX가 함께 상승하고 있는지를 반드시 확인해야 합니다. 방향과 힘이 동시에 맞을 때 신호의 신뢰도는 크게 높아집니다.

그렇다면 DMI를 이용한 분석 방법을 살펴보겠습니다.

기본적인 분석 방법

(+)DI 선이 (-)DI 선을 상향 돌파하면 매수 신호로, (+)DI 선이 (-)DI 선을 하향 돌파하면 매도 신호로 인식합니다. 먼저 DMI 지표만을 가지고 판단하는 방법을 차트를 통해 알아보겠습니다.

그러나 이 차트를 가만히 보면 속임수가 많고, 잦은 매매 신호가 나타나는 것을 알 수 있습니다. 이런 단점을 보완하기 위해 만들어진 기술적 지표가 바로 ADX입니다.

ADXAverage Directional Movement Index는 그 값이 클수록 추세가 강한 시장으로 판단하며, 작을수록 추세가 약한 시장으로 이해하는 지표입니다. 그러나 ADX만을 가지고 그 추세가 상승추세인지, 하락추세인지를 알 수는 없습니다. 예를 들어 가격이 하락할 때 ADX가 급격히 증가한다면 그것은 하락추세의 강도가 강화되고 있다고 이해해야 합니다. ADX는 다음과 같이 구합니다.

① ADX는 DX를 평활화한 지표로, DX를 먼저 구해야 합니다.

$$\text{윌리엄스 DX} = \frac{\text{DI의 차이}}{\text{DI의 합}} \times 100 = \frac{(|(+)DI-(-)DI|)}{(+)DI+(-)DI} \times 100$$

그러나 이렇게 구한 DX는 그 값의 변동 폭이 너무 크기 때문에 DMI를 구할 때와 마찬가지로 ② 기간으로 평활화해줘야 합니다. 따라서,

$$\text{윌리엄스 DX} = \frac{\text{DX의 n일간의 합계}}{\text{n일}}$$

ADX는 흔히 지표의 지표라고 합니다. 왜냐하면 ADX는 독자적으로 사용하기 어렵지만 다른 지표와 같이 사용하면 정확도를 높일 수 있기 때문입니다. 예를 들어 특정 지표가 과열 또는 매도 신호를 내고 있는데 ADX는 상승세를 지속한다면 이는 상승이 더 이어질 수 있다는 신호로 인식하고 매도를 보류해야 합니다. 그러나 ADX가 일정한 수준에서 등락을 거듭하고 있다면 이는 횡보시장이므로 추세를 추종하는 것은 피해야 합니다.

DMI와 ADX를 동시에 설정한 그림은 다음과 같습니다. 일반적으로 DMI 지표를 설정하면 ADX가 같이 나타나지만 선이 많이 겹치는 경우 혼란이 발생할 수 있어 두 지표를 분리해놓은 것입니다.

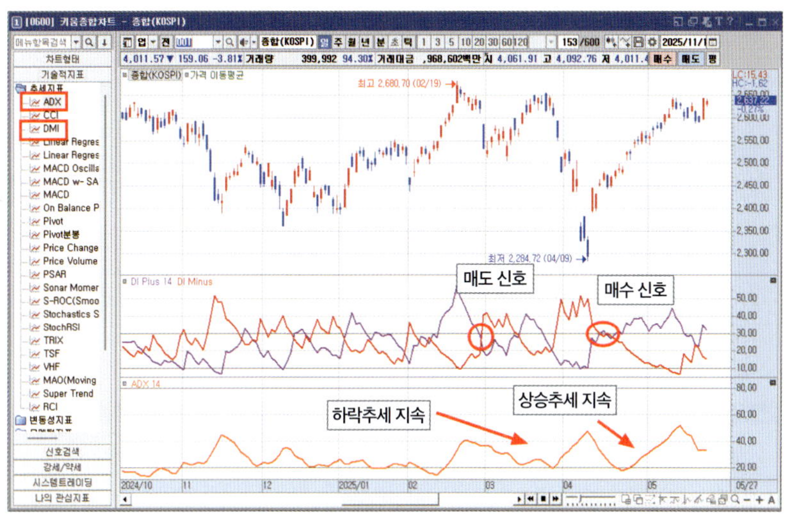

TR과 ATR

ATR Average True Range은 유가증권의 변동성을 측정하는 지표입니다. 따라서 이 지표는 가격의 방향성이나 지속 기간이 아닌 가격 움직임 정도나 변동성을 알려주는 것입니다. ATR은 TR True Range의 평균치를 말합니다.

ATR은 TR의 14일간의 이동평균으로 구할 수 있습니다. 다만, ATR은 절대적 수준으로서의 변동성을 보여주기 때문에 저가주는 고가주에 비해 더 낮은 ATR 수준을 갖는다는 점을 기억해야 합니다. ATR은 다음과 같이 매매에 적용할 수 있습니다.

1. 높은 ATR 값은 투자자의 투매나 주식시장의 공황과 같은 현상 뒤에 시장의 바닥권에서 나타나며, 낮은 ATR 값은 천장권이나 이동평균의 밀집 구간 같은 시장의 횡보국면에서 흔히 발견됩니다.

2. ATR은 단기적인 변동성을 측정하는 지표로도 사용됩니다. 시장의 추세가 움직임이 없는 횡보국면 속에서도 큰 폭의 등락을 거듭하는 경우가 있습니다. 이와 같이 ATR은 추세와 다르게 변동성에 초점을 맞추고 있습니다. 따라서 구체적인 매매 시점보다는 방향의 전환점을 찾는 지표로 이해하는 것이 좋습니다.

3. 일반적인 경우 이 지표를 활용하려면 DMI 지표나 ADX 지표와 병행하여 사용해야 합니다.

ATR은 매수·매도 시점을 직접 알려주기보다는 현재 시장이 요동치는 국면인지, 잠잠한 국면인지를 판단하는 데 적합합니다. ATR이 급격히 커진 뒤에는 변동성 축소국면이 자주 나타나고, ATR이 지나치게 낮아진 구간 이후에는 큰 움직임이 나올 가능성이 큽니다. 포지션 크기 조절에 특히 유용합니다.

이격도

이격도는 주가와 이동평균선 사이가 얼마나 떨어져 있는지를 나타내는 지표입니다. 이는 당일 주가를 이동평균치로 나눠 계산하며, 단기 투자 시점을 포착하는 지표로 활용됩니다. 이격도가 100 이상이면 주가가 이동평균선보다 위에 위치하는 것이고, 이격도가 100 미만이면 주가가 이동평균선 아래에 위치하는 것입니다.

이격도를 이용한 매매 기법은 주가가 이격도 100을 기준으로 상하로 움직이는 특성이 있다는 점을 이용합니다. 이격도가 100 이상이라면 매도 관점으로, 100 이하라면 매수 관점으로 접근합니다. 그런데 어떤 이동평균선과의 이격도인지에 따라서 매수와 매도의 수치가 조금씩 달라질 수 있습니다. 다음에 제시하는 이격도는 절대적인 수치는 아니지만, 일반적으로 투자자들이 많이 보는 수치라는 점을 주목해야 합니다.

이격도 활용		매수	매도
20일 이격도	상승추세(강세장)	98% 이하	108% 이상
	하락추세(약세장)	92% 이하	102% 이상
60일 이격도	상승추세(강세장)	95% 이하	115% 이상
	하락추세(약세장)	88% 이하	108% 이상

고수의 팁 ▷ 이격도는 되돌림 여력을 보는 지표입니다

추세 전환보다는 되돌림 가능성을 판단하는 데 강점이 있습니다. 이격도가 극단적으로 커진 상태에서는 추가 추격보다 관망이 유리하고, 이격도가 과도하게 낮아진 구간에서는 반등 가능성을 염두에 둘 수 있습니다. 단, 강한 추세에서는 이격도가 오래 유지될 수 있으므로 추세 판단과 함께 사용해야 합니다.

OBV, VR, Volume ROC, 역시계곡선
거래량이 알려주는 매매 타이밍

거래량으로 매매 시점을 포착하세요

OBV On Balance Volume는 거래량이 주가보다 먼저 움직인다는 전제를 바탕으로 만든 지표입니다. 주가가 전날보다 상승한 날에는 거래량을 누적하고, 하락한 날에는 거래량을 차감해 이를 연속적으로 도표화합니다. 이렇게 만들어진 OBV선은 주가가 뚜렷한 방향 없이 횡보할 때, 거래량의 흐름을 통해 향후 주가 움직임을 예측하는 데 특히 유용하게 활용됩니다.

OBV선을 해석할 때는 몇 가지 기본 원칙을 함께 살펴야 합니다. OBV선이 상승하고 있다면 매수세가 시장에 유입되고 있다는 의미이고, 반대로 하락하고 있다면 매도세가 분산되고 있음을 나타냅니다. 강세장에서는 OBV선의 고점이 이전 고점보다 높아지는 경향이 있으며, 약세장에서는 저점이 이전보다 낮아집니다. 이때 전고점을 돌파하는 OBV선은 U마크, 전저점을 하회하는 경우는 D마크로 표시해 추세 판단에 활용합니다.

또한 OBV선이 장기적인 상승추세를 유지한 상태에서 저항선을 상향 돌파하면 강세장이 지속될 가능성이 크고, 장기 하락추세선을 하회할 경우에는 약세 전환을 경계해야 합니다. 특히 주가와 OBV선이 서로 다른 방향으로 움직일 때는 중요한 신호가 됩니다. OBV선이 상승하는데 주가가 하락한다면 조만간 주가가 상승할 가능성이 높고, 반대로 OBV선이 하락하는데 주가가 오르면 이후 하락을 염두에 둘 필요가 있습니다.

OBV는 주가의 등락에 따라 거래량을 단순히 더하고 빼는 방식으로 계산합니다. 주가가 상승한 날의 거래량은 전일 OBV에 더하고, 하락한 날의 거래량은 차감하며, 변동이 없는 날의 거래량은 반영하지 않습니다. HTS에서는 OBV선과 함께 OBV의 9일 이동평균선이 기본적으로 설정되어 있어, U마크·D마크 확인과 더불어 시그널선과의 골든크로스·데드크로스를 통해 매매 판단을 보조할 수 있습니다.

주가가 아직 움직이지 않아도 OBV가 먼저 고점이나 저점을 갱신하는 경우가 있습니다. 이런 구간은 이후 주가가 그 방향을 따라갈 가능성이 높습니다. 따라서 OBV의 추세 전환은 가격 변화를 준비하는 신호로 받아들이는 것이 실전에서 유리합니다.

VR

OBV를 이용해서 거래량을 분석하는 경우 이는 절대 수치로 나타나는 것이므로 과거 수치들과의 비교가 쉽지 않다는 단점이 있습니다. 이에 거래량의 움직임을 비율화해 과거와의 비교 가능성을 높인 지표가 바로 VR Volume Ratio 지표입니다. VR은 다음과 같이 구합니다.

$$VR = \frac{상승일의\ 거래량\ 합계 + (변동이\ 없는\ 날의\ 거래량\ 합계 \times 1/2)}{하락일의\ 거래량\ 합계 + (변동이\ 없는\ 날의\ 거래량\ 합계 \times 1/2)} \times 100$$

OBV를 구할 때는 주가 변동이 없는 날의 거래량은 무시했습니다. 하지만 VR을 구할 때는 주가 변동이 없는 날의 거래량을 분모와 분자에 각각 더해주어야 구할 수 있습니다. 거래량은 주가가 하락할 때에 비해 상승할 때 더 증가하는 모습을 보인다는 점을 다시 한번 상기한다면 VR은 다음과 같은 원칙에 따라 매매를 결정하는 데 이용할 수 있습니다.

1. VR이 150% 수준에서는 보통 상태로 판단합니다.
2. VR이 450%를 넘어가면 과열 상태로 판단합니다.
3. VR이 70% 이하에서는 침체 상태로 판단합니다.

고수의 팁 ▶ VR은 바닥 확인에 더 강한 지표입니다

VR은 과열구간보다 침체 구간에서 신뢰도가 높습니다. 특히 VR이 70% 이하로 내려간 이후 서서히 회복되는 과정은 바닥권에서 수급이 다시 유입되고 있음을 보여줍니다. 실전에서는 고점 예측보다 바닥 확인용 보조지표로 활용하는 것이 효과적입니다.

VR은 특히 시세의 천장권에서 일률적으로 적용하기 어렵지만 시세의 바닥권을 판단하는 데 신뢰도가 매우 높은 투자 지표로 알려져 있습니다. HTS에서는 25일간의 기간을 기본으로 해서 VR을 계산하고 있습니다. 매매 시점이 어떻게 발생하는지에 대해서는 차트를 통해 침체 상태와 과열 상태에서의 주가 움직임을 확인해볼 수 있습니다.

볼륨 오실레이터와 볼륨 ROC

볼륨 오실레이터Volume Oscillator는 단기 거래량이동평균과 장기 거래량 이동평균의 차이를 분석하여 매매에 이용하는 거래량지표입니다. 다음 과 같은 식으로 계산할 수 있습니다.

$$\text{볼륨 오실레이터} = \frac{\text{단기 거래량이동평균} - \text{장기 거래량이동평균}}{\text{단기 거래량이동평균}} \times 100$$

270

볼륨 오실레이터를 이용하는 방법은 다음과 같습니다.

1. 주가가 상승하고 있으며 볼륨 오실레이터가 0보다 크면 현재 시장을 강세시장으로 판단하여 매수합니다.
2. 주가가 하락하고 있으며 볼륨 오실레이터가 0보다 작으면 현재 시장을 약세시장으로 판단하여 매도합니다.

<h3 align="center">볼륨 오실레이터</h3>

볼륨 ROC Volume ROC는 현재의 거래량과 일정 기간 전의 거래량을 비교한 백분율 값으로 현재 거래량이 증가했다면 양의 값을 갖고, 감소하였다면 음의 값을 갖습니다. 매매 전략에 적용하는 방식은 볼륨 오실레이터와 유사합니다.

볼륨 ROC

역시계곡선 또는 주가-거래량 상관곡선

거래량과 관련해서 지표는 아니지만 반드시 알고 가야 하는 것은 역시계곡선입니다. 역시계곡선 또는 주가-거래량 상관곡선은 시계 반대방향으로 움직인다는 뜻으로 주가와 거래량의 관계를 일목요연하게 정리해 놓은 것입니다. 일반적으로 주가는 거래량이 증가하는 경우에 상승할 가능성이 크고, 거래량이 감소하는 경우에는 하락할 가능성이 크다는 점을 이용한 지표입니다.

역시계곡선의 각 국면을 살펴보면 다음과 같습니다.

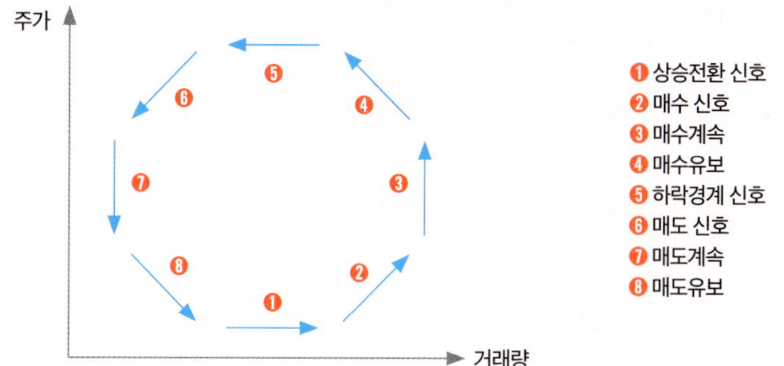

① 주가가 횡보하는 가운데 거래량이 늘어나는 경우 주가가 상승세로 전환할 것으로 예상해볼 수 있습니다.

② 주가가 상승하는 가운데 거래량이 늘어나는 경우 주가의 추가 상승을 예상해서 매수 신호로 판단합니다.

③ 주가가 상승하는 가운데 거래량의 변화가 없으면 매수를 지속해도 좋다는 신호로 판단합니다.

④ 주가가 상승하는 가운데 거래량이 줄어들면 시장은 과열 상태로 조만간 추세의 변화가 예상되므로 추가적인 매수는 삼갑니다.

⑤ 주가가 상승한 이후 횡보하는 가운데 거래량이 더 줄어들면 하락전환 신호로 판단합니다.

⑥ 주가가 하락하는 가운데 거래량이 더욱 줄어들면 매도 신호로 판단하고 보유 주식을 매도합니다.

⑦ 주가가 하락하는데 거래량은 늘지 않으면 매도를 지속해야 합니다.

⑧ 주가가 하락하는 가운데 거래량이 서서히 늘어나면 추가적인 매도는 삼가고 매도를 유보해야 합니다.

역시계곡선은 차트에서 다음과 같이 표시됩니다.

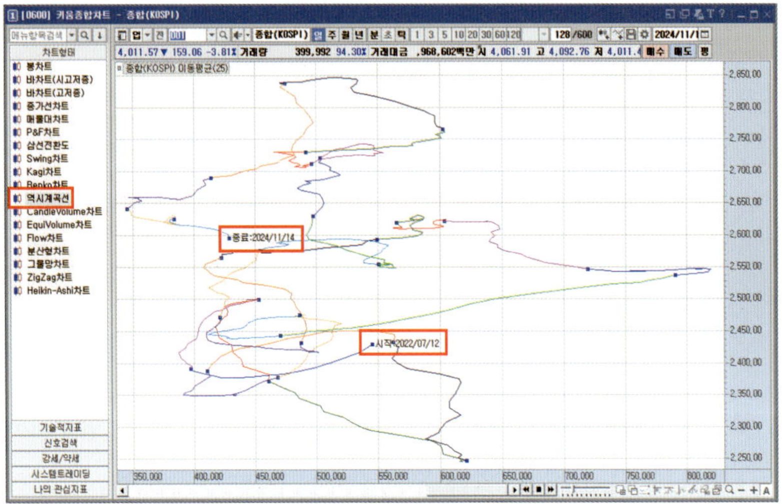

 역시계곡선은 '지금 단계'를 알려주는 지도입니다

역시계곡선은 매수·매도의 정확한 타이밍보다 현재 시장이 어느 국면에 있는지를 정리해주는 도구입니다. 특히 거래량이 줄어드는 상승국면이나, 거래량이 늘기 시작하는 하락국면에서는 방향 전환을 준비해야 합니다. 이 곡선은 결정보다 경계와 준비에 이용하는 것이 좋습니다.

추세 전환 신호 다이버전스를 알아두세요

다이버전스는 시장가격의 움직임과 기술적 지표의 움직임이 일치하지 않고 그 방향이 상반되게 나타나는 것을 말합니다. 일반적으로 다이버전스는 스토캐스틱 지표와 RSI 지표에서 찾아볼 수 있습니다.

스토캐스틱의 다이버전스

주가의 고점은 점점 높아지면서 신고가를 경신하는데 스토캐스틱의 고점은 직전 고점을 돌파하지 못하는 경우 하락 다이버전스가 발생했다고 하며 이는 매도 신호로 인식됩니다. 반대로 주가는 저점을 경신하고 있는데 스토캐스틱의 저점은 높아지는 상황이라면 상승 다이버전스가 발생했다고 하고 매수 신호로 인식됩니다.

하락 다이버전스의 예

<h2 style="text-align:center">상승 다이버전스의 예</h2>

RSI의 다이버전스

시장과 RSI가 움직이는 방향이 상반되는 것을 말합니다.

<h2 style="text-align:center">하락 다이버전스의 예</h2>

상승 다이버전스의 예

RSI의 다이버전스는 보통 RSI의 값이 30과 70 사이에서 결정될 때 나타납니다. 그러나 시장의 움직임이 과열되어 RSI의 값이 30 이하로 결정되거나 70 이상에서 결정될 경우 다이버전스가 나타나면 이는 아주 강력하고 중요한 추세 반전의 신호로 인식합니다.

결자해지 매매:
챗GPT로 보조지표 원칙을 고정하세요

　차트분석에서 가장 어려운 점은 지표를 모르는 것이 아니라, 지표를 너무 많이 쓰는 데서 오는 혼란입니다. 매수와 매도, 손절과 관망의 기준이 상황마다 바뀌면 결국 매매는 흔들릴 수밖에 없습니다. 이번에는 챗GPT를 활용해 보조지표의 원칙을 고정하는, 이른바 '결자해지 매매'의 관점으로 접근해봅니다. MACD를 주지표로 삼아 매매의 시작과 끝을 스스로 설명할 수 있도록 만들고, ADX와 ATR을 통해 지금 장세가 추세인지 횡보인지를 구분하며, 장세에 맞는 보조지표 조합까지 정리합니다. 예측이 아니라 일관된 기준으로 대응하는 매매, 그 기준을 AI와 함께 세워보는 것이 핵심입니다.

Q) 내 주지표를 MACD로 할게. 매수·매도·손절·관망 규칙을 4줄로 만들어줘.

[전문가 해설]

1. 양 전환 매수, 음전환 매도

2. 시그널선 골든크로스 매수, 데드크로스 매도

3. 시그널선이 0선 밑에 있을 때는 양 전환이 되더라도 반등 수준이 낮음

4. 주가가 고점에서 급락하는 경우에는 MACD 매매 신호가 늦게 나오는 경우도
   있음

[챗GPT 분석]

MACD를 주지표로 사용할 때의 핵심은 신호의 발생보다 신호가 나타난 위치와
흐름을 함께 해석하는 것입니다. 다음은 실전에 바로 적용할 수 있도록 정리한 4가
지 규칙입니다.

1. 매수는 MACD가 시그널선을 상향 돌파할 때 무조건 들어가는 것이 아니라, 하
   락 압력이 둔화한 뒤 히스토그램이 바닥에서 줄어들고 방향을 바꾸는지를 먼저
   확인한 뒤에 고려하는 것이 바람직합니다. 특히 가격이 이전 저점을 더 이상 낮
   추지 않는 구간이라면 신뢰도가 높아집니다.

2. 매도는 MACD가 고점권에서 시그널선을 하향 이탈하거나, 히스토그램이 줄어
   들며 상승 탄력이 약해질 때 단계적으로 접근하는 것이 좋습니다. 이때 가격이
   더 오르더라도 MACD가 따라오지 않는 다이버전스가 나타난다면 매도 판단의
   근거로 삼을 수 있습니다.

3. 손절매는 MACD 신호가 아니라 가격 기준으로 잡는 것이 원칙입니다. 다만 매
   수 이후 MACD가 다시 하락 방향으로 꺾이면서 히스토그램이 빠르게 음의 영
   역으로 확대되고, 동시에 주요 지지선이 무너진다면 손절매를 미루지 않는 것
   이 중요합니다.

4. 관망은 MACD가 시그널선 근처에서 얽히며 방향성이 없고, 히스토그램도 의미
   있게 확대되지 않을 때 해당됩니다. 이런 구간은 매수·매도 모두 확률이 낮기 때
   문에, 신호가 분명해질 때까지 기다리는 것이 가장 합리적인 선택입니다.

Q) 지금은 추세장인가 횡보장인가? ADX/ATR 관점에서 설명해줘.

[전문가 해설]

ADX와 ATR 모두 바닥에서 상승으로 반전하고 있어 추세 상승전환이 이루어짐. 이후 주가 움직임도 꾸준한 상승을 보이게 됨.

[챗GPT 분석]

이 차트를 ADX와 ATR 관점에서 보면, 지금은 단순 횡보장이 아니라 추세가 만들어진 이후 유지·강화되는 추세장에 더 가까운 국면으로 해석하는 것이 타당합니다.

먼저 ADX 관점입니다. ADX는 방향이 아니라 추세의 힘을 보는 지표인데요. 차트에서 빨간 박스 구간을 보면, 가격이 급격히 움직이기 시작하면서 ADX가 바닥권에서 상승 방향으로 전환됩니다. 이는 그동안 방향성이 없던 시장이 명확한 방향성을 갖기 시작했다는 신호입니다. 만약 횡보장이라면 ADX는 낮은 수준에서 옆으로 눕는 경우가 많은데, 이 차트에서는 ADX가 상승하며 유지되고 있어 움직임이 우연이 아니라 추세로 굳어지고 있다고 볼 수 있습니다.

다음은 ATR 관점입니다. ATR은 변동성의 크기를 보여주는데, 빨간 박스에서 ATR

이 이전보다 분명히 커집니다. 이는 하루하루의 가격 변동 폭이 커졌다는 뜻으로 시장에 에너지가 유입되고 있음을 의미합니다. 횡보장에서는 ATR이 점점 줄어드는 경우가 많지만, 여기서는 상승추세가 시작되며 변동성도 함께 커지고 있습니다. 즉, 가격이 오르면서 시장 참여자들의 반응도 활발해진 상태입니다.

이 두 지표를 함께 보면 해석이 더 명확해집니다.

- ADX 상승 → 추세의 힘이 생김
- ATR 확대 → 그 추세가 실제 가격 움직임으로 나타남

따라서 현재 국면은 '횡보에서 벗어나 추세가 형성되었고, 아직 완전히 힘이 소진되지 않은 추세장'으로 보는 것이 가장 합리적입니다. 다만 주의할 점도 있습니다. 추세장이라고 해서 항상 직선으로 오르지는 않습니다. ATR이 커진 상태에서는 중간중간 조정도 커질 수 있기 때문에 전략적으로는 추세를 부정하기보다 추세를 전제로 한 대응이 필요합니다. 즉, 지금은 방향을 맞히려 하기보다는 눌림이 나올 때 추세가 유지되는지(ADX 유지), 변동성이 급격히 꺼지지 않는지(ATR 축소 여부)를 확인하며 접근하는 구간입니다.

[전문가 해설]

추세지표 중 스토캐스틱과 MACD 두 지표를 사용해서 확인해보면 종합주가지수가 꾸준한 상승 이후 횡보장을 보여주고 있는 모습. 스토캐스틱은 과열국면에서 벗어나는 상황에서 %K와 %D 사이에 데드크로스가 발생했고, MACD는 짧은 양 전환 이후 재차 음 전환이 되어 등락이 거듭되는 모습을 보여주고 있음.

[챗GPT 분석]

이 차트의 현재 국면을 먼저 정리하면, 강한 상승추세가 한 차례 마무리된 뒤 고점권에서 힘을 소설하며 횡보하는 구간에 가깝습니다. 즉, 완전히 추세가 꺾인 하락장은 아니지만, 이전처럼 속도감 있는 상승을 기대하기도 어려운 상태입니다. 이런 장세에서는 추세를 따라가는 지표보다 지금 흐름이 유지되는지, 아니면 다시 힘이 붙는지를 확인해주는 보조지표가 적합합니다.

이 관점에서 추천할 보조지표는 ADX와 스토캐스틱Stochastic 2가지입니다.

먼저 ADX입니다. 현재처럼 상승 이후 고점에서 횡보가 나타나는 구간에서는 이

282

움직임이 단순한 숨 고르기인지, 아니면 추세 종료의 시작인지를 판단하는 것이 중요합니다. ADX는 방향이 아니라 추세의 힘을 보여주는 지표이기 때문에 지금 장세에 잘 맞습니다. 만약 가격이 횡보하더라도 ADX가 높은 수준을 유지하거나 완만하게 하락한다면, 이는 추세가 완전히 죽지 않고 유지되고 있다는 신호로 해석할 수 있습니다. 반대로 ADX가 빠르게 낮아진다면, 이 구간은 추세장이 아니라 본격적인 횡보장으로 전환되고 있음을 경고해줍니다. 즉, ADX는 지금 추세로 대응해도 되는가를 판단하는 기준선 역할을 합니다.

다음은 스토캐스틱입니다. 현재 차트는 고점권에서 등락을 반복하고 있기 때문에 단기적인 과열·과매도 신호가 실전 대응에 더 유용해집니다. 스토캐스틱은 이런 횡보 또는 완만한 조정 구간에서 가장 효율적인 지표입니다. 상승추세가 살아 있는 상태에서 스토캐스틱이 과매도권까지 내려왔다가 다시 방향을 틀어준다면, 이는 추세 속 눌림으로 해석할 수 있습니다. 반대로 과매수권에서 여러 번 꺾이며 힘을 쓰지 못한다면, 당분간 위로의 탄력이 제한될 가능성을 경계할 수 있습니다.

정리하면, 이 차트의 현재 장세는 강한 추세 이후의 고점권 조정·횡보 구간이며, 이에 맞는 조합은 ADX로 추세의 생존 여부를 판단하고, 스토캐스틱으로 단기 대응 타이밍을 잡는 방식입니다.

6장

시장을 꿰뚫는 차트 이론 완전정복

주식은 직선으로 움직이지 않는다: 파동을 이해해야 하는 이유

직선의 세계는 단순하여 이해하기 쉽지만, 실제 생활에서는 활용하기 어렵습니다. 세상의 모든 움직임은 구부러지거나, 휘어지거나, 출렁이며 움직이기 때문입니다.

주식투자를 처음 시작하는 사람들은 주가가 상승하기 시작하면 곧바로 끝까지 올라갈 것이라고 생각하는 경우가 많습니다. 따라서 시장이 적절한 조정을 받으면 강세장이 끝났다고 오해하여 투자 전략이 흐트러지곤 합니다.

주가가 파동을 그리며 움직인다는 관점에서 가장 유명한 이론은 엘리어트Nelson Elliott의 파동이론입니다. 엘리어트는 주가가 상승할 때 5개의 파동을 그린다고 보았습니다.

- 첫 번째 파동: 상승
- 두 번째 파동: 하락(조정)
- 세 번째 파동: 크게 상승
- 네 번째 파동: 다시 하락(조정)

- 다섯 번째 파동: 상승(이후 상승 파동이 마무리되고 하락 파동으로 전환)

    하락할 때 역시 하락과 반등을 반복하며 마무리됩니다. 이처럼 파동의 원리를 알지 못하면 주식시장에서 효과적으로 대응하기 어렵습니다. 또한, 많은 사람이 주식투자를 주식 자체와의 싸움으로 오해합니다. 그러나 이는 잘못된 생각입니다. 주식투자는 나와 다른 투자자들과의 전쟁, 즉 사람과 사람이 주식을 두고 벌이는 심리 싸움터입니다. 따라서 주식시장의 각 국면에서 형성되는 투자자들의 투자심리를 제대로 간파하고 있어야 합니다.

    이러한 투자심리의 중요성을 처음으로 시장에 알린 사람은 〈월스트리트저널〉의 창간자인 찰스 다우Charles Dow입니다. 예로부터 주식투자로 돈을 버는 것은 많은 사람의 꿈이었기에 수많은 투자이론이 등장했습니다. 하지만 그중 가장 핵심적이고 기본적인 이론은 다우이론과 엘리어트 파동이론입니다.

    우리가 투자이론으로 무장해야 하는 이유는 이론이 투자심리가 흔들릴 때 중심을 잡아주는 역할을 하기 때문입니다. 이번 장에서 설명하는 기본 이론으로 무장하여 흔들리지 않는 투자심리를 유지하기 바랍니다. 이론으로 무장된 여러분의 성공적인 투자를 기대합니다.

다우이론
호황국면일까, 불황국면일까?

다우이론Dow Theory은 〈월스트리트저널〉의 편집장이었던 찰스 다우가 1900년대에 고안했습니다. 1929년의 세계 공황에 따른 미국 증시의 붕괴를 예측하여 유명해진 장세분석 방법입니다. 초기 다우이론은 매우 간단한 내용이었지만 이후에 다양하게 변형되었습니다. 다우이론은 미래 증권시장의 전반적인 동향이 호황국면인지 아니면 불황국면인지를 예측하는 데 그 목적이 있습니다.

한 걸음 더

다우이론은 예측이 아니라 판단 기준입니다
다우이론은 시장을 맞히는 도구라기보다 지금이 어떤 국면인지 정리하는 기준입니다. 그래서 단기 매매 타이밍보다 "지금 공격해야 하는가, 방어해야 하는가"를 판단하는 데 강점이 있습니다. 지수나 섹터 흐름을 먼저 보고, 개별 종목은 그다음에 보셔야 합니다.

다우이론의 원칙을 이해하세요

다우이론의 일반원칙은 다음과 같은 내용들로 구성되어 있습니다.

평균치는 시장의 모든 요소를 반영한다

개개의 주가는 주식시장에서 알려진 모든 것을 반영한다는 원칙입니다. 즉, 새로운 정보가 발생하면 시장 참여자들은 재빨리 그 정보를 퍼뜨리고 이에 따라 주가도 상승하거나 조정을 보인다는 것입니다. 따라서 시장평균치는 대부분의 시장 참여자에 의해 알려져서 모든 요소가 반영된다고 봅니다. 특히 모든 현상은 평균치로 모인다고 하는 평균회귀 현상이 이를 잘 설명하는 이론입니다.

시장은 3개의 추세로 구성되어 있다

주식시장은 크게 3개의 힘이 반영됩니다. 즉, 매일매일의 움직임을 나타내는 단기추세, 수주에서 수개월의 움직임을 보여주는 중기추세, 그리고 수년 동안의 움직임을 보여주는 장기추세로 구성됩니다. 그런데 다우는 단기추세는 무시하고 중기추세를 이용해서 장기추세를 확인하려고 했습니다.

장기추세는 3개의 국면을 가진다

다우이론에 의하면 장기추세는 3개의 국면으로 구성됩니다.

　첫 번째 국면은 경기회복과 경기의 장기 성장을 기대하는 투자자들에 의해 공격적인 매수세가 나타나는 국면입니다. 이 국면에서 대부분의 투자자는 투자 의욕이 생기지 않는 암울한 상태에 있으며 경기회복은 거의 기대하기 어려운 상황입니다. 이때 공격적인 매수자들은 시장을 비관하는 매도자들에게서 매수를 시작합니다.

　두 번째 국면에서는 경기 상황이 좋아지고 소득이 증가하기 시작합니다. 경기 개선과 함께 투자자들이 서서히 매수를 시작하는 국면입니다.

　세 번째 국면에서는 소득과 경기 상태가 호조를 보입니다. 지난 첫 번째 국면의 상황을 잊은 대다수의 일반투자자가 주식시장을 아주 좋게 보며 지속 상승을 확신하는 국면입니다. 그 결과, 주식 매수가 더욱 확대되고 심지어 과열 현상도 보입니다. 이 시기에 첫 번째 국면에서 공격적인 매수를 하던 일부 투자자들은 하락전환을 예상하며 보유 주식을 처분하기 시작합니다.

거래량은 추세를 확인시킨다

다우는 주가 차트에서 발생하는 신호를 확인하기 위해 중요한 지표가 되는 것이 거래량이라고 했습니다. 즉, 거래량은 주요 추세의 방향을 확대한 것이라고 보았습니다. 만약 주요 추세가 상승이라면 주가가 높아짐으로써 거래량은 증가하고, 주가가 하락함으로써 거래량은 감소합니다. 반대로 주요 추세가 하락이라면 주가가 하락함으로써 거래량은 증가하고, 주가가 상승함으로써 거래량은 감소한다고 설명합니다. 거래량은 주가와 더불어 매우 중요한 요소입니다.

추세는 명확한 반전 신호를 보일 때까지 변하지 않는다

상승추세란 고점도 점차 높아지고 저점도 따라서 높아지는 추세를 말합니다. 이러한 상승추세가 반전되려면 고점과 저점 가운데 하나는 낮아져야 합니다. 반대로 하락추세란 고점도 점점 낮아지고 저점도 점점 낮아지는 추세를 말합니다. 이 하락추세가 반전되려면 고점과 저점 가운데 하나는 높아져야 추세의 반전이라고 할 수 있습니다.

평균치는 각각을 확인해야 한다

다우는 추세의 확인을 위해 의미 있는 강세시장 혹은 약세시장의 전환 신호에서 두 평균이 동일한 신호를 보이지 않으면 유효성이 없다고 했습니다. 즉, 시장이 강세로 전환되기 위해서는 이전의 고점이 다소 시간 차이는 있더라도 같이 돌파되어야 한다는 것입니다. 만약 이 두 평균치가 다른 기울기를 보인다면 서로 간에 이전 추세가 아직 유효하다고 봅니다.

앞에서 살펴본 바와 같이 다우이론에서는 주가의 추세를 단기추세, 중기추세, 장기추세로 구분하고 단기추세는 주가의 1일 변동을, 중기추세는 몇 개월간의 시장의 주세를, 그리고 장기주세는 몇 년 농안 계속되는 추세를 말합니다. 이때 단기추세는 무시하고 중기추세를 관찰하여 장기추세의 흐름을 찾아내는 방법이 있습니다. 장기추세를 찾아내는 방법은 다음과 같습니다.

1. 새로운 중기추세의 최고점이 장기추세의 최고점을 갱신하지 못하면 주식시장은 약세국면에 접어들었다는 신호입니다.

2. 새로운 중기추세의 최저점이 이전 장기추세의 최저점보다 높아지면 장기추세는 상승국면에 접어들어 강세장이 진행됨을 나타내주는 신호입니다.

장기추세를 찾아내는 이러한 방법을 통하여 그 추세의 진행 과정을 설명했습니다. 다우이론에 의하면 강세시장은 매집국면, 상승국면, 과열국면으로 나눌 수 있고, 약세시장은 분산국면, 공포국면, 침체국면으로 나눌 수 있습니다. 이 장기추세의 진행 과정을 살펴보면 다음과 같습니다.

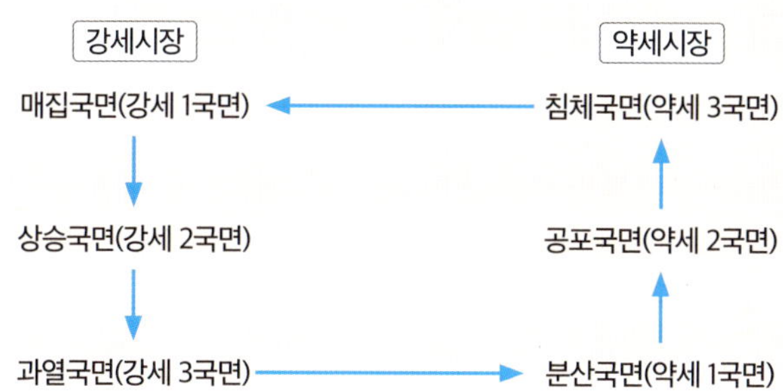

그럼 강세시장과 약세시장의 국면별 특징을 살펴보겠습니다.

강세시장의 3국면

매집국면 ▶ 강세시장의 초기 단계입니다. 전체 경제와 시장 여건이 불리한 상황으로, 주가가 수평적으로 움직입니다. 기업환경이 회복되지 못하여 장래에 대한 전망이 어둡다는 특징이 있습니다. 경제지표에 실망한 다수의 투자자는 오랫동안 지속된 약세시장에 지쳐서 매수자만 나타나면 매도해버리려고 합니다. 그러나 전문투자자들이 일반투자자들의 실망매물을 매입하려는 활동을 함으로써 거래량은 약간씩 증가합니다.

상승국면 ▶ 주가가 지속적으로 상승하는 국면입니다. 경제지표와 같은 통계수치가 호전되면서 일반투자자들의 투자심리가 개선되어 주가가 상승하고 거래량도 증가합니다. 이 국면에서는 기술적 분석에 따라 주식투자를 하는 사람이 가장 많은 투자수익을 올릴 수 있습니다. 왜냐하면 시장이 추세를 가지고 움직이기 때문입니다.

과열국면 ▶ 상승국면에서 많은 일반투자자가 시장에 군집하여 거래하기 때문에 주가가 지나치게 상승하여 과열국면을 보입니다. 이 국면에서는 전체 경제와 기업수익 등이 호조를 보이면서 유상증자가 많아지고, 이에 따라 거래량이 급격하게 증가하는 현상을 보입니다. 일반적으로 주식투자에 경험이 없는 사람들은 이때 확신을 가지고 적극 매수에 나서는데 이때 매수자는 흔히 손해를 볼 수 있기 때문에 각별히 조심해야 할 시점입니다.

약세시장의 3국면

분산국면 ▶ 과열국면에서 시장의 과열을 감지한 전문투자자가 경제활동 둔화에 대비하기 위해 보유하고 있는 주식을 점진적으로 처분하는 국면입니다. 분산국면에 접어들면 추세선의 기울기가 점점 완만해지고 주가가 조금만 하락해도 거래량이 증가하는 현상을 보입니다. 이때 거래량이 늘어나는 이유는 그동안 주가의 상승으로 추격매수를 하지 못했던 일반투자자들이 시장의 조정을 통해 매수에 나서기 때문입니다.

공포국면 ▶ 공포국면에서는 일반투자자의 매수 세력이 크게 위축되고, 매도 세력이 늘어나면서 주가가 크게 하락합니다. 이 국면에서는 경제지표 등 통계수치가 점차 나빠짐에 따라 일반투자자들이 보유하고 있는 주식을 처분하기 때문에 거래량이 크게 줄고 주가도 급락하는 모습을 보입니다. 하지만 공포국면에서도 개인투자자들이 자신감을 갖는 이유는 주가 하락 시 물타기 전략에 나설 의향이 있다는 것을 반증해줍니다.

침체국면 ▶ 추세선이 하향하는 기울기가 매우 완만해지지만 매도 세력이 여전히 시장을 지배하고 있기 때문에 주가가 크게 하락하거나 상승하지 않는 침체 상태를 보이는 국면입니다. 공포국면에서 미처 처분하지 못한 일반투자자들의 실망매물이 출회되기 때문에 손해를 무릅쓰고 싼값에 팔아버리는 투매 현상이 나타나는 것이 특징입니다. 투매 현상이 나타남에 따라 주가는 계속 하락하지만 시간이 경과할수록 주가의 낙폭이 작아집니다.

그런데 이렇게 각 국면을 살펴보다 보면 국면마다 전문투자자와 일반투자자의 행동양식이 다르다는 것을 알 수 있습니다. 이를 정리해보면 다음과 같습니다.

각 국면별 전문투자자와 일반투자자의 심리 상태

시장국면 투자자	강세시장			약세시장		
	매집국면	상승국면	과열국면	분산국면	공포국면	침체국면
일반투자자	두려움	자신감	두려움	자신감	자신감	두려움
전문투자자	자신감	두려움	자신감	두려움	두려움	자신감
투자 전략	-	점차 매도	매도	-	점차 매수	매수

표에서 알 수 있듯이 일반투자자들은 각 국면에서 전문투자자들과 다소 다른 심리 상태를 보입니다. 시장에는 공포와 탐욕이 존재한다고 했던 것과 관련하여 보면 일반투자자들은 시장의 각 국면에서 공포와 탐욕의 상황에 빠져들고, 전문투자자들은 일반투자자들과는 달리 비교적 장세 분위기에 합당한 이성적인 투자심리를 보인다고 볼 수 있습니다.

그랜빌은 다우이론을 통해서 다음과 같은 투자 전략을 제시했습니다. 매수는 약세 2국면인 공포국면에서부터 점차적으로 시작해서 약세 3국면인 침체국면에서 완료해야 하고, 매도는 강세 2국면인 상승국면에서 점차적으로 시작해서 강세 3국면인 과열국면에서 완료해야 한다는 것입니다. 결국 다우이론을 통해서 우리는 장기추세가 상승국면에 있는지 하락국면에 있는지를 아는 것도 중요하지만, 각 국면에서 일반투자자들이 극복해야 하는 심리 상태가 어떤 것인지를 아는 것이 더 중요합니다

하지만 다우이론도 완전한 것은 아닙니다. 그렇다면 다우이론은 어떠한 한계점을 가지고 있는지 간단히 알아보겠습니다.

1. 추세 반전이 너무 늦게 확인되기 때문에 실제 투자활동에 그다지 도움이 되지 않는다는 것입니다. 즉, 주가의 흐름이 상당 기간 진행된

후에 비로소 시장의 약세와 강세를 확인할 수 있기 때문에 매매 시점 포착이 상당히 늦어질 수 있다는 단점이 있습니다.

2. 다우이론은 분석자의 능력이나 경험에 따라 달라질 수 있기 때문에 하나의 결론을 가지고 다양한 해석이 가능해져 정반대의 결과를 도출할 수 있다는 단점이 있습니다.

3. 다우이론은 주로 장기추세에 역점을 둠으로써 중기추세를 이용하고자 하는 투자자에게는 별로 유용성이 없습니다. 따라서 중기 투자 전략에는 결정적인 역할을 하지 못하고, 중기추세의 흐름은 장기추세를 확인하는 보조적인 역할에 그친다는 한계가 있습니다.

4. 다우이론은 평균적인 주가 흐름을 파악하는 데는 도움이 되지만 위험을 고려하고 있지 않기 때문에 포트폴리오를 위한 어떤 정보도 얻을 수 없다는 것이 결정적인 단점입니다.

이와 같이 다우이론은 대표적인 기술적 분석 도구이므로 기술적 분석의 단점들을 고스란히 가지고 있습니다. 하지만 앞에서도 살펴보았듯이 투자자는 각 국면에서 나타나는 사람들의 심리적 압박감을 어떻게 극복할 것인지를 풀어내야 합니다.

우리나라 종합주가지수의 움직임을 통해 다우이론에 따른 각 국면을 판단해보겠습니다. 2008년 세계적인 금융위기 이후 우리 주식시장은 긴 조정 장세를 보였습니다. 그만큼 침체국면이 길었던 겁니다. 그러던 주식시장이 글로벌 경기 호조세에 힘입어 서서히 상승하더니 중국과 아세안 국가들과의 교역이 증가하면서 강한 상승세를 보였다가 코로나19 사태가 발생하면서 하락하는 모습을 보였습니다. 다음 차트는 그 상황 속에서 다우이론을 통해 장세를 구분해 각 국면으로 나눠본 것입니다.

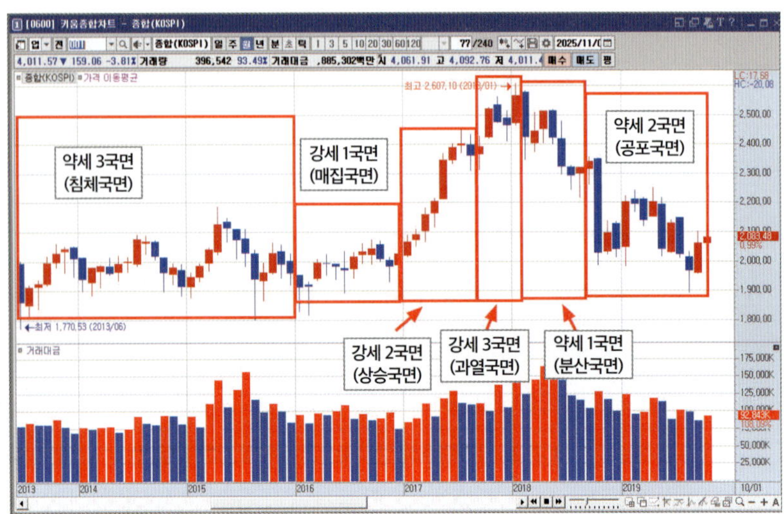

코로나 팬데믹 이후 주식시장은 이전까지의 모습과는 다릅니다. 그 기간 글로벌 중앙은행들이 경기후퇴를 막기 위해 막대한 돈을 풀어 주식시장이 마치 거품 위에 떠 있는 모습이 되었습니다. 주식시장의 흐름이 더욱 단기화되고 변동성이 커지는 모습을 보여 다우이론으로 적용하기에는 적절치 않은 상황입니다. 그 상황 속에서도 장세를 세분화해보면 여전히 다우가 말한 국면으로 나눠볼 수 있습니다. 주가의 등락 주기가 단기화된 시장 안에서 투자자들의 심리 상태를 잘 생각해볼 필요가 있습니다.

코스톨라니의 달걀과 시장심리
주식이 많을까, 바보가 많을까?

미국에 워런 버핏Warren E. Buffett이 있다면, 유럽에는 앙드레 코스톨라니 Andre Kostolany가 있습니다. 코스톨라니는 헝가리 출신의 유대인으로 평생을 전업투자자로 살아가며 막대한 부를 쌓은 인물입니다. 그가 남긴 9권의 저서에는 "제대로 된 투자자는 사고하는 인간이다"라는 말이 등장합니다. 이는 투자의 세계가 결국 인간의 탐욕과 공포가 뒤섞인 공간이라는 사실을 강조한 표현입니다. 탐욕과 공포를 이겨내지 못하는 사람은 이 시장에서 결코 오래 살아남기 어렵다는 의미이기도 합니다.

코스톨라니에게는 주식을 처음 배울 때의 유명한 일화가 있습니다. 그가 한 투자 고수에게 언제 주식을 사고팔아야 하는지를 묻자, 그 고수는 이렇게 말했다고 합니다.

"주식시장에 주식이 많은지, 바보가 많은지를 살펴보면 된다. 주식보다 바보가 많으면 팔고, 바보보다 주식이 많으면 사면 된다."

시장의 심리를 꿰뚫는, 오래 곱씹을 만한 말입니다.

심리에 따라 주가는 움직입니다

코스톨라니는 주식시장에서 가격을 결정하는 핵심 요인이 대중의 심리라고 보았습니다. 결국 수요와 공급은 사람들의 심리에 의해 만들어지고, 수요가 공급을 압도할 때 주가는 상승합니다. 이러한 그의 생각을 가장 직관적으로 보여주는 것이 바로 유명한 '코스톨라니의 달걀'입니다.

코스톨라니는 가격보다 사람을 봤습니다
코스톨라니의 달걀은 차트 모양을 예측하는 도구라기보다 대중의 심리가 어디에 있는지를 점검하는 지도입니다. 가격이 아니라 사람들의 행동이 어느 국면에 몰려 있는지를 먼저 보는 것이 핵심입니다.

코스톨라니의 달걀은 다음 그림과 같이 총 6단계로 구성됩니다.

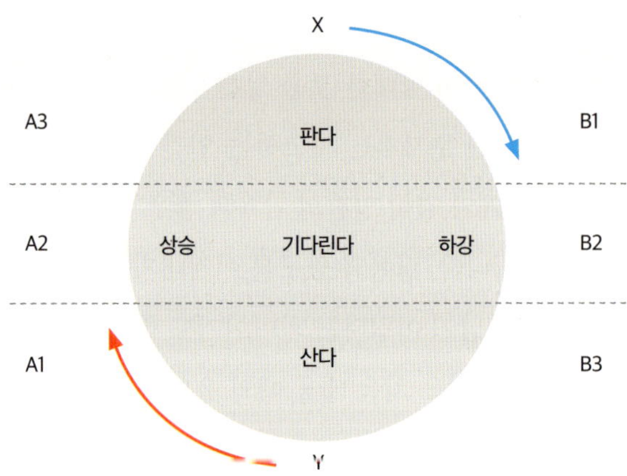

A국면은 상승국면입니다. A1단계는 수정국면으로 거래량이 적고 주식 보유자 수도 많지 않은 시기입니다. A2단계는 동행국면으로 거래량과 주식 보유자 수가 점차 증가하기 시작합니다. A3단계는 과장국면으

로 거래량이 급증하고 주식 보유자 수도 크게 늘어나는 시기입니다. 이 단계에서 지수는 정점을 형성한 뒤 하락으로 전환되며, 이후 거래량과 주식 보유자 수가 줄어드는 하락국면으로 접어듭니다.

B국면은 약세국면입니다. B1단계는 하락 초기의 수정국면입니다. B2단계는 동행국면으로, 거래량은 늘어나지만 주식 보유자 수는 줄어드는 특징을 보입니다. B3단계는 과장국면으로, 거래량은 폭증하지만 주식 보유자 수 감소가 지속되는 시기입니다.

즉, 주식시장은 A1 → A2 → A3단계를 거치며 상승한 뒤, A3을 정점으로 B1 → B2 → B3단계를 지나며 하락하는 흐름을 반복한다는 것입니다.

각 국면에 따른 매매 대응 전략은 다음과 같이 정리할 수 있습니다.

1. A1국면과 B3국면에서 매수합니다. 이 시기는 주식시장이 바닥을 형성하는 구간입니다.
2. A2국면에서는 보유하거나 기다립니다. 주가가 추세를 가지고 상승하는 시기입니다.
3. A3국면과 B1국면에서 매도합니다. 특히 A3국면은 흥분한 개인투자자들이 몰려드는 시기로, 다우이론의 과열국면과 유사합니다.
4. B2국면에서는 매도 후 현금을 보유하며 관망합니다.

고수의 팁 ▶ 대중이 확신할수록, 경계해야 할 시점입니다

A3 과장국면은 대중이 시장을 낙관하고 확신하는 시기입니다. 이때는 상승 논리가 넘쳐나지만, 역설적으로 전문투자자들은 출구를 준비하는 구간이기도 합니다. 실전에서는 확신의 분위기 자체를 경계 신호로 삼는 것이 도움이 됩니다.

결국 코스톨라니의 달걀 모형은 전체 6단계 중 약 3분의 1만 대중과 같은 방향으로 움직이고, 나머지 3분의 2는 대중과 반대 방향으로 움직일 것을 권하고 있습니다.

이제 앞에서 배운 다우이론과 코스톨라니 이론을 비교해보겠습니다.

다우이론과 코스톨라니 달걀의 전략 비교

시장국면	강세시장(A)			약세시장(B)		
	매집국면 (A1)	상승국면 (A2)	과열국면 (A3)	분산국면 (B1)	공포국면 (B2)	침체국면 (B3)
다우	–	점차 매도	매도	–	점차 매수	매수
코스톨라니	매수	보유	매도	매도	현금 보유	매수

앙드레 코스톨라니는 이 달걀 모형을 통해 사람들이 왜 주가가 정점에 있을 때 주식을 사고, 주가가 바닥에 있을 때 주식을 파는지를 명확하게 설명해주고 있습니다.

금리 변화에 따라 투자를 결정하세요

코스톨라니의 전략은 금리 흐름과 결합했을 때 더욱 입체적으로 이해할 수 있습니다. 이렇게 접근하면 주식 매매뿐 아니라 자산 배분 전략까지 함께 세울 수 있습니다.

한 걸음 더

금리는 자산 이동의 출발점입니다

금리 변화는 단순한 숫자 조정이 아니라 자금이 움직이기 시작하는 신호입니다. 금리가 정점을 찍고 방향을 바꾸면, 예금·채권·부동산·주식 간의 이동이 순차적으로 나타납니다. 실전에서는 개별 자산보다 금리의 방향성을 먼저 확인하는 것이 중요합니다.

　코스톨라니의 달걀 모델을 금리 변화에 적용하면, 금리 국면에 따라 자금이 어떻게 이동하고 투자 판단이 달라지는지 보다 분명하게 알 수 있습니다.

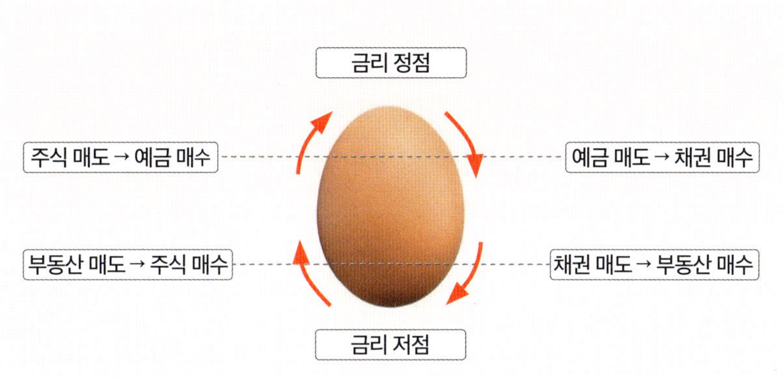

금리 정점 국면 ▶ 금리가 과열 단계를 지나 정점에 이르면 경기 연착륙이나 경착륙에 대한 논쟁이 본격적으로 시작되고, 장기 금리는 서서히 하락합니다. 통화당국은 금리 인하를 고민하기 시작하지만, 이 시점부터 예금에 투자된 자금은 기존에 누리던 안정적인 수익을 유지하기 어려워집니다. 이에 따라 투자자들은 예금 외의 다른 안전자산을 찾기 시작합니다.

예금 매도 → 채권 매수 ▶ 금리가 하락하기 시작하면 예금보다 상대적으로 안전하면서도 금리 인하의 영향을 덜 받는 확정금리 채권으로 자금이 이동합니다. 채권은 표면금리만큼의 이자를 받을 수 있고, 시중금리가 내려가면 채권 가격이 상승해 시세차익까지 기대할 수 있기 때문입니다. 이 국면에서는 채권투자의 매력이 가장 크게 부각됩니다.

채권 매도 → 부동산 매수 ▶ 금리 하락이 가속화되어 균형 금리를 지나 바닥권에 가까워지면, 채권투자의 매력도 점차 감소합니다. 채권시장에서는 금리 바닥 인식이 확산되며 수익률이 서서히 낮아지거나 마이너스로 전환되기 시작합니다. 그렇다고 낮은 금리의 예금으로 다시 돌아가기도 쉽지 않습니다. 세금과 물가 상승을 고려하면 실질 수익이 거의 남지 않기 때문입니다. 이 시점부터 자금은 실물자산, 즉 부동산으로 이동하기 시작합니다. 낮은 금리를 활용한 시세차익 기대와 임대수익을 노린 투자가 함께 늘어나는 국면입니다.

부동산 매도 → 주식 매수 ▶ 금리가 바닥을 지나 서서히 상승하기 시작하면, 부동산에 투자했던 자금이 시장에 매물로 나오기 시작합니다. 이 과정에서 상당한 시세차익이 실현되고, 그 자금은 점차 주식시장으로 이동합니다. 금리 상승 초기에는 여전히 유동성이 풍부해 주식시장, 특히 우량주 중심으로 상승 흐름이 나타나기 쉽습니다.

주식 매도 → 예금 매수 ▶ 주식시장으로 유입된 자금 규모가 커지면 주가는 빠르게 상승하고, 자산 가격 상승에 따른 부의 효과로 경기는 과열 양상을 보입니다. 각종 경제지표가 낙관적으로 바뀌는 가운데, 금융당국의 금리 인상도 막바지에 이르게 됩니다. 금리가 다시 천장권에 접근하면 자금

자산은 동시에 오르지 않습니다
예금·채권·부동산·주식은 항상 같은 방향으로 움직이지 않습니다. 한 자산의 매력이 약해질 때, 다른 자산의 매력이 부각합니다. 따라서 모든 자산에 동시에 베팅하기보다, 금리 국면에 맞춰 비중을 이동시키는 전략이 장기적으로 더 안정적입니다.

은 주식을 정리하고 안전한 예금으로 되돌아가는 흐름을 보입니다.

이처럼 금리 흐름을 코스톨라니의 달걀 모델에 적용해보면, 자산 간 자금 이동의 방향을 보다 명확하게 이해할 수 있습니다. 각 국면에서 어떤 자산에 비중을 둘 것인지를 판단하는 데 큰 도움이 되며, 투자 방향을 설정하고 실행하는 데도 유용한 기준이 됩니다.

파동으로 시장의 흐름을 파악하세요

1938년 《파동의 원리》라는 책을 통해 엘리어트 파동이론이 세상에 알려졌습니다. 다만 이 이론의 창시자인 R. N. 엘리어트는 이미 세상을 떠난 뒤였고, 그의 이론은 찰스 콜린스Charles J. Collins에 의해 정리되어 소개되었습니다.

엘리어트 파동이론은 주가는 연속적인 파동을 만들며 상승과 하락을 반복하고, 이 흐름이 하나의 사이클을 이룬다는 가격 순환 법칙에 기반한 이론입니다.

이 이론의 핵심 개념은 다음과 같이 정리할 수 있습니다.

1. 모든 작용에는 반작용이 따른다.
2. 주요 추세는 5개의 충격파동과 3개의 조정파동으로 구성된다.
3. 이 8개의 파동을 하나의 사이클로 보며, 이 사이클은 다시 상위 단계의 파동으로 반복된다.

4. 상승 5파, 하락 3파의 기본 구조는 시간과 규모를 확대해도 계속해서
   반복된다.

이를 간단한 그림으로 표현하면 다음과 같습니다.

엘리어트 파동의 예

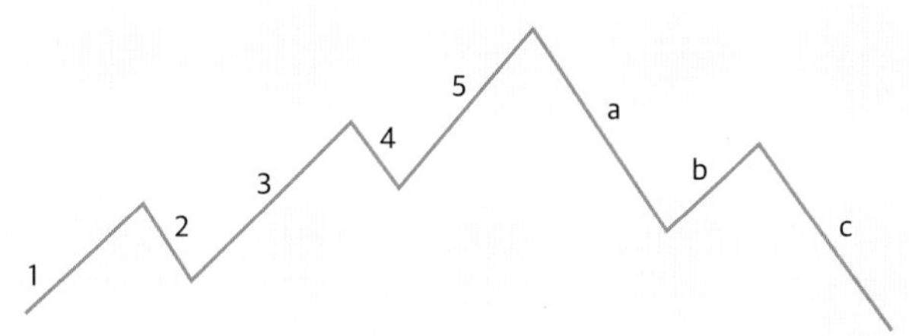

엘리어트 파동은 충격파동과 조정파동이 반복되는 작용과 반작용의
구조를 가집니다. 상승추세에서는 1·3·5파가 충격파동이고, 2·4파는 조정
파동입니다. 반대로 하락추세에서는 a·c파가 충격파동이고, b파는 조정
파동입니다. 즉, 엘리어트 파동의 한 주기는 상승 5파+하락 3파로 구성
됩니다.

또한 큰 파동은 다시 작은 파동으로 나뉩니다. 상승 충격파동은 다시
5개의 작은 파동으로, 조정파동은 3개의 작은 파동으로 세분됩니다. 이
를 상승파동으로 나타내면 다음과 같습니다.

<h2 align="center">큰 충격파동과 작은 충격파동의 관계</h2>

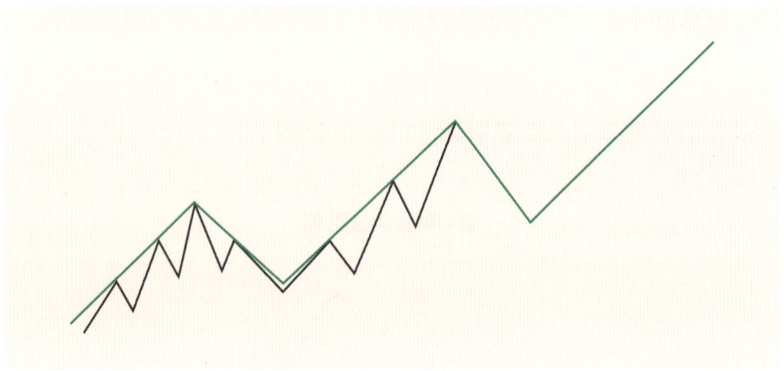

엘리어트 파동이론은 정확한 고점과 저점을 맞히기 위한 기법이 아닙니다. 시장이 어느 국면에 있는지 큰 흐름을 이해하는 지도로 활용할 때 가장 효과적입니다.

상승파동의 구조

상승 1파는 장기 하락추세 이후 나타나는 초기 상승파로, 비교적 짧고 단순한 반등으로 오해받기 쉽습니다.

상승 2파는 조정파동으로, 보통 1파의 38.2% 또는 61.8% 수준까지 되돌립니다. 만약 1파를 100% 되돌린다면 이는 추세 전환이 아니라 기존 하락추세의 연장으로 봅니다.

상승 3파는 가장 강력한 충격파동으로, 대개 전체 파동 중 가장 길게 형성됩니다. 3파는 1파의 약 1.618배로 나타나는 경우가 많고, 돌파갭이나 급진갭이 자주 발생합니다. 경우에 따라 연장이 반복되며 더 길어지기도 합니다.

한 걸음 더

3파를 놓치면 욕심을 버리세요

상승 3파는 가장 강력한 수익구간이지만, 이미 3파가 상당 부분 진행된 뒤에는 추가 추격 매수가 위험해질 수 있습니다. 실전에서는 3파 이후보다 조정 이후의 기회를 기다리는 전략이 더 안정적입니다.

만약 3파에서 연장이 일어날 경우 1파의 2.168배까지 길어지기도 합니다.

상승 4파는 조정파동으로, 보통 3파의 약 38.2% 수준까지 되돌립니다. 이때 4파의 저점은 반드시 1파의 고점보다 높아야 하며, 지그재그·플랫·삼각형과 같은 다양한 조정 형태를 보입니다.

상승 5파는 상승추세 마지막 국면에서 나타나는 충격파동입니다. 길이는 1파와 비슷하거나 0.618배 수준인 경우가 많으며, 거래량은 3파보다 줄어드는 특징을 보입니다. 이 구간에서는 종종 소멸갭이 나타납니다.

하락파동의 구조

하락 A파는 하락추세의 충격파동으로, 반드시 5개의 파동으로 구성됩니다. 만약 3개 파동으로 보인다면 이는 하락이 아니라 상승 5파의 연장으로 해석합니다.

하락 B파는 조정파동으로, 상승장에서 매수한 주식의 마지막 매도 기회로 여겨집니다. 일반적으로 A파의 고점을 넘지 못합니다.

하락 C파는 강력한 충격파동으로, 장기간 하락 이후 투매 현상이 나타나는 국면에 해당합니다.

엘리어트 파동이론에서는 피보나치 수열을 이용해 파동의 목표치와 조정 폭을 계산합니다. 1, 1, 2, 3, 5, 8, 13, 21, 34, 55, 89, 144…의 형태로 이어지는 피보나치 수열의 특징은 앞의 두 수를 더하면 다음 수가 되며, 숫자 사이의 비율에서 0.618, 1.618, 2.618과 같은 값이 반복적으로 나타난다는 점입니다. 이 가운데 61.8%와 38.2%는 황금비

파동은 계산보다 확인이 중요합니다
피보나치 비율은 참고 기준일 뿐, 절댓값이 아닙니다. 가격 계산에 집착하기보다 추세 유지 여부와 거래량 변화를 함께 확인하는 것이 실제 매매에서는 훨씬 중요합니다.

율로 불리며, 자연계와 예술 전반에서 안정적인 비율로 알려져 있습니다.

엘리어트 파동이론은 이 황금비율을 적용해 2파의 조정 폭이나 3파의 목표치를 계산합니다. 다만 실제 시장에서는 이 비율이 정확히 맞아떨어지지 않는 경우가 많아, 변형된 해석이 빈번하게 등장합니다. 그래서 엘리어트 파동이론은 변종이 많고 해석이 어렵다는 평가를 받습니다.

그럼에도 불구하고 다음의 절대 불가침 원칙만 지켜진다면, 기본적인 파동 구조는 유효하다고 봅니다.

1. 2파의 저점은 반드시 1파의 저점보다 높아야 한다.
2. 3파는 가장 짧은 파동이 될 수 없다.
3. 4파의 저점은 1파의 고점과 겹칠 수 없다.

한편 엘리어트 파동이론은 미래 목표치를 계산할 수 있는 장점이 있지만, 다음과 같은 한계도 분명합니다.

1. 각 파동의 전환점을 확인하기 어렵다.
2. 주요 흐름과 세부 흐름을 구분하기 어렵다.
3. 파동의 시작과 끝을 명확히 알 수 없다.
4. 파동이 언제 나타날지 예측할 수 없다.
5. 해석의 자율성이 지나치게 크다.

이러한 이유로 엘리어트 파동이론은 단독 매매 기법이 아니라, 추세·거래량·보조지표와 함께 참고용으로 활용하는 것이 바람직합니다.

카오스이론과 주식시장

모든 기술적 분석 이론이 그렇듯, 엘리어트 파동이론 역시 자칫하면 상황에 따라 해석만 달라지는 하나의 이론으로 남을 수도 있었습니다. 그런데 엘리어트 이론에 다시 관심이 집중되는 계기가 있었고, 그 과정에서 주목받기 시작한 개념이 바로 카오스Chaos이론입니다.

1960년대 이후 카오스이론은 기상학, 물리학, 화학, 생물학, 인류학 등 다양한 학문 분야에서 활발히 연구되었습니다. 카오스란 문자 그대로는 '혼돈'을 뜻하지만, 단순한 무질서가 아니라 겉보기에는 혼란스러워 보이지만 그 안에 일정한 질서가 숨어 있는 상태를 의미합니다.

카오스를 설명할 때 자주 인용되는 비유가 성경의 창세기입니다. 세상이 창조되기 이전, 즉 질서가 잡히기 전의 상태는 극도의 혼란이었지만, 그 안에서도 세상을 움직이는 원리가 존재했다는 해석입니다. 카오스이론은 바로 이 혼돈 속의 질서를 찾아가는 학문이라 할 수 있습니다.

한 걸음 더

카오스는 '무질서'가 아니라 '예측의 한계'를 말합니다

카오스이론은 시장이 완전히 엉망이라는 뜻이 아닙니다. 오히려 단기적 예측은 가능하지만, 중·장기 예측에는 분명한 한계가 있음을 알려주는 개념입니다. 이를 이해하면 맞히려는 투자에서 벗어날 수 있습니다.

카오스 구조는 대체로 몇 가지 특징을 가집니다.

초기 값 민감성 ▶ 카오스 구조는 출발점의 아주 미세한 차이가 시간이 지나면서 전혀 다른 결과로 확대되는 특성을 보입니다. 이는 단기적인 예측은 가능하지만, 중·장기적인 예측은 매우 어렵다는 뜻입니다. 이 개념은 1960년대 미국의 기상학자 에드워드 로렌츠Edward N. Lorenz에 의해 밝혀졌

으며, 중·장기 기상예보가 자주 빗나가는 이유를 설명해줍니다.

주기배가성 ▶ 카오스는 전달 과정에서 주기가 점점 배가되는 특성을 가집니다. 작은 원인이 시간이 흐르면서 상상하기 어려운 결과로 이어지는 현상인데, 흔히 나비효과로 설명됩니다. 초기에는 미미했던 사건이 결과적으로는 거대한 변화를 만들어냅니다.

자기유사성 ▶ 자기유사성이란 부분의 모습이 전체와 닮아 있는 성질을 말합니다. 자연에서는 소나무 한 그루의 모습이 숲 전체를 닮아 있고, 사회 현상에서도 비슷한 구조가 반복됩니다. 큰 구조 안에 작은 구조가, 그 안에 더 작은 구조가 반복적으로 나타나는 특징입니다.

1980년대 이후 미국 주식시장에서도 이러한 카오스 구조가 존재하는지를 두고 많은 연구가 진행되었습니다. 특히 1987년 블랙먼데이 당시, 아주 미세한 계기가 다우지수의 약 22% 폭락으로 이어지면서 시장에 카오스적 구조가 존재하는 것이 아니냐는 의문이 제기되었습니다. 만약 자본시장에 카오스 구조가 있다면, 그 원리를 이해해 수익을 낼 수 있을 것이라는 기대도 함께 생겨났습니다.

그러나 지금까지의 연구 결과를 보면 외환시장에서는 일부 카오스적 특성이 관찰되지만, 주식시장에 명확한 카오스 구조가 존재하는지는 여전히 논쟁적인 주제입니다. 국내에서도 자본시장에 카오스 구조가 있는지를 밝히기 위한 연구가 계속되고 있습니다.

이러한 흐름 속에서 가장 흥분한 집단은 엘리어트 파동이론을 연구하던 분석가들이었습니다. 엘리어트 파동이 바로 카오스의 원리를 내포하고 있다는 해석이 가능했기 때문입니다. 실제로 엘리어트 파동은 초기 파동이 형성되면 상승 5파, 하락 3파의 주기가 만들어지고, 이 과정에서 주기배가성과 자기유사성이 동시에 나타납니다. 큰 파동 안에 작은 파동이, 작은 파동 안에 더 작은 파동이 반복되는 구조는 카오스의 특성과 매우 닮아 있습니다.

다만 현재까지 엘리어트 파동과 카오스이론의 관계를 명확히 입증한 결정적인 연구 결과는 없습니다. 그럼에도 불구하고 주식시장에서 아주 작은 요인이 큰 변동으로 이어지는 사례는 빈번하게 관찰됩니다.

주가는 흔히 불규칙 보행을 한다고 표현됩니다. 잔잔해 보이던 시장이 갑자기 큰 파도를 일으키듯 요동치는 모습을 보면, 시장이 얼마나 위험한 곳인지를 실감하게 됩니다. 이러한 환경에서 시장의 움직임을 완벽히 예측하려는 시도는 오히려 위험할 수 있습니다. 파도타기 선수가 파도를 통제하려 하지 않고 균형을 맞추는 것처럼 투자자 역시 시장에 적응하고 위험을 관리하는 자세가 필요합니다. 시장이 혼란스러울수록 더욱 철저한 위험 관리가 요구됩니다.

[HTS에서 피보나치 이용하기]

HTS에서는 피보나치를 이용한 지지선과 저항선을 찾는 도구들이 있습니다. 바로 피보나치 조정대와 피보나치팬이라는 도구들입니다. 피보나치 조정대는 0.236, 0.382, 0.500, 0.618 등의 비율로 구성되어 있습니다. 즉, 주가 상승 폭 또는 하락 폭의 23.6%, 38.2%, 50%, 61.8% 등이 중요한 지지/저항선이 됩니다. 다음은 피보나치 조정대를 이용해서 실제로 지지/저항선을 그려본 것입니다.

피보나치 저항대를 이용해서 주가의 저점과 고점을 연결하면 앞서 살펴본 비율대가 자동으로 형성되고 그것을 이용해서 지지선과 저항선을 살펴볼 수 있습니다.

피보나치 저항대와 비슷한 것이 바로 피보나치팬입니다. 피보나치팬은 단순히 지지선과 저항선을 수평으로 그린 것에 그치지 않고 부채살 모양의 지지/저항선을 같이 보여준다는 차이점이 있습니다. 특히 피보나치 저항대는 단기적인 매매에도 사용될 수 있지만, 피보나치팬은 장기적인 추세대를 확인하는 용도로 사용되며 피보나치팬 라인의 돌파 여부에 따라 추세의 지지 또는 추세의 전환으로 해석할 수 있습니다. 다만, 저점과 고점의 설정이 달라지면 결과치가 달라질 수 있으므로 추세를 가장 잘 보여주는 저점과 고점을 선택하는 것이 중요합니다.

다음은 피보나치팬 라인을 이용한 추세 확인을 예로 살펴본 것입니다.

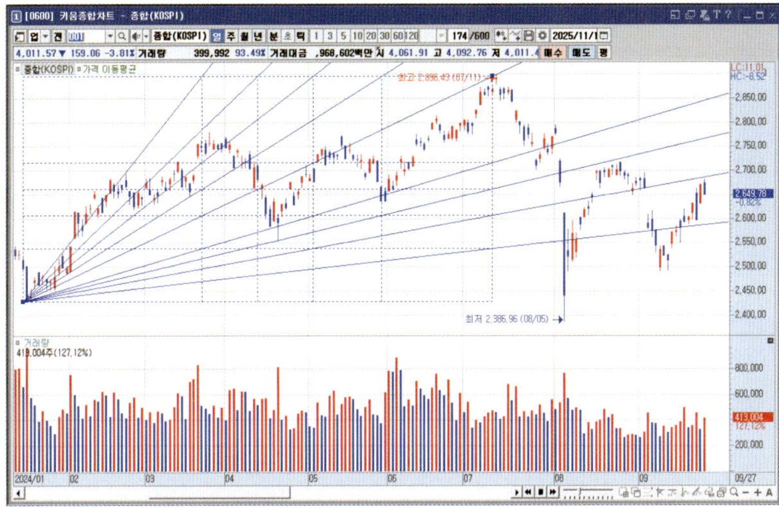

상승/하락 종목 수로 시장을 판단하세요

ADL

ADL Advance Decline Line(등락주선)은 시장의 내부 세력을 측정하는 데 가장 널리 사용되고 있는 중요한 시장분석 지표 중 하나로, 주가가 대세상승에 있는지 대세하락에 있는지를 판단하는 데 이용됩니다. ADL은 상승 종목 수에서 하락 종목 수를 빼서 그 값을 누적시켜 그림으로 그린 선입니다.

종합주가지수가 상승세를 보이고 있다 하더라도 상승 종목 수가 감소하면 지수 상승에도 불구하고 시장의 내부 세력이 약화되고 있다는 것을 말해줍니다. 반대로 종합주가지수가 하락세를 보이고 있더라도 상승 종목 수가 오히려 증가하면 시장의 내부 세력이 강화되고 있다는 것을 말해줍니다. 일반적으로 ADL은 주가의 선행지표로 인식되는데 주가와의 관계를 따져보면 다음과 같습니다.

1. 종합주가지수가 상승하고 있는 중이라도 ADL이 하락하고 있다면 주가는 곧 하락세로 전환합니다. 반대로 종합주가지수가 하락하고 있을지라도 ADL이 상승하고 있다면 주가는 곧 상승세로 전환합니다.

2. 종합주가지수가 ADL과 함께 상승하는 경우에는 시장의 기조가 매우 강함을 보여줍니다. 반대로 종합주가지수가 ADL과 함께 하락하는 경우에는 시장의 기조가 매우 약함을 보여줍니다.

3. 종합주가지수가 이전의 고가에 접근하고 ADL이 그 고가 당시의 수준 아래에 있는 경우 단기적인 약세가 예상됩니다. 반대로 종합주가지수가 이전의 고가에 접근하고 ADL이 그 고가 당시의 수준 위에 있는 경우 단기적인 강세가 예상됩니다.

4. 종합주가지수가 이전의 저가에 근접하고 있는데 ADL이 그 저가 당시의 수준보다 낮을 경우 앞으로 약세시장을 예상해볼 수 있습니다. 반대로 종합주가지수

가 이전의 저가에 근접하고 있는데 ADL이 그 저가 당시의 수준보다 높을 경우
시장은 강세국면으로의 전환을 예상해볼 수 있습니다.

ADL지표가 주가에 비해 선행하는 모습은 다음 차트를 통해 확인할 수 있습니다.

ADL의 단점은 바닥권을 찾는 지표로는 완전하지 못하다는 것입니다. 왜냐하면
약세장의 말기에 가더라도 ADL의 하락세가 지속되는 경우가 종종 나타나기 때문입
니다. 이런 단점을 보완하기 위해서 등락비율인 ADR을 같이 사용합니다.

ADR

ADRAdvace Decline Ratio(등락비율)은 ADL이 시세의 상승국면에서는 투자 대상이
집중화되는 경향이 있고 또 권리락이나 배당락 등이 수정되지 않는 결점을 보완하
기 위하여 등락 종목의 누계치가 아닌 비율로서 증권시장을 분석하고자 하는 지표
입니다. ADR은 매일매일의 상승 종목 수를 하락 종목 수로 나누어 비율을 구하고
그것을 이동평균화해 도표화합니다. 이 지표는 천장권 예측보다는 바닥권 탐색에
높은 신뢰성을 보입니다. ADL이 전체 시장의 대세를 판단하는 데 유용한 지표라면
ADR은 특정 시점에서의 시장 상황을 나타냅니다.

ADR을 이용한 매매 기법은 다음과 같습니다.

1. ADR 지표가 125% 이상일 경우에는 과열 상태로 경계를 요하는 시점으로, 매도 관점으로 접근해야 합니다. 시세는 그 이후 반락하는 경우가 많습니다.
2. ADR 지표가 75% 이하일 경우에는 시세가 바닥에 접근한 것으로, 매수 관점으로 접근해야 합니다. 시세는 그 이후 상승전환하는 경우가 많습니다.
3. ADR의 천장과 바닥은 주가의 천장과 바닥보다 선행하는 경향이 많습니다.

ADR 지표와 주가와의 관계는 다음 차트를 통해서 확인할 수 있습니다.

AI 차트분석의 대원칙 6가지: 흔들리지 않는 분석을 만드는 법

챗GPT는 차트를 대신 분석해주는 도구가 아닙니다. 챗GPT의 진짜 가치는 차트를 해석하는 사고의 틀을 정리해주고, 판단의 흔들림을 줄여주는 데 있습니다. 하지만 원칙 없이 사용하면 오히려 판단을 더 복잡하게 만들 수도 있습니다. 따라서 챗GPT로 차트를 분석할 때는 반드시 지켜야 할 대원칙이 있습니다.

원칙 1. 차트는 설명이 아니라 '의사결정'을 위해 봅니다

차트를 분석하는 목적은 맞히는 것이 아니라 결정하기 위함입니다. 챗GPT에게 "이 차트가 어떤지 설명해줘"라고 묻는 것보다 "이 차트에서 매수·매도·관망 중 무엇이 합리적인지 판단해줘"라고 요청해야 합니다.

설명은 길어질수록 혼란이 커집니다. 반면 의사결정 중심의 분석은 행동을 단순하게 만들어줍니다. AI 차트분석의 출발점은 언제나 '그래서 나는 무엇을 해야 하는가'입니다.

원칙 2. 봉 → 추세 → 패턴 → 지표 순서를 반드시 지킵니다

챗GPT에게 차트를 분석시킬 때 가장 흔한 실수는 처음부터 보조지표나 패턴 해석을 요구하는 것입니다. 차트 해석에는 반드시 순서가 있습니다.

1단계는 봉입니다. 현재 가격의 힘과 심리를 읽습니다.

2단계는 추세입니다. 시장이 올라가는지, 내려가는지를 먼저 확인합니다.

3단계는 패턴입니다. 반전인지, 지속인지 맥락 속에서 해석합니다.

4단계에서야 비로소 보조지표로 신뢰도를 보완합니다.

이 순서를 지키면 챗GPT의 분석은 정돈되고 일관성을 갖게 됩니다.

원칙 3. 하나의 지표로 매수했다면, 같은 지표로 매도합니다

기술적 분석의 핵심 원칙은 결자해지입니다. 챗GPT를 사용할 때도 이 원칙은 반드시 지켜져야 합니다. 예를 들어 MACD로 매수 신호를 확인했다면 매도 역시 MACD의 신호로 판단해야 합니다.

수익이 줄어드는 순간 다른 지표를 찾아 나서는 것은 분석이 아니라 합리화에 가깝습니다. 챗GPT에게는 "이 지표로 매수했다면, 매도는 언제가 합리적인가"를 물어 합니다. 지표를 바꾸지 않는 것이 흔들리지 않는 매매의 시작입니다.

원칙 4. 맞다, 틀리다보다 '확률'을 묻습니다

차트에는 정답이 없습니다. 있다면 오직 확률만 존재합니다. 따라서 챗GPT에게 "이 패턴이 맞나요?"라고 묻기보다는 "이 상황이 상승으로 이어질 확률이 높은지, 낮은지를 근거와 함께 설명해줘"라고 물어야 합니다.

확률로 사고하면 손실은 실패가 아니라 비용이 됩니다. AI 차트분석의 가장 큰 장점은 이 확률적 사고를 투자자에게 자연스럽게 훈련시킨다는 점입니다.

원칙 5. 차트 해석은 항상 환경과 함께 봅니다

같은 차트 패턴이라도 환경에 따라 의미는 완전히 달라집니다. 추세장인지, 횡보장인지, 변동성이 큰지, 작은지, 거래량이 살아 있는지, 죽어 있는지에 따라 같은 신호도 전혀 다른 결과를 만듭니다.

챗GPT에게는 반드시 "지금은 추세장인가, 횡보장인가", "이 신호가 환경에 맞는 신호인가"라고 물어야 합니다. 환경을 무시한 차트 해석은 정확해 보이지만 실전에서는 자주 실패합니다.

원칙 6. 예측이 아니라 대응 시나리오를 만듭니다

전문투자자는 미래를 맞히려 하지 않습니다. 대신 어떤 경우에 어떻게 대응할지를 미리 정리합니다. 챗GPT는 이 작업에 매우 강합니다. 상승 시나리오, 조정 시나리오, 반전 시나리오를 동시에 제시하게 하면 투자자는 상황에 따라 즉각적으로 대응할 수 있습니다.

"이 차트에서 가능한 시나리오 3가지와 각 경우의 매매 대응을 정리해줘."

이 질문 하나만으로도 차트분석은 훨씬 실전적인 도구가 됩니다.

챗GPT는 투자 결정을 대신 내려주지 않습니다. 대신 투자자가 더 명확하게 생각하도록 돕는 동료입니다. 이 6가지 원칙을 지키며 챗GPT를 활용한다면, 차트분석은 더 이상 감각이나 운의 영역이 아니라 정리된 사고와 반복 가능한 전략의 영역이 됩니다. AI를 잘 쓰는 투자자는 더 많이 아는 사람이 아니라, 더 흔들리지 않는 사람입니다.

7장

수급분석과
종목 발굴 기법
완전정복

수급은 모든 재료에 우선합니다

　주식시장 전문가들이 자주 하는 말 가운데 "수급이 깡패"라는 표현이 있습니다. 이 말은 주식시장에서는 수급이 그만큼 중요하다는 뜻인데요. 같은 의미로 "수급은 모든 재료에 우선한다"라는 말도 자주 쓰입니다.

　보통 주가는 호재Good News가 나오면 오르고, 악재Bad News가 나오면 내린다고 생각합니다. 하지만 실제 시장은 그렇게 단순하지 않습니다. 아무리 좋은 호재가 나와도 매수세가 붙지 않으면 주가는 쉽게 오르지 않습니다. 반대로 나쁜 악재가 나와도 매수세가 계속 유입되면 주가는 잘 떨어지지 않습니다. 주가 역시 하나의 가격이기 때문에 수요가 많아지면 가격이 오르고 공급이 많아지면 가격이 내려가는 기본 원리가 그대로 적용됩니다.

　주식시장의 수급 주체는 크게 기관투자자, 외국인투자자, 개인투자자로 나눌 수 있습니다. 물론 기관투자자는 연기금, 자산운용사, 보험사 등으로 더 세분화할 수 있지만, 큰 틀에서 보면 이 세 주체로 이해하면 됩니다. 이 가운데 외국인과 기관투자자는 흔히 독립변수로, 개인투자자는 종속변수로 표현합니다. 조금 어렵게 느껴질 수 있지만 의미는 비교적 간단합니다. 외국인과 기관이 적극적으로 매수에 나서는 상황에서는 개인투자자가 자연스럽게 매도하는 흐름이 나타나는 경우가 많습니다. 반대로 외국인과 기관이 매도에 나서면 개인투자자가 매수하는 흐름이 자주 나타납니다. 이런 구조적인 특성 때문에 독립변수와 종속변수라는 표현을 사용합니다.

그래서 주식시장 수급을 살펴볼 때는 외국인과 기관투자자의 움직임을 가장 먼저 보는 것이 중요합니다. 특히 최근에는 이 두 투자자의 거래비중이 점점 커지면서, 시가총액이 큰 종목들이 이들의 영향을 더 크게 받는 경향이 나타나고 있습니다. 외국인과 기관이 매수하면 대형주가 상승하면서 지수가 크게 올라가고, 반대로 이들이 매도하면 대형주가 하락하면서 지수가 빠르게 밀리는 흐름이 만들어집니다.

이런 이유로 시가총액이 큰 종목을 볼 때는 외국인과 기관의 수급을 중심으로 살펴봐야 합니다. 반면 시가총액이 작은 종목을 볼 때는 개인을 포함한 세 투자 주체의 수급 비중을 종합적으로 보는 것이 도움이 됩니다. 수급의 뒷받침 없이 오르는 종목은 그 상승이 오래 이어지기 어렵습니다. 투자자들은 "수급은 모든 재료에 우선한다"라는 말을 기억하면서 시장을 바라보는 것이 중요합니다.

01

수급에 따라 매매를 결정하세요

개인투자자는 현재의 시장이 외국인 주도의 시장인지, 아니면 기관 주도의 시장인지를 파악하는 것이 중요합니다. 이는 투자자별 매매 동향을 통해서 알아볼 수 있습니다.

수급 주체가 집중하는 업종에 주목하세요

다음 화면을 보면 대체로 시장에 큰 영향을 미치는 수급 주체는 외국인임을 알 수 있습니다. 외국인이 매수하면 시장이 올라가고, 매도하면 시장이 내려가는 것이 확인되기 때문입니다. 이렇게 시장 전체를 주도하는 수급 주체를 파악하고 나면 그 주체들이 과연 어떤 업종에 매매를 집중하고 있는지를 알아봐야 합니다. 즉, 현재 수급 주체가 가장 집중적으로 매매하고 있는 업종군을 파악하는 것입니다.

한 걸음 더

업종이 먼저 움직이고, 종목이 따라옵니다
외국인과 기관은 개별종목보다 업종 단위로 먼저 매매하는 경우가 많습니다. 따라서 종목을 보기 전에 해당 종목이 속한 업종에 수급이 들어오고 있는지를 먼저 확인하는 것이 안전합니다.

홈 → 주식 → 투자자별 매매 → 일별 동향/그래프

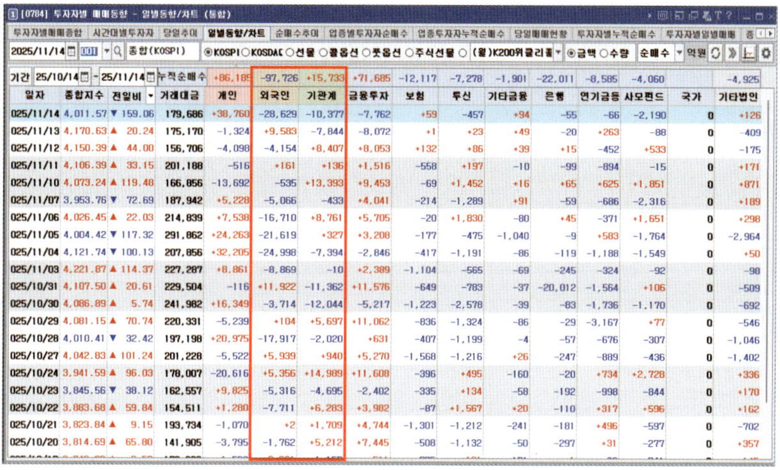

일자	종합지수	전일비	거래대금	개인	외국인	기관계	금융투자	보험	투신	기타금융	은행	연기금등	사모펀드	국가	기타법인
누적순매수				+86,185	-97,726	+15,733	+71,685	-12,117	-7,278	-1,901	-22,011	-8,585	-4,060		-4,925
025/11/14	4,011.57	▼ 159.06	179,686	+38,760	-28,629	-10,377	-7,762	+59	-457	+94	-55	-66	-2,190	0	+126
025/11/13	4,170.63	▲ 20.24	175,170	-1,324	+9,583	-7,844	-8,072	+1	+23	+49	-20	+263	-88	0	-409
025/11/12	4,150.39	▲ 44.00	156,706	-4,098	-4,154	+8,407	+8,053	+132	+86	+39	+15	-452	+533	0	-175
025/11/11	4,106.39	▲ 33.15	201,188	-516	+161	+136	+1,516	-558	+197	-10	-99	-894	-15	0	+171
025/11/10	4,073.24	▲ 119.48	166,856	-13,692	-535	+13,393	+9,453	-69	+1,452	+16	+65	+625	+1,851	0	+871
025/11/07	3,953.76	▼ 72.69	187,942	+5,228	-5,066	-433	+4,041	-214	-1,289	+91	-59	-686	-2,316	0	+189
025/11/06	4,026.45	▲ 22.03	214,839	+7,538	-16,710	+8,761	+5,705	-20	+1,830	-80	+45	-371	+1,651	0	+298
025/11/05	4,004.42	▼ 117.32	291,862	+24,263	-21,619	+327	+3,208	-177	-475	-1,040	-9	+583	-1,764	0	-2,964
025/11/04	4,121.74	▼ 100.13	207,856	+32,205	-24,998	-7,394	-2,846	-417	-1,191	-86	-119	-1,188	-1,549	0	+50
025/11/03	4,221.87	▲ 114.37	227,287	+8,861	-8,869	-10	+2,389	-1,104	-565	-69	-245	-324	-92	0	-98
025/10/31	4,107.50	▲ 20.61	229,504	-116	+11,922	-11,362	+11,576	-649	-783	-37	-20,012	-1,564	+106	0	-509
025/10/30	4,086.89	▲ 5.74	241,982	+16,349	-3,714	-12,044	-5,217	-1,223	-2,578	-39	-83	-1,736	-1,170	0	-692
025/10/29	4,081.15	▲ 70.74	220,331	-5,239	+104	+5,697	+11,062	-836	-1,324	-86	-29	-3,167	+77	0	-546
025/10/28	4,010.41	▼ 32.42	197,198	+20,975	-17,917	-2,020	+631	-407	-1,199	-4	-57	-676	-307	0	-1,046
025/10/27	4,042.83	▲ 101.24	201,228	-5,522	+5,939	+940	+5,270	-1,568	-1,216	+26	-247	-889	-436	0	-1,402
025/10/24	3,941.59	▲ 96.03	178,007	-20,616	+5,356	+14,989	+11,608	-396	+495	-160	-20	+734	+2,728	0	+336
025/10/23	3,845.56	▼ 38.12	162,557	+9,825	-5,316	-4,695	-2,402	-335	+134	-58	-192	-998	-844	0	+170
025/10/22	3,883.68	▲ 59.84	154,511	+1,280	-7,711	+6,283	+3,982	-87	+1,567	+20	-110	+317	+596	0	+162
025/10/21	3,823.84	▲ 9.15	193,734	-1,070	+2	+1,709	+4,744	-1,301	-1,212	-241	-181	+496	-597	0	-702
025/10/20	3,814.69	▲ 65.80	141,905	-3,795	-1,762	+5,212	+7,445	-508	-1,132	-50	-297	+31	-277	0	+357

　외국인과 기관투자자들이 바스켓Basket 매매를 하는 경우가 있습니다. 바스켓 매매는 프로그램 비차익거래와도 관련이 있습니다. 먼저 프로그램 매매는 여러 종목을 동시에 주문할 수 있도록 프로그램화된 주문을 말합니다. 바스켓 매매란 한 번 주문할 때 동시에 주문이 행해지는 종목군을 말합니다.

　이런 매매가 중요한 이유는 뭘까요? 외국인과 기관이 시장 전체를 매입하는 경우는 각 업종 간의 시가총액 비중에 맞춰서 매매가 이루어진다는 것이기 때문입니다. 따라서 업종별 매매 동향을 파악할 때 전 업종에 걸쳐 고르게 매매가 이루어지는지, 아니면 특정 업종에 집중적으로 매매가 이루어지는지를 확인해야 합니다.

업종명	개인	외국인	기관계	금융투자	보험	투신	기타금융	은행	연기금등	국가	기타법인
종합(KOSPI)	-33,405	+32,641	+472	+995	-1,163	-254	+92	-85	+446	0	+416
대형주	-30,289	+29,917	+48	+535	-1,017	-267	+102	-82	+271	0	+453
중형주	-616	+979	-361	+396	-149	-90	-5	-1	-307	0	-10
소형주	-276	+236	+15	+23	+14	+33	+4	-1	+12	0	+23
음식료/담배	+426	-279	-276	+7	-52	-32	0	0	-158	0	+131
섬유/의류	-9	+29	-19	-2	-4	+1	0	0	-11	0	0
종이/목재	-3	+3	-1	0	0	-1	0	0	0	0	0
화학	-922	+1,103	-203	+351	-88	-45	0	-3	-307	0	+26
제약	-379	+471	-165	+228	-66	-124	0	0	-20	0	+69
비금속	-3	+15	-11	-1	0	-1	0	0	-9	0	0
금속	-10	-16	+10	+64	-55	+106	0	-1	-134	0	+15
기계/장비	-1,141	+1,060	+71	-158	-11	+49	0	+2	+147	0	+17
전기/전자	-26,308	+24,780	+1,450	-70	-470	+227	-32	-38	+929	0	+176
의료/정밀기기	-73	+45	+29	+10	+9	+24	0	0	+6	0	-2
운송장비/부품	-3,373	+3,015	+234	+566	-132	-185	+1	+5	-8	0	+133
유통	-512	+350	+146	+160	-48	+20	0	0	+27	0	+19
전기/가스	-6	+210	-196	-25	-20	-75	-1	+2	-55	0	-7
건설	+7	+62	-68	-27	-23	+37	0	0	-47	0	-2
운송/창고	-6	+119	-116	+9	-36	+9	0	-1	-94	0	+2
통신	+1	+14	-17	+111	-33	-12	0	0	-84	0	+2
금융	-2,697	+2,060	+856	+340	-2	-34	+128	-48	+341	0	-190
증권	-167	+75	+222	+5	+15	+70	-1	-1	+54	0	-121

이 화면을 보면 외국인과 기관투자자들은 순매수를, 개인은 순매도를 하는 모습이 확인됩니다. 이때 외국인과 기관투자자들이 시장에서 집중적으로 매수하고 있는 것은 전기·전자 업종임을 알 수 있습니다. 이외에 운수·장비·부품과 금융 업종도 외국인과 기관투자자들이 동시매수를 하고 있습니다. 이에 반해 화학 업종은 외국인은 매수하는 반면, 기관은 매도하고 있습니다. 그리고 음식료/담배 업종은 두 주체의 동시매도가 나타나고 있습니다. [업종별투자자별순매수]는 실시간으로 집계되기 때문에 수급 동향을 파악하기 위해서는 매번 관심을 가지고 봐야 합니다.

이렇게 업종별로 매매되는 것이 파악되면 그다음은 외국인투자자와 기관투자자들이 어떤 종목에 매수를 집중하고 있는지도 알아봐야 합니다. 먼저 외국인투자자의 매매 동향입니다. 당일 또는 특정 기간 중에 이들이 어떤 종목을 많이 사고팔았는지를 알아보기 위해서는 [기간별매매상위]의 종목을 파악해야 하는데, 다음 화면을 통해서 알 수 있습니다.

홈 → 주식 → 외국인 정보 → 기간별매매상위

순위	종목명	현재가	전일대비		매도호가	매수호가	거래량	순매수량	취득가능수량
1	KODEX 200선물인	731	▲	62	732	731	129,977,989	32,150,307	,241,993,992
2	금호타이어	5,540	▲	110	5,540	5,530	1,543,559	5,551,797	262,407,973
3	LG씨엔에스	56,700	▼	2,300	56,800	56,700	735,480	2,903,806	89,688,275
4	TIGER 200선물인	773	▲	63	774	773	12,692,370	2,807,267	87,200,000
5	에이프로젠	704	▼	62	705	704	12,017,560	2,783,435	306,412,918
6	기업은행	20,650	▼	100	20,650	20,600	1,732,307	2,588,231	688,903,024
7	TIGER 차이나항셍	9,455	▼	265	9,460	9,455	1,682,693	2,574,725	121,968,339
8	TIGER 차이나전기	13,380	▼	285	13,385	13,380	1,848,884	2,455,097	134,028,461
9	ESR켄달스퀘어리	4,340	▼	55	4,355	4,340	197,276	2,150,051	147,800,891
10	셀트리온	194,800	▼	300	194,800	194,700	4,022,212	1,693,759	180,419,531
11	NH투자증권	21,450	▼	800	21,450	21,400	1,161,399	1,630,744	307,251,109
12	SK증권	686	▼	24	687	686	2,807,700	1,596,119	427,905,586
13	한국타이어앤테크	58,900	▼	800	58,900	58,700	690,080	1,391,916	78,665,467
14	HD현대인프라코어	13,870	▼	210	13,870	13,850	953,084	1,117,563	157,657,998
15	DB하이텍	67,600	▲	100	67,600	67,500	1,170,043	1,108,148	29,076,406

여기서 알 수 있는 점들은 다음과 같습니다.

❶ 전체 시장을 모두 볼 것인지, 아니면 거래소시장이나 코스닥시장 등 특정 시장을 볼 것인지를 결정할 수 있습니다.

❷ 순매수 상위종목, 순매도 상위종목, 그렇지 않으면 순매매 상위종목을 볼 것인지를 결정할 수 있습니다.

❸ 당일, 전일, 최근 5일, 최근 10일, 최근 20일, 최근 60일 등 기간을 지정해서 외국인들의 매매를 파악할 수 있습니다.

또한 외국인들이 연속해서 순매수, 순매도하는 종목군도 다음 화면인 [연속순매매상위]를 통해서 파악할 수 있습니다. 이 화면에서는 최근 3일간 연속으로 순매매가 나타난 종목 가운데 주식 수를 기준으로 상위종목들을 보여주고 있습니다. 이런 수급분석을 체계적으로 해나간다면 시장의 관심이 어떤 종목에 집중되어 있는지를 알 수 있습니다.

홈 → 주식 → 외국인정보 → 연속순매매상위

종목명	현재가		전일대비	11/13	11/12	11/11	합계	외국인한도소...
KODEX 2차전지산	1,802	▼	187	1,992,278	445,987	478,965	2,917,230	1.41%
SK증권	686	▼	24	544,849	1,185,900	593,376	2,324,125	9.46%
다날	6,800	▼	220	87,484	1,123,034	652,078	1,862,596	9.07%
두산에너빌리티	78,400	▼	4,700	1,481,819	88,742	259,349	1,829,910	23.61%
셀트리온	194,800	▼	300	632,146	1,113,221	15,640	1,761,007	21.88%
기업은행	20,600	▼	150	205,999	1,238,096	178,859	1,622,954	13.61%
젬백스	37,200	▼	2,650	24,751	895,250	240,060	1,160,061	7.58%
이문온시아	6,400	▲	210	894,502	166,604	25,236	1,086,342	1.67%
대한전선	24,950	▼	1,900	744,899	117,478	209,311	1,071,688	10.66%
이브이첨단소재	1,717	▼	79	714,580	91,461	153,232	959,273	2.04%
TIGER 차이나항	9,455	▼	265	466,089	198,557	232,835	897,481	0.92%
후성	9,570	▼	330	448,472	315,095	59,848	823,415	6.43%
HANARO Fn K-반	18,400	▼	1,210	308,493	165,594	233,638	707,725	2.23%
YG PLUS	5,990	▼	200	54,225	62,048	567,688	683,961	3.16%
DB하이텍	67,600	▲	100	9,134	241,551	417,959	668,644	33.16%

외국인투자자의 수급을 살펴봤다면 이번에는 기관투자자의 매매 종목도 살펴볼 수 있습니다. 다음 화면을 통해서 하루 중 또는 일정 기간 중에 기관투자자의 순매수와 순매도가 많은 종목들을 살펴볼 수 있습니다.

	순 매 도			순 매 수	
종목명	수량(벽주)	금액(벽만원)	종목명	수량(벽주)	금액(벽만원)
SK하이닉스	13,942	831,812	HD현대중공업	3,441	203,366
삼성전자	74,063	747,267	KODEX 200선물인	1,275,606	92,554
KODEX 레버리지	53,427	225,149	셀트리온	2,836	56,197
KODEX 200	24,059	137,492	삼성중공업	19,925	52,887
TIGER 미국S&P500	46,681	114,855	에이피알	1,930	42,670
HD한국조선해양	2,053	90,085	엘앤에프	2,824	38,599
한화엔진	18,662	77,525	현대엘리베이터	4,373	35,960
HD현대마린솔루션	3,277	69,956	한국전력	7,172	35,129
HD현대마린엔진	7,146	58,426	삼양식품	242	32,835
KODEX 미국S&P500	23,925	53,935	KODEX 코스닥150	22,067	27,757
LS ELECTRIC	1,117	52,160	한화오션	2,107	27,370
TIGER 미국나스닥	2,981	48,597	고려아연	225	26,317
KODEX 미국나스닥	18,004	44,028	한국항공우주	2,481	25,811
KODEX 머니마켓액	4,102	42,756	한미반도체	1,884	24,886

이때 조회 기간을 조정하면 투자자가 원하는 기간 동안 기관투자자들이 순매수, 순매도를 많이 한 종목들을 확인할 수 있습니다.

이렇게 외국인투자자와 기관투자자들이 시장에서 어떤 업종, 그리고 어떤 종목을 많이 매매했는지 확인하고 나면 이제 개별종목의 매매를 확인해볼 필요가 있습니다. 개별종목에 대해서 외국인과 기관의 매매 동향을 일목요연하게 볼 수 있는 화면은 [종목별투자자]입니다.

일자	종가	대비	거래량	개인	외국인	기관계	금융투자	보험	투신	기타금융	은행	연기금등	사모펀드	국가	기타법인	내외국인
누적순매수				-6,543	+18,352	-12,298	+6,798	-1,710	-411	-42	-17,780	-9	+856		+401	+90
25/11/14	97,500 ▼	5,300	36,940,812	+10,446	-6,664	-4,035	-2,989	-12	-208	+2	-15	-350	-465		+191	+62
25/11/13	102,600 ▼	500	27,930,989	+2,433	+1,688	-4,109	-3,805	-31	-112	+3	+1	-36	-128		+6	-17
25/11/12	103,900 ▲	400	29,288,027	+2,609	-4,464	+1,729	+1,930	-62	-20		+10	-341	+211		+123	+3
25/11/11	104,100 ▲	3,500	45,942,879	-3,324	+2,375	+788	+332	+21	+124	+30	-37	+91	+227		+116	+44
25/11/10	101,300 ▲	3,400	37,426,697	-2,306	+1,113	+785	+117	-40	+303	+5	+46	-156	+511		+416	-8
25/11/07	97,500 ▼	1,700	40,533,295	-913	+2,745	-1,753	-179	-54	-39	+33	-12	-304	-1,198		-87	+8
25/11/06	99,600 ▼	1,000	47,976,118	+4,922	-7,389	+2,050	+471	+115	+249	-28	+27	+75	+1,141		+375	+43
25/11/05	100,300 ▼	4,600	81,789,273	+2,626	-1,429	-589	-714	+32	+352	-5	+33	+25	-312		-603	-5
25/11/04	104,200 ▼	6,900	57,975,690	+8,065	-5,995	-1,593	-1,258	+1	+1	-20	-36	-40	-241		-518	+42
25/11/03	111,300 ▲	3,800	51,153,623	+862	-2,888	+1,704	+585	+128	+398	+9	-56	+569	+70		+276	+45
25/10/31	107,700 ▲	3,600	79,465,688	-434	+15,792	-15,559	+1,848	-276	+82	-2	-17,725	+161	+353		+191	+10
25/10/30	104,300 ▲	3,800	58,920,995	-4,635	+5,589	-1,103	-1,727	-126	-110	-8	-5	+314	+559		+144	+5
25/10/29	101,700 ▲	2,200	34,713,000	+733	-1,803	+982	+1,823	-49	-345	-2	-12	-334	-99		+79	+9
25/10/28	99,500 ▼	2,500	32,639,872	+5,200	-3,371	-1,802	-1,010	-56	-233	-16	-6	-369	-112		-21	-6
25/10/27	101,700 ▲	2,900	45,040,577	-9,709	+8,148	+1,569	+1,764	-259	-195	+12	-1	-88	+337		+14	-22
25/10/24	98,900 ▲	2,400	29,236,249	-9,197	+5,391	+3,990	+2,903	-40	+167	-3	+28	+329	+606		-159	-25
25/10/23	96,400 ▼	2,200	27,109,187	+3,138	-1,292	-1,875	-839	-78	-96	-28	-25	-368	-442		+37	-7
25/10/22	98,300 ▲	800	25,373,181	-54	-568	+616	+746	-104	-4	-14	+7	+28	-43		+30	-24
25/10/21	97,900 ▼	200	36,357,537	-2,278	+840	+1,497	+1,518	-224	-354	-1	-15	+479	+95		-48	-11
25/10/20	98,100 ▲	200	29,795,833	+360	-995	+503	+1,182	-98	-336	-2	+18	+115	-375		+140	-7

여기서 개인, 외국인, 기관이 종목별, 일자별로 어떤 매매를 했는지 확인할 수 있습니다. 또한 이때는 순매매 금액으로 확인할 것인지, 아니면 순매매 수량으로 확인할 것인지를 선택할 수 있습니다.

한걸음 더

수급은 하루가 아니라 연속성을 봅니다
외국인이나 기관이 하루 매수했다고 바로 의미가 생기지는 않습니다. 실전에서는 3일 이상 연속 매수/매도 흐름이 나타나는지를 확인해야 합니다. 수급은 점이 아니라 선으로 볼 때 신뢰도가 높아집니다.

[HTS에서 수급 조건검색으로 종목 찾기]

수급을 분석하는 데 있어 가장 중요한 것은 외국인투자자나 기관투자자들이 수급상에 추세를 보이고 있느냐를 확인하는 것입니다. 즉, 하루 사고 하루 파는 움직임은 큰 의미가 없습니다. 따라서 3일 연속 매수한다거나 3일 연속 매도하는 등 추세적으로 움직이는지를 확인할 필요가 있습니다. 이를 확인하기 위한 조건검색이 HTS에 있습니다.

다음 화면은 외국인 지분율이 연속으로 상승한 후 상승 발생한 조건을 만족시키는 종목들을 조건검색을 통해 발굴해낸 결과입니다.

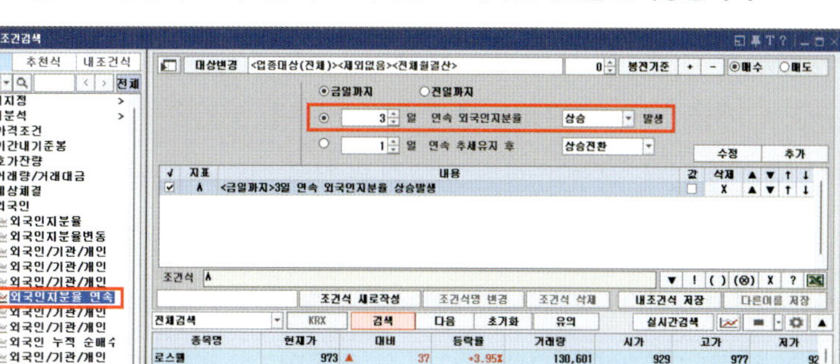

검색된 종목을 클릭하면 차트를 볼 수 있습니다.

차트에서 특히 시각적으로 외국인의 지분율 상승을 확인할 수 있는 것

은 차트 하단부의 원으로 표시된 부분입니다. 이를 설정하려면 차트 위에

마우스를 대고 오른쪽 버튼을 눌러 지표 추가를 클릭하세요. 그러면 [지표 추가/전환-기술적지표] 창이 나타납니다. 여기서 외국인보유비중, 보유수량, 순매수 등 관련 지표를 추가하면 됩니다. 3개 중에 어느 것을 선택해도 무방합니다. 본인이 판단하기 쉬운 것을 선택하면 됩니다.

주식시장에서 수급의 주체 가운데 가장 중요한 쪽은 외국인투자자와 기관투자자입니다. 그렇다면 개별종목의 수급 상황 가운데 가장 좋은 것은 외국인과 기관이 동시에 매수하는 종목일 겁니다. 이렇게 양쪽 수급 주체가 모두 매수를 하는 상황을 시장에서는 '쌍끌이 매수'라고 부릅니다. 원래는 어선들이 어업을 할 때 쓰는 용어지만 주식시장에도 잘 맞는 용어라서 별다른 비판 없이 쌍끌이 매수, 쌍끌이 매도 등으로 쓰고 있습니다.

한 걸음 더

쌍끌이 매수는 조건이지 '즉시 매수 신호'는 아닙니다
외국인과 기관의 동시 매수는 분명 긍정적인 신호입니다. 다만 쌍끌이 매수가 나타났다고 바로 추격하기보다는 차트상 추세·지지 여부와 함께 확인한 뒤 접근하는 것이 바람직합니다.

예를 들어 외국인투자자와 기관투자자들이 3일 연속 쌍끌이하고 있는 종목을 조건검색을 통해 찾아봅시다. 이때도 앞서와 마찬가지로 시각적으로 외국인과 기관의 매매를 보고 싶다면 지표 추가 창을 통해 추가해서 보면 됩니다. 다음 차트에서 원으로 표시한 것과 같이 외국인과 기관투자자들의 매매 동향을 그래프로 확인할 수 있습니다.

홈 → 조건검색 → 시세분석 → 외국인 → 외국인/기관/개인 순매매일수

이렇듯 수급분석을 면밀히 해나가면 시장에서 부실한 종목을 선택해
서 낭패를 볼 가능성을 크게 줄일 수 있습니다.

AI를 이용해 종목을 찾아보세요

02

HTS에는 수식을 작성하지 않고도 편리하게 종목을 발굴할 수 있는 AI 기능이 탑재되어 있습니다. AI 검색은 종목 발굴, 기술적 패턴 검색, 가치주 발굴의 3가지 시스템으로 구성되어 있습니다. 이때 기술적 분석과 관련 있는 것은 바로 종목 발굴과 기술적 패턴 검색입니다.

한 걸음 더

AI 검색은 매수 신호가 아니라 후보 리스트입니다

HTS의 AI 검색은 매수 버튼을 대신 눌러주는 기능이 아닙니다. 이 기능의 역할은 수많은 종목 가운데 차트 조건이 갖춰진 후보를 빠르게 좁혀주는 것입니다. 검색 결과는 항상 차트 확인과 추가 판단의 출발점으로 활용해야 합니다.

먼저 종목 발굴 시스템에 대해 살펴보겠습니다. 종목 발굴 시스템은 매매가 활발하게 이루어지는 시간대인 장 초반과 오전 시간대에 활용하기 좋은 종목들을 기술적 분석을 통해 발굴하는 것입니다. 금일 단기 유망주, 장 초반 공략, 오전장 공략, 인기 패턴 포착으로 구성되어 있습니다.

금일 단기 유망주

오늘 하루의 매매를 위해서 과거 주식시장의 통계자료를 바탕으로 시가보다 오를 확률이 높은 20개 종목을 보여주는 화면입니다. 전날 종가를 기준으로 10일간의 주가 패턴을 통계적으로 분석합니다. 왼쪽에는 거래소에 해당하는 차트와 그에 따른 정보가, 오른쪽에는 코스닥에 해당하는 차트와 정보가 나타납니다.

홈 → 주식 → 종목검색 → 종목발굴

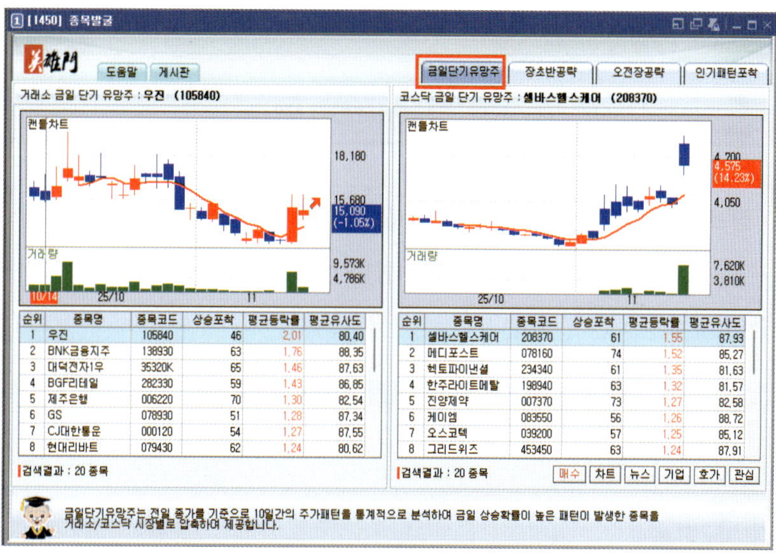

순위	종목명	종목코드	상승포착	평균등락률	평균유사도
1	우진	105840	46	2.01	80.40
2	BNK금융지주	138930	63	1.76	88.35
3	대덕전자1우	35320K	65	1.46	87.63
4	BGF리테일	282330	59	1.43	86.85
5	제주은행	006220	70	1.30	82.54
6	GS	078930	51	1.28	87.34
7	CJ대한통운	000120	54	1.27	87.55
8	현대리바트	079430	62	1.24	80.62

검색결과 : 20 종목

순위	종목명	종목코드	상승포착	평균등락률	평균유사도
1	셀바스헬스케어	208370	61	1.55	87.93
2	메디포스트	078160	74	1.52	85.27
3	헥토파이낸셜	234340	61	1.35	81.63
4	한주라이트메탈	198940	63	1.32	81.57
5	진양제약	007370	73	1.27	82.58
6	케이엠	083550	56	1.26	88.72
7	오스코텍	039200	57	1.25	85.12
8	그리드위즈	453450	63	1.24	87.91

검색결과 : 20 종목

장 초반 공략

장 초반 매매를 위해 과거 주식시장의 통계자료를 바탕으로 장 초반 약 10분 전후로 강하게 오를 확률이 높은 종목들을 보여주는 화면입니다.

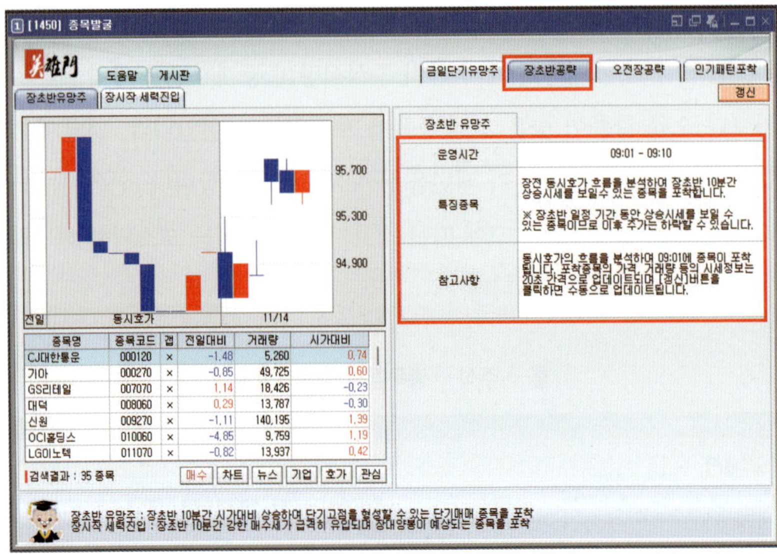

장 초반 유망주 ▶ 장 시작 직후 10분간 시가와 대비하여 상승 흐름으로 이어질 가능성이 높은 종목을 발굴해줍니다. 단기 고점을 형성할 수 있는 단기 매매 종목을 포착합니다.

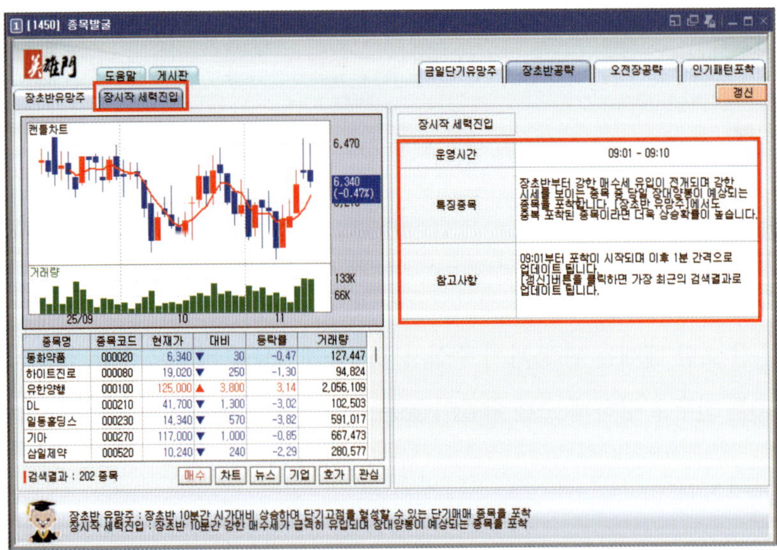

장 시작 세력 진입 ▶ 장 시작 직후 10분간의 세력 진입을 분석하여 당일 장대 상승 흐름으로 이어질 가능성이 높은 종목을 발굴해줍니다. 강한 매수세가 급격히 유입되며 장대양봉이 예상되는 종목을 포착합니다.

고수의 팁 ▶ **장 초반 검색 종목은 '속도', 오전장 검색 종목은 '지속성'을 봅니다**

장 초반 공략 종목은 순간적인 수급과 속도가 핵심입니다. 반면 오전장 공략 종목은 매집 여부와 추세 지속 가능성을 더 중시해야 합니다. 같은 인공지능 검색이라도 시간대에 따라 매매 전략은 완전히 달라집니다.

오전장 공략

오전장의 매매 흐름을 보고서 상승 전망이 좋은 종목을 찾아내는 것으로, 오전장 매집 골든이 있습니다. 장 시작부터 오전 11시까지의 시간 가운데 매수세가 강한 종목, 특히 5일선을 강하게 돌파하는 종목을 발굴해줍니다. 세력의 매집과 추가 상승 여력이 높은 종목을 포착합니다.

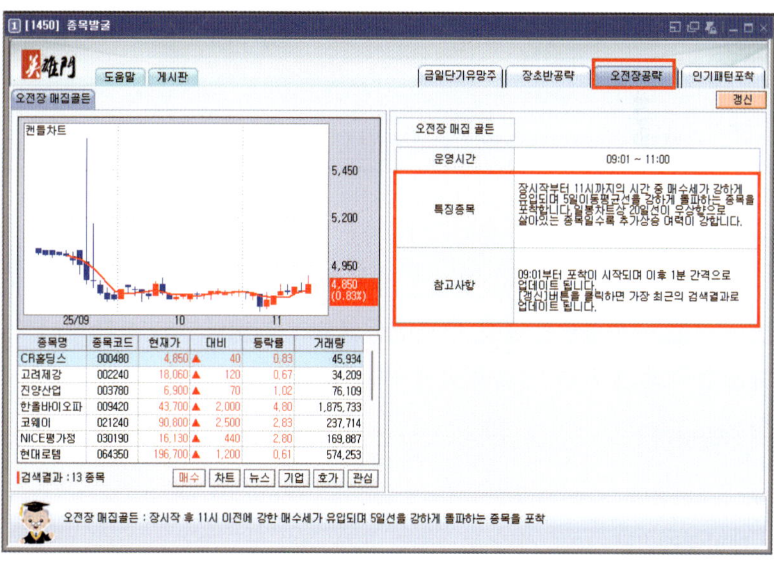

인기 패턴 포착

인기 패턴 포착은 주요 패턴이나 매매 시점 등을 검색식으로 찾을 수 있게 재탄생된 검색 화면입니다. 다양하게 제공하는 특정 패턴들은 결과가 우수한 조건들로 제공되므로 이를 이용한다면 매매에 유망한 종목들을 발굴할 수 있습니다. 특히 화면의 박스 부분을 보면 여러 가지 검색 조건들을 볼 수 있는데 주요 내용을 살펴보면 다음과 같습니다.

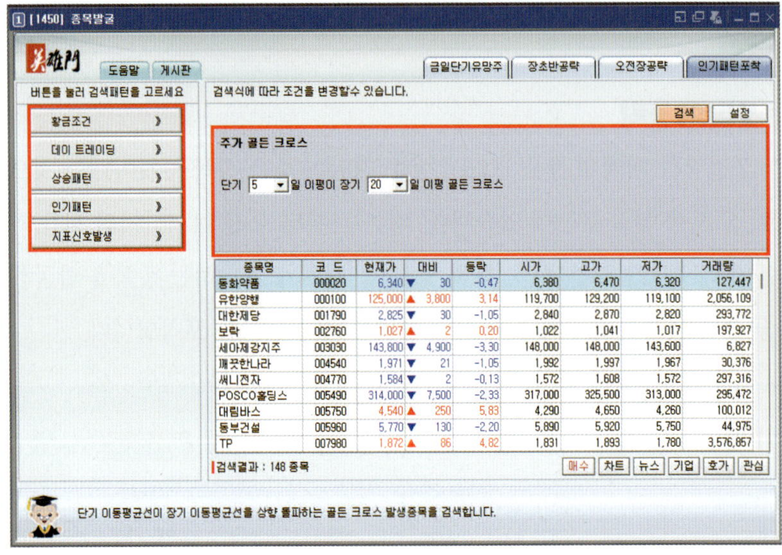

황금 조건 ▶ 5일선 재반등, 지지 후 전고점 돌파 시도, 단기 낙폭 과대 후 반등 시도, 이동평균선 밀집, 주가 골든크로스, 거래량 지속 증가 추세, 거래량 증가 돌파 시도, 역배열 저가 지지 패턴 등의 조건에 맞는 종목을 검색해줍니다.

데이 트레이딩 ▶ 10분 하락 중 3양봉, 10분 주가 골든크로스, 10분 횡보 후 저항선 돌파, 10분 이동평균선 밀집 정배열, 이동평균선 정배열 등의 조건에 맞는 종목을 검색해줍니다.

상승 패턴 ▸ 상승전환, 지지선 근접 반등, 거래량 증가 지지선 안착, 저가 물량 소화형, 바닥 확인 재상승, 주가평균선 밀집, 십자선 패턴, 전고점 돌파 직전 거래량 증가, 신고가, 전저점 지지 후 반등 시도 등의 조건에 맞는 종목을 검색해줍니다.

인기 패턴 ▸ 매집 후 상승삼각형 패턴, 단기 낙폭 기술적 반등, 쌍바닥 눌림목, 역배열 쌍바닥, 신고가 갱신, 골든크로스 임박, 모닝스타 등의 조건에 맞는 종목을 검색해줍니다.

지표 신호 발생 ▸ MACD 골든크로스, 스토캐스틱 골든크로스, RSI 골든크로스, 볼린저 밴드의 밴드 돌파, OBV 상승, 이격도, TRIX, CCI, 투자심리선, LRSLinear Regression Slope 등의 조건에 맞는 종목을 검색해줍니다.

한 걸음 더

패턴 검색은 신호 겹침이 있을 때 힘을 발휘합니다

인기 패턴이나 지표 신호는 단독으로 보면 속임수가 많을 수 있습니다. 하지만 이동평균선·거래량·지표 신호가 함께 겹치는 종목은 성공 확률이 높아집니다. 검색 결과가 나왔다면, 반드시 2가지 이상의 조건이 동시에 충족되는지를 확인하세요.

AI로 편리함을 누리세요

AI를 이용한 기술적 패턴 검색 시스템은 AI로 주가의 최근 흐름을 패턴화한 후 동일한 패턴을 보이는 종목들을 포착하는 시스템입니다. 유사패턴종목, 유사패턴시점, 관심종목검색, 드로잉검색, 비주얼검색, 통계박사 화면 등으로 구성되어 있습니다.

유사패턴종목

차트 조회를 하다가 특정 종목에서 내가 원하는 패턴을 발견했을 때 그 종목에 관심을 가지고 보게 될 것입니다. 유사패턴종목에서는 사용자가 워하는 패턴의 종목을 선택하면 그와 동일한 패턴을 보이는 종목을 검색할 수 있습니다.

한 걸음 더

유사 패턴은 확률입니다

유사 패턴 검색 결과는 미래를 보장하지 않습니다. 같은 모양의 차트라도 시장 환경과 거래량에 따라 결과는 달라집니다. 따라서 통계박사의 상승·하락 비율과 평균 등락률을 함께 확인하며 확률이 유리한 경우만 후보로 남기는 것이 중요합니다.

HTS에서 [주식] → [종목검색] → [패턴검색] 메뉴로 들어가 화면을 살펴
봅시다. 먼저 왼쪽 상단에서 관심 있는 종목의 패턴을 선택한 후 유사한
패턴을 보이는 종목을 검색하면 우측 하단의 박스에 해당 종목들이 나타
납니다. 문제는 과연 이런 패턴이 얼마나 상승 또는 하락할 가능성이 있
는가인데요. 이때는 통계박사를 클릭해서 통계적으로 상승 또는 하락 가
능성을 알아볼 수 있습니다.

통계박사를 통해서 보면 유사 패턴을 보이는 종목들의 상승 종목 수와
하락 종목 수, 그리고 평균 등락률이 나타나고 그래프에서 예상 진행 방
향에 대한 화살표도 나타납니다. 기술적 분석을 주도적으로 하기 어려운
투자자들에게 유용합니다.

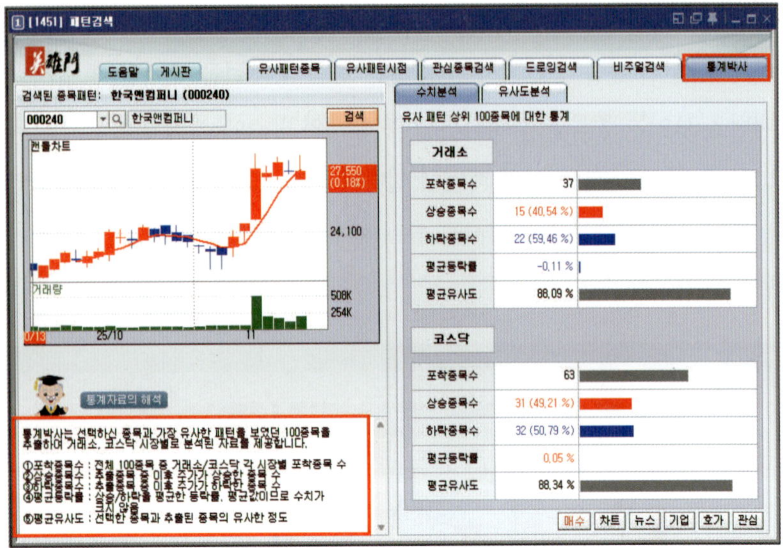

유사패턴시점

유사패턴시점에서는 선택한 종목의 과거 데이터 가운데 동일한 흐름을 검색할 수 있습니다. 즉, 선택한 종목 내에서 최근의 주가 흐름과 유사한 패턴이 발생했던 과거 시점을 찾아줍니다. 검색 결과인 발생 시점을 마우스로 클릭하면 발생 당시의 차트를 조회할 수 있어 이후 주가 흐름이 어떠했는지 확인할 수 있습니다. 이때 화면상에서 각 항목의 의미는 다음과 같습니다.

1. **포착시점**: 선택한 기간에 발생한 패턴의 기간을 표시합니다.

2. **대비**: 패턴 발생 후 5일이 지난 뒤의 가격 상승과 하락을 표시합니다.

3. **등락률**: 패턴 발생 후 5일이 지난 뒤의 등락률을 표시합니다.

4. **총거래량**: 패턴 발생 후 5일이 지난 뒤의 거래량 총합을 표시합니다.

5. **평균 거래량**: 패턴 발생 후 5일 동안의 평균 거래량을 표시합니다.

6. **유사도**: 검색한 패턴과의 유사도(%)를 표시합니다.

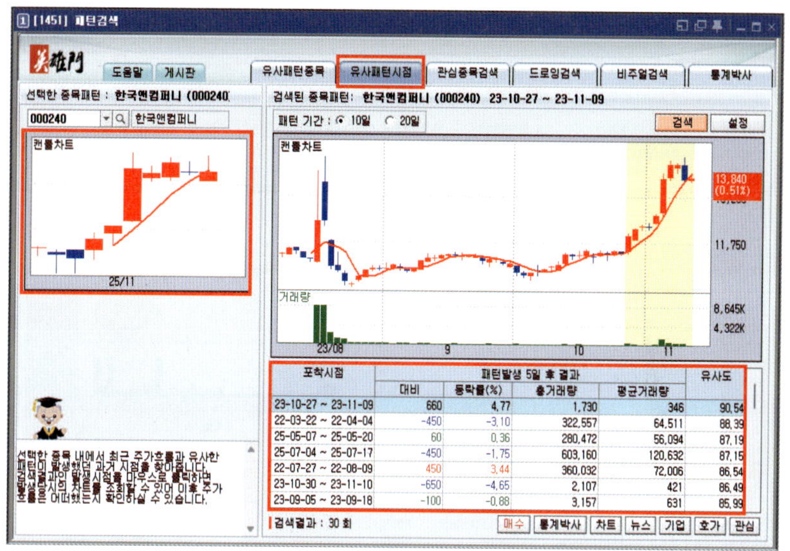

포착시점	패턴발생 5일 후 결과				유사도
	대비	등락률(%)	총거래량	평균거래량	
23-10-27 ~ 23-11-09	660	4.77	1,730	346	90.54
22-03-22 ~ 22-04-04	-450	-3.10	322,557	64,511	88.39
25-05-07 ~ 25-05-20	60	0.36	280,472	56,094	87.19
25-07-04 ~ 25-07-17	-450	-1.75	603,160	120,632	87.15
22-07-27 ~ 22-08-09	450	3.44	360,032	72,006	86.54
23-10-30 ~ 23-11-10	-650	-4.65	2,107	421	86.49
23-09-05 ~ 23-09-18	-100	-0.88	3,157	631	85.99

고수의 팁 ▶ 같은 종목 안에서도 과거 사례를 반드시 확인하세요

유사패턴시점 검색은 남의 차트보다 내가 보고 있는 종목의 과거 행동을 확인할 수 있다는 점에서 매우 강력합니다. 과거에 같은 패턴이 나왔을 때 얼마나 버텼는지, 얼마나 흔들렸는지를 보면 현재 패턴을 과신하는 실수를 줄일 수 있습니다.

관심종목검색

관심 그룹에 저장해놓은 종목과 유사한 패턴을 보이는 종목을 자동으로 실시간 포착해주는 서비스입니다. 원하는 형태의 봉 패턴을 보이는 종목을 관심종목에 추가하기만 하면, 그와 동일한 봉 패턴을 보이는 종목을 실시간으로 알아서 검색합니다. 이를 위해서는 자신의 관심종목을 설정해놓아야 합니다. 관심종목검색은 좋은 주가 흐름을 보이는 종목 위주로 관심종목을 재구성할 때 이용하면 편리합니다. 물론 통계박사를 이용할 수 있습니다.

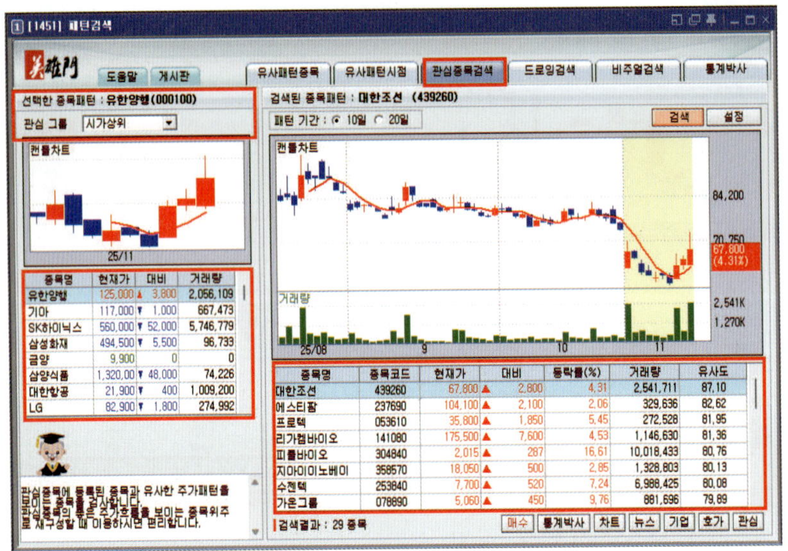

드로잉검색

원하는 패턴을 마우스로 그려 해당 패턴과 유사한 종목을 찾아주는 서비스입니다. 수식을 입력하지 않아도 사용자가 원하는 종목을 쉽게 발굴할 수 있습니다. 또한 드로잉검색은 자신이 좋아하는 패턴을 식섭 손으로 그려서 검색할 수 있고, 그 패턴을 저장할 수도 있는 편리한 기능이 있습니다. 다음 화면을 보면 왼쪽에는 기존에 그려진 패턴이 있습니다. 여기서 모눈종이 모양의 평면에 마우스를 대고 자신이 원하는 패턴을 그리고 검색하면 비슷한 패턴의 종목들이 나타납니다.

346

비주얼검색

선택된 종목의 차트 가운데 원하는 부분을 마우스로 드래그하여 반전시켜 선택한 후 검색 버튼을 누르면 현재 반전된 봉 패턴 영역과 유사한 패턴을 보이는 종목이 검색됩니다. 특정 종목의 특정 부분 봉 패턴과 유사한 움직임을 보이는 종목을 검색하고 싶은 경우 유용합니다.

다음 화면에서와 같이 한국앤컴퍼니와 비슷한 봉 움직임을 보이는 종목을 선택할 수 있습니다. 노란색으로 반전된 봉 부분을 선택해서 검색하면 유사 패턴의 종목이 검색되어 나옵니다.

현재 한국앤컴퍼니와 비슷한 움직임을 보인 종목들 가운데 샘표식품의 그래프를 클릭해보니 실제로 한국앤컴퍼니와 움직임이 유사하다는 것을 확인할 수 있습니다.

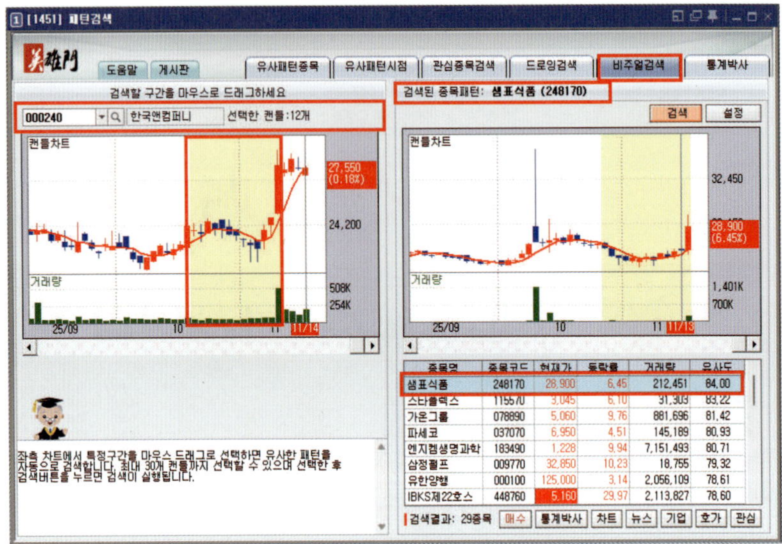

이렇듯 HTS는 수급분석과 이를 토대로 한 조건검색, 그리고 조건식을 직접 적용하기 어려운 투자자들을 위한 인공지능 기능에 이르기까지 매우 다양한 종목검색 시스템을 갖추고 있습니다. 따라서 HTS를 제대로 이용한다면 투자의 성공 확률을 높일 수 있습니다.

고수의 팁 ▶ 드로잉·비주얼검색은 '취향 고정용'으로 쓰면 좋습니다

드로잉검색과 비주얼검색은 만능 도구가 아니라, 자신이 선호하는 패턴을 반복해서 찾기 위한 도구입니다. 자주 수익을 냈던 패턴을 저장해두고, 그 패턴이 다시 등장할 때만 집중하는 방식이 실전에서는 더 효율적입니다.

차트분석의 5계명을 반드시 기억하세요

차트분석은 증권분석에서 가장 오래되고 전통적인 방법입니다. 그래서 많은 사람이 차트분석을 믿고 또 가장 많이 사용하고 있습니다. 그러나 차트분석을 통해 큰 성공에 이른 사람은 많지 않습니다. 그래서 이 책을 마치면서 차트분석을 할 때 유의해야 하는 5계명을 통해 성공 투자에 이르는 길을 제시해볼까 합니다.

1. 차트분석이 반드시 맞지는 않습니다

주식시장에는 "기껏해야 차트, 그래도 차트"라는 말이 있습니다. 이 말은 차트분석을 100% 신뢰할 수는 없지만 그렇다고 해서 차트분석을 무시할 수도 없다는 말입니다. 주식투자를 하는 데 있어서 전적으로 차트분석에만 매달려서는 안 됩니다. 차트분석은 언제라도 틀릴 수 있다는 점을 기억하면서 시세 판단에 유연하게 접근해야 합니다.

2. 수급 동향에 주목하세요

수급분석도 차트분석의 한 영역입니다. "수급은 모든 재료에 우선한다"라는 말이 있습니다. 아무리 좋은 호재가 나와도 매수세가 없으면 주가가 오르지 못하고, 아무리 나쁜 악재가 나와도 매수세가 왕성하면 주가는 올라가게 됩니다. 따라서 시장의 수급 주체인 외국인투자자와 기관투자자들의 매매 동향을 항상 주시하고 있어야 합니다. 이는 모든 종목의 기업분석을 할 수 없는 개인투자자의 입장에서는 기업분석에 강점을 가진 수급 주체들과 기업 정보를 공유하는 방법이 되기도 합니다.

3. 주가보다 거래량에 주목하세요

투자자들이 알고 싶어 하는 것은 바로 주가의 움직임입니다. 그러나 주가는 종종 속임수로 투자자들을 울립니다. 그래서 주식투자에 실패하는 경우가 많이 나타납니다. 그러나 아무리 속이려고 해도 속이지 못하는 것은 바로 거래량입니다. 주식을 사야 하는 사람이 가격을 내리면서 살 수는 있지만 거래량을 줄여가면서 살 수는 없기 때문입니다. "주가는 거래량의 그림자"라는 투자 격언을 상기하면서 거래량 동향에 더욱더 주목해야 합니다.

4. 너무 잦은 매매를 피하세요

차트분석은 매매 신호를 찾아가는 과정입니다. 그러나 시장에서 차트는 투자자들에게 너무도 빈번하게 매매 신호를 보내줍니다. 심지어는 하루에도 수십 차례의 매매 신호를 보내는 경우도 있습니다. 지나치게 잦은 매매는 매매비용이 너무 많이 들게 만들어 투자 실패로 이어지는 경우가 많습니다. 따라서 차트분석을 하되, 지나치게 자주 매매하는 것을 삼가야 합니다.

5. 지표 간의 크로스 체크를 통해 오류를 줄이세요

기술적 지표는 수십 가지가 됩니다. 그런데 많은 투자자는 자신이 가장 자신 있는 지표 하나만 보면서 매매합니다. 물론 하나의 지표만으로 투자할 수도 있습니다. 그러나 그 지표의 모든 장단점을 다 알고 투자하기는 쉽지 않습니다. 따라서 적어도 2~3개의 기술적 지표들로 크로스 체크해야 합니다. 이를 통해 모두가 매수 신호를 발생시키는지, 아니면 매수와 매도의 신호가 서로 엇갈리는지를 확인하면서 매매에 임해야 합니다. 하나의 기술적 지표만 고집하는 것은 현명한 분석 태도가 아닙니다.

AI로 종목을 발굴하다
매수 신호가 살아 있는 종목을 찾는
가장 현실적인 방법

차트 공부를 어느 정도 하다 보면, 결국 이런 질문에 도달하게 됩니다.

"그래서, 지금 사볼 만한 종목은 뭐지?"

봉도 보고, 추세도 보고, 보조지표도 익혔는데 막상 종목을 고르려면 다시 막막해집니다. 이 마지막 코너에서는 챗GPT를 활용해 '매수 신호가 형성되고 있는 종목'을 차분하게 찾아가는 과정을 하나씩 정리해봅니다. 미래를 맞히는 방법이 아니라, 확률이 유리한 종목을 고르는 사고방식에 초점을 둡니다.

1. 종목 발굴은 '촉'이 아니라 '조건 정리'에서 시작합니다

많은 투자자가 '왠지 오를 것 같다'는 느낌으로 종목을 고릅니다. 하지만 실전에서 꾸준한 성과를 내는 사람들은 오를지 말지를 맞히려 하지 않고 지금 매수 조건이 갖춰졌는지를 먼저 확인합니다. 챗GPT는 바로 이 과정, 즉 머릿속에 흩어져 있는 기준을 말과 문장으로 정리해주는 역할을 합니다. 종목 발굴은 예측 게임이 아니라, 조건을 충족하는 종목을 하나씩 걸러내는 작업이라는 점을 먼저 기억해두면 좋습니다.

2. 종목은 시장과 섹터 안에서 찾는 것이 훨씬 쉽습니다

처음부터 개별종목만 들여다보면 선택지가 너무 많아집니다. 그래서 실전에서는 반드시 이 순서를 따릅니다.

- 지금 시장 분위기는 어떤가?
- 그 안에서 상대적으로 힘이 좋은 섹터는 어디인가?
- 그 섹터 안에서 차트 조건이 좋은 종목은 무엇인가?

이 흐름을 챗GPT와 함께 정리해보면 훨씬 수월합니다. 활용 프롬프트 예시는 다음과 같습니다.

"현재 시장 흐름을 고려했을 때 상대적으로 강한 섹터를 2~3개만 정리해줘. 각 섹터에서 눈여겨볼 만한 차트의 특징도 함께 설명해줘."

이렇게 접근하면 무작정 종목을 찾는 대신, 확률이 조금이라도 높은 공간 안에서 탐색하게 됩니다.

3. 매수 후보를 만들 때는 기본 차트 상태만 봐도 충분합니다

종목 발굴 단계에서부터 모든 지표를 동원할 필요는 없습니다. 오히려 조건을 단순하게 두는 편이 좋습니다. 예를 들면 다음 정도면 충분합니다.

- 중기추세가 완전히 무너지지 않았는가?
- 최근 고점과 저점이 급격히 꺾이지 않았는가?
- 거래량이 완전히 말라 있지는 않은가?
- 장대음봉이 막 나온 상태는 아닌가?

이 정도 조건만으로도 후보는 상당히 줄어듭니다. 활용 프롬프트 예시는 다음과 같습니다.

"이 종목이 지금 매수 후보로 검토할 만한 차트 상태인지, 장점과 주의할 점을 간단히 정리해줘."

챗GPT의 설명을 읽다 보면 자연스럽게 '아직은 기다려야겠구나' 혹은 '관심종목으로 넣어둘 만하네'라는 판단이 서게 됩니다.

4. 좋은 매수 후보에는 신호가 여러 개 겹쳐서 나타납니다

실전에서 신뢰도가 높은 종목을 보면 공통점이 있습니다. 매수 신호가 하나만 있는 경우는 드뭅니다. 보통은 이런 신호들이 함께 나타납니다.

- 봉차트에서 반전 또는 지지 신호
- 추세상 눌림이나 방향 유지

- 패턴상 반전 초기 또는 상승지속 구간
- 보조지표에서 과매도 탈출이나 방향 전환
- 거래량의 미세한 회복 신호

챗GPT는 이런 요소들을 한 번에 정리하는 데 강점이 있습니다. 활용 프롬프트 예시는 다음과 같습니다.

"이 종목에서 매수 신호로 볼 수 있는 요소들을 봉·추세·패턴·보조지표 관점에서 정리해줘. 종합적으로 봤을 때 신뢰도는 어떤 수준인지도 알려줘."

이렇게 하면 막연한 기대 대신, 근거가 정리된 관심종목 리스트가 만들어집니다.

5. HTS 조건검색은 '모으기', 챗GPT는 '거르기'입니다

HTS의 조건검색은 종목을 빠르게 모으는 데 매우 유용합니다. 하지만 그 결과를 그대로 매수로 연결하기에는 아직 이릅니다. 이때 챗GPT를 활용합니다.

- 조건검색 → 후보 종목 리스트 생성
- 챗GPT → 그중에서 차트 흐름이 가장 안정적인 종목만 추려내기

활용 프롬프트 예시는 다음과 같습니다.

"이 조건검색 결과 종목 중에서 단기 매수 후보로 검토할 만한 종목 2~3개만 골라줘. 제외한 종목들은 왜 제외했는지도 설명해줘."

이 과정은 감정을 배제하고 판단을 정리하는 데 큰 도움이 됩니다.

6. 매수 전에 반드시 대응 시나리오를 한 번 더 점검합니다

종목을 찾았다고 바로 매수하지는 않습니다. 전문투자자들은 항상 이렇게 한 번 더 생각합니다.

- 오르면 어디까지 들고 갈까?
- 조정이 오면 어디까지 감내할까?
- 틀렸다면 어디서 인정할까?

챗GPT에게 이 질문을 그대로 던져보면 좋습니다.

"이 종목을 매수한다고 가정했을 때 상승·조정·실패 3가지 경우로 나눠서 각각 어떻게 대응하면 좋을지 정리해줘."

초보 투자자는 종목을 많이 찾으려 합니다. 하지만 경험이 쌓일수록 알게 됩니다. 좋은 종목은 많지 않고, 나와 맞는 종목은 더 적다는 사실을요. 챗GPT를 활용한 종목 발굴의 진짜 장점은 매수 충동을 줄이고, 불필요한 후보를 하나씩 지워나가게 해준다는 데 있습니다. 결국 좋은 종목은 새로 찾는 것이 아니라, 끝까지 남겨지는 종목입니다.

memo

memo